Jesus
O DIVINO DISCÍPULO

A SAGA DOS CAPELINOS

JESUS
O DIVINO DISCÍPULO

ALBERT PAUL DAHOUI

H
HERESIS

© 1997 by Albert Paul Dahoui

INSTITUTO LACHÂTRE
CAIXA POSTAL 164 – CEP. 12914-970
TEL./FAX (11) 4063-5354
PÁGINA NA INTERNET: WWW.LACHATRE.COM.BR
e-mail: contato@lachatre.org.br

PRODUÇÃO GRÁFICA DA CAPA
ANDREI POLESSI

REVISÃO
CRISTINA DA COSTA PEREIRA
KÁTIA LEIROZ

7ª edição
YANGRAF GRÁFICA E EDITORA LTDA.
SÃO BERNARDO DO CAMPO, SP

A reprodução desta obra, por qualquer meio,
somente será permitida com a autorização por escrito da Editora.
(Lei no 9.610 de 19.02.1998)

Impresso no Brasil
Presita en Brazilo

CIP-Brasil. Catalogação na fonte

D129q   Dahoui, Albert Paul, 1947-2009.
Jesus, o divino discípulo / Albert Paul Dahoui – 7ª ed. – Bragança Pau-
lista, SP : Heresis, 2015.
v. 6   (A saga dos capelinos, 6)
304 p.

1.Capela (estrela). 2.Capela (estrela) – evasão de. 3.Ahtilantê (planeta) – civilizações de. 4.Oriente Médio – civilizações antigas. 5.Literatura
esotérica-romance épico. 6.Romance bíblico. I.Título. II.Série: A Saga dos
Capelinos.

CDD 133.9   CDU 133,7
232   232

PRÓLOGO

Capela – 3.700 a.C.

A estrela de Capela fica distante 42 anos-luz da Terra, na constelação do Cocheiro, também chamada de Cabra. Esta bela e gigantesca estrela faz parte da Via Láctea, galáxia que nos abriga. A distância colossal entre Capela e o nosso Sol é apenas um pequeno salto nas dimensões grandiosas do universo. Nossa galáxia faz parte de um grupo local de vinte e poucos aglomerados fantásticos de cem a duzentos bilhões de estrelas, entre as quais o Sol é apenas um pequeno ponto a iluminar o céu. Capela é uma bela estrela, cerca de quatorze vezes maior do que o Sol, com uma emanação de calor levemente abaixo da de nosso astro-rei. É uma estrela dupla, ou seja, são dois sóis, de tamanhos diversos, que gravitam um em torno do outro, formando uma unidade, e, em volta deles, num verdadeiro balé estelar, um cortejo constituído de inúmeros planetas, luas, cometas e asteróides.

Há cerca de 3.700 a.C., num dos planetas que gravitam em torno da estrela dupla Capela, existia uma humanidade muito parecida com a terrestre, à qual pertencemos atualmente, apresentando notável padrão de evolução tecnológica. Naquela época, Ahtilantê, nome desse planeta, o quinto a partir de Capela,

6 | A Saga dos Capelinos

estava numa posição social e econômica global muito parecida com a da Terra do século XX d.C. A humanidade que lá existia apresentava graus de evolução espiritual extremamente heterogêneos, similares aos terrestres do final do século XX, com pessoas desejando o aperfeiçoamento do orbe enquanto outras apenas anelavam seu próprio bem-estar.

Os governadores espirituais do planeta, espíritos que tinham alcançado um grau extraordinário de evolução, constataram que Ahtilantê teria que passar por um extenso expurgo espiritual. Deveriam ser retiradas do planeta, espiritualmente, as almas que não tivessem alcançado um determinado grau de evolução. Elas seriam levadas para outro orbe, deslocando-se através do mundo astral, onde continuariam sua evolução espiritual, pelo processo natural dos renascimentos. No decorrer desse longo processo, que iria durar cerca de oitenta e quatro anos, haveria novas chances de evolução aos espíritos, tanto aos que já estavam jungidos à carne, como aos que estavam no astral – dimensão espiritual mais próxima da material – por meio das magníficas oportunidades do renascimento. Aqueles que demonstrassem endurecimento em suas atitudes negativas perante a humanidade ahtilante seriam retirados, gradativamente, à medida que fossem falecendo fisicamente, para um outro planeta que lhes seria mais propício, para que continuassem sua evolução num plano mais adequado aos seus pendores ainda primitivos e egoísticos.

A última existência em Ahtilantê era, portanto, vital, pois ela demonstraria, pelas atitudes e atos, se o espírito estava pronto para novos voos, ou se teria que passar pela dura provação do recomeço em planeta ainda atrasado. A última existência, sendo a resultante de todas as anteriores, demonstraria se a alma havia alcançado um padrão vibratório suficiente para permanecer num mundo mais evoluído, ou se teria que ser expurgada.

Os governadores espirituais do planeta escolheram para coordenar esse vasto processo um espírito do astral superior chamado Varuna Mandrekhan, que formou uma equipe atuante em

JESUS, O DIVINO DISCÍPULO | 7

muitos setores para apoiá-lo em suas atividades. Um planejamento detalhado foi encetado de tal forma que pudesse abranger de maneira correta todos os aspectos envolvidos nessa grave questão. Diversas visitas ao planeta que abrigaria parte da humanidade de Ahtilantê foram feitas e, em conjunto com os administradores espirituais desse mundo, o expurgo foi adequadamente preparado.

Ahtilantê era um planeta com mais de seis bilhões de habitantes e, além dos que estavam renascidos, ainda existiam mais alguns bilhões de almas em estado de erraticidade. O grande expurgo abrangeria todos, tanto os renascidos como os que estavam no astral inferior, especialmente, aqueles mergulhados nas mais densas trevas. Faziam também parte dos candidatos ao degredo os espíritos profundamente desajustados, além dos assassinos enlouquecidos, os suicidas, os corruptos, os depravados e uma corja imensa de elementos perniciosos.

Varuna, espírito nobilíssimo, que fora político e banqueiro em sua última existência carnal, destacara-se por méritos próprios em todas as suas atividades profissionais e pessoais, tendo sido correto, justo e íntegro. Adquirira tamanho peso moral na vida política do planeta, que era respeitado por todos, inclusive seus inimigos políticos e adversários em geral. Este belo ser, forjado no cadinho das experiências, fora brutalmente assassinado por ordem de um déspota que se apossara do império Hurukyan, um dos maiores daquele mundo.

Ahtilantê era um planeta muito maior do que a Terra e apresentava algumas características bem diferentes das do nosso atual lar. Sua gravidade era bem menor, sua humanidade não era mamífera, mas oriunda dos grandes répteis que predominaram na pré-história ahtilante. A atmosfera de Ahtilantê era bem mais dulcificante do que a agreste e cambiante atmosfera terrestre. Tratava-se de um verdadeiro paraíso, um jardim planetário, complementado por uma elevada tecnologia.

8 | A Saga dos Capelinos

As grandes distâncias eram percorridas por vimanas, aparelhos similares aos nossos aviões, e a telecomunicação avançadíssima permitia contatos tridimensionais em videofones com quase todos os quadrantes do planeta, além de outras invenções fantásticas, especialmente na área da medicina. Os ahtilantes estavam bastante adiantados em termos de viagens espaciais, já tendo colonizado as suas duas luas. Porém, essas viagens ainda estavam na alvorada dos grandes deslocamentos que outras civilizações mais adiantadas, como as de Karion, já eram capazes de realizar.

Karion era um planeta do outro lado da Via Láctea, de onde viria, espiritualmente, uma leva de grandes obreiros que em muito ajudariam Varuna em sua árdua missão. Todavia, espiritualmente, os ahtilantes ficavam muito a desejar. Apresentavam as deficiências comuns à humanidade da categoria média em que se encaixam os seres humanos que superaram as fases preliminares, sem ainda alcançarem as luzes da fraternidade plena.

Havia basicamente quatro raças em Ahtilantê: os azuis, os verdes, os púrpuras e os cinzas. Os azuis e verdes eram profundamente racistas, não tolerando miscigenação entre eles; acreditavam que os cinzas eram de origem inferior, podendo ser utilizados da forma como desejassem. Naquela época, a escravidão já não existia, mas uma forma hedionda de servilismo econômico persistia entre as nações. Por mais que os profetas ahtilantes tivessem enaltecido a origem única de todos os espíritos no seio do Senhor, nosso Pai Amantíssimo, os ahtilantes ainda continuavam a acreditar que a cor da pele, a posição social e o nome ilustre de uma família eram corolários inseparáveis para a superioridade de alguém.

Varuna fora o responsável direto pela criação da Confederação Norte-Ocidental, que veio a gerar novas formas de relacionamento entre os países-membros e as demais nações do globo. A cultura longamente enraizada, originária dos condalinos, raça espiritual que serviu de base para o progresso de Ahtilantê, tinha uma influência decisiva sobre todos. Os governadores espirituais aproveitaram todas as ondas de choque: físicas, como

JESUS, O DIVINO DISCÍPULO | 9

guerras, revoluções e massacres; culturais, como peças teatrais, cinema e livros; e, finalmente, telúricas como catástrofes que levassem as pessoas a modificarem sua forma de agir, de pensar e de ser. Aqueles, cujo sofrimento dos outros e os seus próprios não os levaram a mudanças interiores sérias, foram deportados para um distante planeta azul, que os espíritos administradores daquele jardim ainda selvático chamavam de Terra.

Esse processo, envolvendo quase quarenta milhões de espíritos degredados, que foram trazidos à Terra por volta de 3.700 a.C., foi coordenado por Varuna Mandrekhan e sua equipe multissetorial. Os principais elementos de seu grupo foram: Uriel, uma médica especializada em psiquiatria, a segunda em comando; Gerbrandom, uma alma pura que atingira a maioridade espiritual em outro planeta e viera ajudar no degredo em Ahtilantê; e Vartraghan, chefe dos guardiões astrais que, em grande número, vieram ajudar Varuna a trazer os degredados. Além desses personagens, havia Radzyel, Sandalphon, Sraosa e sua mulher Mkara, espíritos que muito ajudariam os capelinos, e também a belíssima figura de Lachmey, espírito do mundo mental de Karion, que, mais tarde, rebatizada como Phannuil, seria o espírito feminino mais importante para a evolução da Terra, coordenando vastas falanges de obreiros em permanente labuta para a consecução dos desígnios dos administradores espirituais.

Os capelinos foram trazidos em levas que variavam de vinte mil a mais de duzentas mil almas. Vinham em grandes transportadores astrais que venciam facilmente as grandes distâncias siderais, comandados por espíritos especialistas, sob a direção segura e amorosa dos administradores espirituais.

A Terra, naquele tempo, era ocupada por uma plêiade de espíritos primitivos, que serão sempre denominados de terrestres para diferenciá-los dos capelinos, que vieram degredados para aqui evoluírem e fazerem evoluir. Uma das funções dos capelinos, aqui na Terra, era serem aceleradores evolutivos, especialmente no terreno social e técnico. Mesmo sendo a escória de Ahtilantê, eles estavam

10 | A Saga dos Capelinos

à frente dos terrestres em termos de inteligência, aptidão social e intelectual e, naturalmente, sagacidade. Os terrestres, ainda muito embrutecidos, ingênuos e apegados aos rituais tradicionais, que passavam de pai para filho, pouco ou nada criavam de novo. Cada geração repetia o que a anterior lhe ensinara, de forma muito similar à que vemos entre nossos silvícolas que repetem seus modos de vida há milhares de anos, sem nenhuma alteração.

Havia, entre os exilados, um grupo de espíritos intitulados, em Ahtilantê, de 'alambaques', ou seja, 'dragões'. Esses espíritos, muitos deles brilhantes e de inteligência arguta e afiada, eram vítimas de sua própria atitude negativa perante a existência, preferindo ser críticos a atores da vida. Muitos deles se julgavam injustiçados quando em vida e, por causa disso, aferravam-se em atitudes demoníacas. Esses alambaques tinham desenvolvido uma sociedade de desregramentos e abusos, e eram utilizados pela justiça divina como elementos conscientizadores dos seres que cometiam atos cujo grau de vilania seria impossível descrever.

Essa súcia, todavia, era filha do Altíssimo e, mesmo candidata à deportação, deveria ser a artífice do exílio. Como eles dominavam vastas legiões de espíritos embrutecidos na prática do mal, era-lhes mais fácil comandá-los do que aos guardiões astrais, que não existiam em número suficiente para uma expedição expiatória dessa envergadura. Por causa disso, Varuna e seu guardião-mor, Vartraghan, foram até as mais densas trevas, numa viagem inesquecível, para convidar os poderosos alambaques a unirem-se a eles e ajudarem as forças da evolução e da luz triunfarem.

Varuna, por sua atitude de desprendimento, de amor ao próximo e de integridade e justiça, foi acolhido, após algum tempo, pela maioria dos alambaques como o grande mago, o Mykael, nome que passaria a adotar como forma de demonstrar a renovação que ele mesmo se impôs ao vir para a Terra. A grande missão de Mykael era não apenas a de trazer as quase quarenta milhões de almas capelinas para o exílio, mas, também e fundamentalmente, levá-las de volta ao caminho do Senhor totalmente redimidas.

JESUS, O DIVINO DISCÍPULO | 11

Na grande renovação que Varuna e Lachmey promoveram, muitos foram os que trocaram de nome para esquecerem Ahtilantê e se concentrarem no presente, na Terra. Varuna tornou-se Mykael, o arcanjo dominador dos dragões. Lachmey passou a se chamar Phannuil, a face de Deus. Gerbrandom, Raphael; Vartraghan, também conhecido entre os seus guardiões como Indra, tornou-se Kabryel, o arcanjo; Vayu, seu lugar-tenente, passou a se intitular Samael, que foi muitas vezes confundido com o mítico Lúcifer, o portador do archote, o carregador da luz.

O início da grande operação de redenção na Terra aconteceu na Suméria, quando Nimrud, espírito capelino renascido, conseguiu, entre atos terríveis e maldades tétricas, implantar a primeira civilização em Uruck. Os alambaques, entretanto, que tinham a missão não só de trazer os degredados, como também de guiá-los; estavam excessivamente soltos, o que faria com que Mykael ordenasse a alteração dos padrões de comportamento dos dragões para não só fazê-los guias de lobos – chefes de matilhas –, como também modificarem seu íntimo para se tornarem cordeiros de Deus.

Em razão da existência do fértil vale criado pelo transbordamento de dois rios irmãos, o Tigre e o Eufrates, e de enormes facilidades para desenvolver uma sociedade em que a agricultura fosse a pedra angular, ficou estabelecido, no grande planejamento, que a Suméria seria o primeiro lugar de assentamento desses espíritos. Outros locais foram incluídos também no programa de transferência dos capelinos, para que a sua vinda influenciasse várias regiões do globo, tais como a Europa, influenciada, inicialmente, pelos celtas, e a Índia, que abrigou esses seres no vale do Hindu. Posteriormente, seria a vez dos outros povos indo-europeus e, no Extremo Oriente, a da Tailândia e da China.

Uma das regiões que se tornaria de suma importância para o desenvolvimento da cultura, tecnologia e civilização mundiais seria a compreendida pelo Egito, outro local que fora escolhido para a imersão na matéria dos espíritos capelinos. Nessas longínquas

12 | A SAGA DOS CAPELINOS

plagas, essas almas conturbadas estabeleceriam uma civilização monumental, de proporções absolutamente grandiosas.

Por volta de 3.600 a.C., os espíritos superiores determinaram que os alambaques levassem para aquelas plagas, com o intuito de desenvolver o Kemet, vários grupos de sumérios. Alguns desses grupos foram dizimados pelo caminho e outros foram desviados, pelo que acabaram estabelecendo-se em outros lugares. No entanto, três deles chegaram ao vale do Iterou e fundaram uma civilização gradativamente, sem violência ou conquistas sangrentas. Um dos grupos se localizou em Ahmar, perto de onde está a cidade que se conhece hoje pelo nome de Cairo. Os outros dois se instalaram no sul e fundaram Nubt, conhecida hoje como Naqada.

Durante um largo período de tempo, conhecido como a Era dos Deuses, os capelinos implementaram alterações estruturais, tecnológicas e sobretudo culturais que, fundindo-se com os milenares e primitivos costumes hamitas, vieram a constituir a famosa civilização egípcia. O grupo de Ahmar fundou as cidades de Perouadjet, também conhecida como Buto, e Zau, conhecida como Saís. Enquanto isto, no sul, os dois grupos fundidos de sumérios fundaram a cidade de Ouaset, também conhecida pelo nome grego de Tebas.

Muitos dos capelinos degredados ficaram famosos por seus atos, que se tornaram lendas dessa época. Dois deles foram Aha Harakty, mais conhecido como Rá ou Ré, e seu pai, Ptah, que se notabilizou por suas obras de contenção e desvio do rio Nilo. Além deles, os integrantes de um enorme grupo de capelinos degredados tornaram-se conhecidos como deuses da antiguidade, entre eles Amon, o lugar-tenente de Rá. No entanto, ninguém se tornou mais conhecido e amado pelo povo de Kemet do que Osíris.

Ele foi rei do Kemet e, durante sua profícua administração, o povo pobre e abandonado, que constituía a classe dos felás, teve a oportunidade de possuir um pedaço de terra para cultivar, além de receber subsídios, ensinamentos e investimentos, na primeira grande reforma agrária do mundo. Era um capelino que viera em missão sacrificial junto a Ísis, sua eleita do coração e futura esposa e rainha. O amor desses dois seres seria conhecido no mundo inteiro como a lenda de Osíris e Ísis. Infelizmente, essa bela história de amor terminou tragicamente, pela vilania de seu meio-irmão, Seth, o terrível, que, na tentativa de assassinar Osíris, levou-o à tetraplegia, após desfechar-lhe um golpe na nuca. Seth, sob a influência de um alambaque chamado Garusthê-Etak, e seu braço-direito, Aker, conturbaram o reinado com uma guerra civil sangrenta, que terminou por dividir o Kemet em três reinos: dois no delta, chamados de Baixo Egito, com capitais em Perouadjet e Djedu, e um no Alto Egito, com capital em Teni.

Os administradores espirituais determinaram que o Kemet seria coordenado por Kabryel e que os alambaques teriam papel preponderante no desenvolvimento daquela civilização. Assim, com muitas lutas, marchas e contramarchas, a cultura foi implantada no Kemet. Muitos capelinos renasceriam ali e se tornariam deuses, como Rá, Ptah, Sakhmet, Tefnu e Osíris, este último o mais doce dos seres daquela conturbada era dos deuses. Após terríveis momentos de guerra fratricida, o Kemet foi desmembrado, pelo que se tornou As Duas Terras.

Seria preciso que aparecessem heróis truculentos, como Zékhen, o Rei Escorpião, e Nârmer, seu filho e sucessor, para unificar novamente aquilo que Tajupartak, ex-alambaque, na existência de Aha, unira. Aventuras repletas de guerras, combates, traições e ardis, finalmente, levaram à união do Kemet – o Egito –, transformando-o numa grande nação de monumentos tão portentosos que nem o tempo foi capaz de apagar.

Os espíritos superiores tinham, entretanto, outros planos para implementar a civilização na Terra, e isso se daria por meio de grandes migrações.

Mesmo depois de dois mil anos do degredo dos capelinos no planeta Terra, a civilização ainda estava estagnada. A civilização havia dado um salto inicial, mas, após certo tempo, tornara-se novamente imobilista. Os administradores espirituais iniciaram,

14 | A Saga dos Capelinos

então, uma série de movimentos migratórios na Terra com o intuito de mesclar povos, raças e, sobretudo, culturas e tecnologias. Assim, iniciou-se, por volta de 1.800 a.C., um enorme movimento migratório em todo o planeta, o qual alcançou todos os rincões deste globo, inclusive a própria América, ainda não descoberta pelos europeus, mas já habitada pelos povos de origem mongol, por entre os quais os espíritos superiores ajudaram a erguer grandes civilizações, usando os alambaques capelinos. Foram eles que construíram as pirâmides do novo continente.

Na Eurásia, os povos foram movimentados pelos préstimos de espíritos renascidos com grandes missões, como Rhama, na Índia, e vários outros – que, aliás, a história esqueceu de registrar –, além de guias espirituais que inspiravam os povos a seguir por certos caminhos. Para acelerar a migração, vários povos foram submetidos a alguns fenômenos de ordem natural, como secas, terremotos e inundações, que os obrigavam a deslocaram-se.

Washogan fora um guardião especializado nas hostes de Vayu e, sob a influência de Orofiel, braço- direito de Mitraton, recebeu a incumbência de guiar uma pequena e esfacelada tribo do vale do Kuban, no Cáucaso, até Haran, no norte da Mesopotâmia. Assim o fez e tornou-se conhecido entre os hurritas, os descendentes de Hurri, como Yahveh – Eu Sou –, deus da guerra, da vingança, das emboscadas e dos trovões. Com o decorrer dos tempos, Washogan renasceu e tornou-se Kalantara, uma sacerdotisa de Shiva, exatamente no interregno em que Rhama invadia a decaída região do rio Indo, no qual antes florescera a civilização sindhi, de Harapa e Mohenjo-Daro. Alguns séculos depois, tornar-se-ia um guerreiro e político hitita, de nome Pusarma, e morreria de forma violenta e prematura.

Enquanto isso, os espíritos superiores, monitorando a evolução terrestre, depararam em Avram um fanático e empedernido seguidor do deus Yahveh. Usando o nome do deus hurrita, os espíritos superiores o transformaram numa divindade única e superior aos demais deuses da região. Sob a coordenação de Orofiel e pela utilização de

JESUS, O DIVINO DISCÍPULO | 15

vasto grupo de espíritos comandados diretamente por Sansavi, foram incutindo nas mentes das almas a ideia de um Deus único.

Avram, depois chamado de Avraham, deu origem a uma grande quantidade de filhos, que se espalharam pela região de Canaã e localidades vizinhas. Itzhak, seu filho, deu origem a gêmeos, Esaú e Yacob, e este último teve doze filhos que, junto com os hicsos, foram para o Kemet – Egito. Yacob mudou seu nome para Israel – aquele que luta com Deus –, e um dos seus filhos, Yozheph, notabilizou-se como Tsafenat-Paneac, tendo sido tati – primeiro-ministro – do faraó hicso Khian, e ajudou a debelar uma terrível seca que assolou a região.

A tribo de Israel, entretanto, cometeu um grave crime ao matar os indefesos habitantes de Siquém e, com isto, perdeu o apoio direto de Sansavi, que recebeu ordens de Orofiel de abandoná-la ao seu próprio destino. Passaria a ser acompanhada de guias-mentores normais, e não mais de um grupo tão especializado como aquele que fora comandado por Sansavi. Tendo ido para o Kemet, os descendentes de Israel formaram uma grande tribo, cujos integrantes ficaram conhecidos na história como os hebreus.

Os administradores terrestres voltaram a movimentar as forças espirituais e, assim, Ahmose, neto do faraó Ramsés II, tornou-se Moschê, o grande libertador do povo hebreu, conduzindo-o para o deserto do Sinai. Naquelas longínquas plagas, moldou, como num cadinho ardente, um novo povo. Esse vasto processo foi coordenado por Orofiel, o belo arcanjo de Mitraton, que assumiu a operação astral desse êxodo. Após a morte de Moschê, seu sucessor, Yoshea ben Nun, mais conhecido entre nós como Josué, deu continuidade ao processo de conquista de Canaã, para o que foram necessários muitos anos de guerras e cruentas dominações, a fim de que seu povo prevalecesse naquele pedaço de terra.

PREFÁCIO
As Decisões dos Maiores

P or volta de 3.100 a.C., o espírito altamente evoluído que coordenava a evolução da Mesoamérica recebeu uma notícia que seria, simultaneamente, motivo de alegria e de preocupação. Até aquela data, ele coordenava vasto grupo de obreiros que se preocupava em fazer evoluir milhões de espíritos primitivos na região que seria futuramente o México e parte da América Central. Mitraton, o coordenador-geral da evolução terrestre, lhe informou que, daquele momento em diante, ele passaria a receber os mais recalcitrantes espíritos capelinos.

Havia cerca de seiscentos anos que os capelinos tinham sido degredados de seu planeta de origem. A evolução terrestre dera um salto fantástico, mas à custa de muita violência e guerras. A Suméria se havia transformado num campo de batalha, no qual as várias cidades-estados viviam em permanente conflito. Além disso, um grande grupo de capelinos, especialmente de alambaques, os quais haviam sido capturados e deportados contra sua vontade, não tinha mudado de atitude e sua propensão era ainda a de manter-se aferrado à revolta e à violência. Seus integrantes tornaram-se um perigo constante para os próprios capelinos, o que se evidenciou, no Kemet, pelas ações nefastas de Garusthê-Etak, Apópis e outros.

17

18 | A Saga dos Capelinos

A notícia da deportação, para a Mesoamérica, de vasto contingente de degredados representava a possibilidade de um salto qualitativo no padrão de vida, extremamente primitivo, dos nativos daquela área, mas também patenteava o fato de que a sociedade futura que dali surgiria seria cruel, violenta e despótica. Ainda assim, a deportação foi feita. Por meio de pequenas operações de captura e transporte, algumas centenas de milhares de capelinos, mormente alambaques revoltosos, foram enviadas para a Mesoamérica. Os espíritos que haviam habitado a Suméria teriam grande influência na região e, portanto, reproduziriam os grandes zicurats em pirâmides que serviriam de templos e nas quais milhares de vidas encontrariam morte pavorosa.

Os séculos haviam de se passar e a transformação daquela região do mundo iria começar de forma lenta e gradativa. No entanto, um grave problema iria preocupar a cúpula espiritual que coordenava a evolução terrestre, que seria conhecido como a revolta dos demônios. Durante milênios, os capelinos dominaram o cenário mundial. Entretanto, os espíritos terrestres também evoluíam e, gradativamente, pelo sofrimento e pela experimentação, desenvolviam suas aptidões potenciais. A grande maioria conseguiu superar a atitude de estagnação espiritual, típica dos espíritos primitivos, e, quase em pé de igualdade com os capelinos, estava se tornando também artífice da evolução mundial. Mas um grupo reduzido de espíritos terrestres, que estavam localizados no astral inferior da região terrestre conhecida como Oriente Próximo, havia se revoltado e, mais do que isto, conseguido uma certa união entre eles, vindo a formar um império do mal a atuar nas sombras, com grande influência sobre os renascidos.

Os espíritos superiores tomaram as devidas providências para delimitar esta revolta, mas aproveitaram a ocasião para extrair do mal um bem. Como esses espíritos terrestres tinham pouco conhecimento filosófico e nenhum conhecimento da vinda dos capelinos, e sua revolta era muito mais devido a circunstâncias do que a razões políticas e espirituais, eles passaram a atuar sobre

Jesus, o Divino Discípulo | 19

vários povos da antiguidade, especialmente os assírios. Portanto, por volta de 1.300 a.c., os espíritos revoltosos do astral inferior começaram a atuar sistematicamente sobre os assírios e, sob sua influência, estes aguerridos povos da média Mesopotâmia fundaram um vasto império, que se notabilizou pela extrema crueldade.

Os espíritos superiores aproveitaram-se desta inaudita violência para fazer renascer, como inimigos dos assírios, os alambaques e capelinos em geral, que estavam em vias de regeneração espiritual. Deste modo, esses espíritos, que, em passado não muito longínquo, haviam sido deuses sanguinários a exigir sacrifícios humanos, tornaram-se, eles próprios, as vítimas de uma crueldade desmedida, marca registrada dos assírios. Colheram o que haviam semeado, de acordo com as mais justas leis divinas, perecendo em profundo tormento, tendo antes passado por torturas excruciantes. Muitos tiveram seus olhos queimados; outros, os pés cortados, as línguas arrancadas e outras atrocidades pavorosas, conhecendo o cativeiro por vários anos, antes de morrerem em condições sub-humanas.

Por volta de 600 a.C., os espíritos terrestres revoltados foram sendo gradativamente vencidos pelas hostes celestes, constituídas de guardiões devotados e espíritos abnegados, e foram deportados para a Mesoamérica, onde continuariam sua evolução. Por sua vez, eles, que haviam provocado incontáveis barbaridades, viriam a sofrer, no novo mundo, as mesmas atrocidades que haviam praticado.

Com a chegada de Kurush, mais tarde chamado de Ciro pelos gregos, e a tomada de uma série de outras medidas profiláticas, um pouco de paz foi trazida à conturbada região. Muitos espíritos capelinos redimidos renasceram, trazendo mensagens maravilhosas, de paz, amor, conhecimento filosófico e religioso. A Terra começou a viver uma nova era de prosperidade e evolução. Isso era absolutamente necessário, pois, naquela época, haviam chegado várias levas de espíritos primitivos de outros planetas para iniciar sua evolução no planeta. Trazidos adormecidos, pois tal é o procedimento normal para os espíritos que estagiam nessa fase da evolução, esses seres formavam um grupo de mais de um bilhão e quinhentos milhões de

20 | A Saga dos Capelinos

espíritos. Para o sucesso dessa movimentação, era fundamental que houvesse paz e avanços tecnológicos na agricultura, o que redundaria na disponibilidade de corpos físicos. Essas levas de espíritos vieram de planetas onde passaram pelas fases primitivas da experiência humana. Não eram degredados, como os capelinos, mas apenas humanos promovidos do jardim de infância da evolução espiritual para as classes primárias. Para que pudessem renascer aqui, era necessária a existência de corpos, e destes só haveria disponibilidade se houvesse paz. Por isso, os espíritos superiores iniciaram grandes movimentos de transformação nas sociedades chinesas, indianas, persas, celtas, gregas e latinas.

Enquanto isto se processava, a Mesoamérica via a influência dos capelinos acontecer, inicialmente com a civilização olmeca, e a partir destes, no atual monte Alban, a civilização zapoteca. Outras civilizações também começaram a vicejar, sendo que, naquele período, uma que se destacou foi a da cidade de Teotihuacán – cidade dos deuses – nome que os futuros astecas deram ao local. Eram, no entanto, civilizações bem capelinas em sua essência, caracterizadas pelas grandes pirâmides, monumentos gigantescos, cidades urbanizadas, sacrifícios rituais e estranhos cultos aos alambaques, que apareciam como deuses telúricos.

A Mesoamérica começou a receber os espíritos degredados da Eurásia, mormente os demônios terrestres que haviam se revoltado. Agora era hora de eles perecerem no sacrifício ritual, serem vencidos pelo sofrimento de guerras endêmicas e conhecerem a senda do Senhor, por meio de purgações excruciantes.

Os espíritos superiores haviam tomado extremo cuidado de não deixar vazar o fato de que os degredados estavam sendo levados para outra parte do planeta, mas corriam as lendas, no mundo astral inferior e no umbral – região que limita o astral inferior com o médio –, de que os perversos estavam sendo levados para um inferno jamais visto, a fim de que dali nunca mais retornassem. Em parte, isso era verdade, pois as condições de vida da Mesoamérica eram extremamente inóspitas, com charcos, mosquitos, calor sufocante, animais

Jesus, o Divino Discípulo | 21

perigosos e peçonhentos, doenças tropicais jamais vistas, além de vulcões, terremotos, inundações e tufões de violência mortal. Não era o melhor local para renascer, pois, além das severas condições físicas, davam-se ali guerras violentas, escravidão acachapante e sacrifícios rituais em massa a estranhos e sanguinários deuses.

Por volta de 550 a.C., os grandes espíritos se reuniram para mais um conclave. Eram mais de cinco mil espíritos, entre enviados dos governadores terrestres, coordenadores de quadrantes e obreiros categorizados. Todos eles haviam trabalhado duro para destruir a mais vasta e duradoura revolta dos demônios que já houvera.

No Oriente Médio, os judeus, que haviam sido arrancados à força de sua terra natal por Nabucodonosor e levados como cativos, aos milhares, para a Babilônia e outras terras, puderam ser libertados pelo grande Kurush – Ciro. No tempo do cativeiro, lindas histórias coroariam o martírio dos judeus cativos, mas, naquele rincão distante, eles começaram a sonhar com o libertador que os livraria dos babilônios e com o restabelecimento do reino de Yehudá – Judá ou Judeia. Ciro seria confundido, muitas vezes, com o próprio Messias. Mas, depois da libertação, outras lendas começaram a ser contadas, em prosa e verso, pelos judeus. Um messias – Mashiah –, viria, um guerreiro que lideraria os exércitos do povo judeu para expulsar os invasores e recolocar Israel no seu devido lugar no cenário das nações.

Essas lendas nasceram logo após o grande concílio angélico de 550 a.C., ocasião em os espíritos superiores concluíram que deveriam enviar um mensageiro de alta estirpe sideral para a difusão de novas ideias. Vários conceitos deviam ser enfocados, para que a humanidade desse um salto qualitativo em sua caminhada evolutiva e pudesse vencer suas etapas inferiores. Não eram conceitos totalmente novos, pois haviam sido espalhados por uma série de profetas, filósofos e religiosos, mas especialmente voltados para os judeus, pois em meio a eles estariam congregados muitos dos mais renitentes e endurecidos espíritos, tanto de origem terrestre, como de origem capelina.

22 | A Saga dos Capelinos

A ideia havia partido de Mitraton. Ela encontrou forte eco entre todos, e ficou determinado que selecionariam um espírito do alto mundo mental, para que renascesse entre os homens a fim de lhes levar essas mensagens. O espírito selecionado estava, em sua jornada evolutiva, a um passo do mundo angelical. Eles sabiam, no entanto, que, para que esse ser pudesse renascer na Terra, seria necessária uma série de preparativos.

O primeiro deles seria um rebaixamento do padrão vibratório do eleito, pois espíritos do mundo mental não têm mais corpo astral e, para renascer em mundo menos evoluído, é necessário que disponham de um revestimento astral, sem o qual não há como ligar o espírito à matéria. Esse rebaixamento vibratório exigia uma perda substancial de energia por parte daquele espírito, o que faria com que passasse, lenta e gradativamente, por um processo doloroso. Recuperar o corpo astral, para formá-lo com energias sutis daquele plano, era cometimento que exigiria que esse espírito passasse a viver naquelas paragens compromissado com o exercício de sua mente e a recuperação de muitos dos processos que havia abandonado há muito tempo. Mal comparando, é como se um homem civilizado tivesse que voltar a ser um primitivo, obrigando-se a reaprender a caçar, fazer fogo de gravetos, beber água na cuia de suas mãos e alimentar-se de frutas e carnes quase cruas. É, de fato, pois, um processo de regressão doloroso, que leva um mínimo de vinte anos terrestres para ser cumprido. O mensageiro era, antes de mais nada, um bravo, que não precisava passar por esse sacrifício.

Outro ponto nevrálgico do processo seria certificar-se, por meio de operações genéticas, de que a fecundação seria a mais perfeita possível. Ele deveria receber material genético de alta qualidade para que seus corpos mental, astral e etérico pudessem manipular a matéria, a fim de obter um corpo estruturado para aguentar as altas vibrações de seu espírito. Essa operação era complexa, pois deveria reunir pais sadios, um óvulo perfeito e um espermatozoide de ordem excepcional, do sexo masculino, pois, naquela época, a mulher não teria voz ativa para empreender diretamente grandes modificações. Seria necessário não só selecionar o material, mas também desenvolver sutis transformações no código genético, para bloquear certas doenças, aumentar as percepções físicas e proporcionar várias outras facilidades, a fim de abrigar no cérebro um espírito de tamanha envergadura.

Além dessa operação, deveria ser encetado um planejamento para recuperar a sua memória, pois, quando o espírito mergulha na matéria, ele perde as reminiscências, as lembranças de tudo o que já foi em outras existências. Um ser do mundo mental não poderia ter perfeita lembrança de seu verdadeiro plano de existência, pois isto só comprometeria ainda mais o doloroso processo. Desse modo, ao se embotar completamente para renascer, ele deveria ser reconduzido, gradativamente, ao reaprendizado, pelo que seria desperto de forma lenta e paulatina, pois o cérebro humano, ainda que formidável, não poderia aguentar um aumento excessivo de frequência espiritual, já que não fora constituído para tal finalidade.

Os espíritos do mundo mental sabem como é importante que uma mensagem seja apreendida pelo ouvinte, por meio do uso da emoção. A razão é importante, mas, para povos simples, o uso da faculdade racional é ainda causa de enormes dificuldades, tanto pela ignorância que entre eles ainda campeia, como pelas dificuldades da mente lerda, e ainda primitiva, no uso dos equipamentos adequados do raciocínio. Assim, o aprendizado deve dar-se por meio da emotividade, e que emoção maior do que a fé pode haver? Não obstante, a fé, para se instalar no coração, deve ser precedida de fatos de rara beleza, de elevação espiritual e de fenômenos miraculosos, que evidenciem a existência do sobrenatural, do incomum. Desta forma, o mensageiro deveria ter, no decorrer de sua adolescência e início da maturidade, suas faculdades espirituais aguçadas e despertas para que pudesse, por meio de fatos incomuns, demonstrar que era um enviado excelso do Altíssimo.

Ele deveria receber uma guarda espiritual muito maior do que qualquer ser humano normal. Os humanos são protegidos por guardiões de setores e de quadrantes, além dos guias espirituais, que vi-

24 | A Saga dos Capelinos

giam vários seres humanos simultaneamente. Contudo, acidentes acontecem, assim como fatos que fogem ao controle do homem, especialmente quando são provocados por sua impulsividade. Acidentes que, aliás, por sua velocidade e imprevisibilidade, impedem os guardiões e os guias de agirem na defesa do incauto. O mensageiro deveria ser defendido por uma coorte de especialistas incumbida de impedir acidentes, ataques de seres humanos e de espíritos impuros.

Para finalizar, o mensageiro devia ser capaz de reunir uma equipe de escol de espíritos renascidos, que pudesse facilitar sua vida de todas as formas. Ninguém é capaz de articular todas as coisas necessárias para existir e, ainda por cima, manter uma missão de alta qualidade. Eles deviam não só auxiliá-lo, seguindo-o, auxiliando-o e protegendo-o em seu apostolado, como também ser capazes de continuar sua missão, após sua vida, difundindo seus conceitos e multiplicando seus esforços.

E tudo isto ficou determinado pelos espíritos superiores no concílio angélico de 550 a.C., sendo que a data certa da chegada do mensageiro seria marcada em momento apropriado. Tudo estaria sendo providenciado a partir daquele momento, pois estava para renascer um espírito de elevada estirpe sideral.

No concílio angélico anterior, realizado em 970 a.C., eles haviam determinado o envio de oito mensageiros do astral superior, dos quais somente seis viriam a alcançar seus objetivos: Zarathustra; Gautama Sidarta, também conhecido como Buda; Vardhamana, conhecido como Jain – o vitorioso; Kon-fuzi, conhecido como Confúcio entre os ocidentais; Lao Tsé; Quetzalcóal, o último a renascer, na Mesoamérica, com o objetivo de combater a ideia de sacrifícios humanos, tentando humanizar mais as relações entre os homens, as várias tribos da região e os deuses. Dois se perderam; um morreu inesperadamente, ainda adolescente, de uma doença adquirida; o outro tornou-se um homem santo, um sadhu, perdendo-se na contemplação passiva, ao invés de agir.

Um dos coordenadores espirituais, que havia participado do concílio angélico de 550 a.C., comentou a decisão com um dos

Jesus, o Divino Discípulo | 25

guias espirituais, que insuflou pensamentos benfazejos na mente de Isaías, que, por sua vez, escreveu as profecias do Messias. Outros guias fizeram o mesmo, e os persas, os hindus, os egípcios, os gregos e outros povos receberam a mensagem de que um excelso mensageiro, um deus, estava para renascer, para salvar a humanidade.

Por volta de 40 a.C., uma reunião específica foi realizada pelos administradores espirituais, na qual se concluiu que havia chegado o momento de ele renascer, pois o terreno estava pronto para a fertilização das novas ideias. Durante essa reunião, foi apresentado aos participantes o que havia acontecido nos últimos anos, especialmente na Judeia, terra que havia sido construída graças aos beneplácitos de Mitraton e Mykael.

Em torno de 440 a.C., Ezra, um sacerdote e escriba, chamado de o segundo Moisés, havia conseguido reunir as famílias judias mais ricas e influentes da Babilônia (cerca de mil e quinhentas pessoas) e, com isso, levantou fundos suficientes para a construção do segundo Templo de Ierushalaim – Jerusalém –, já que o primeiro Beit Ha-Mikdash – templo – fora destruído pelos babilônios. Para conseguir o poder de forma absoluta e inquestionável, Ezra e seu amigo Nehemias realizaram uma grande assembleia, formada por cento e vinte notáveis de Israel, na qual estabeleceram o cânon – as regras – de uma religião efetivamente judaica. Na impossibilidade de transformarem sua terra num lar de hebreus puros, pois a miscigenação então já era enorme e descontrolada, Ezra lançou a ideia do judaísmo como religião e não mais como pátria de sangue.

Como, naquele tempo, aquela terra era uma satrapia – província – do império persa, os judeus não tinham poder político. Estabeleceram, pois, o poder teocrático, força governista com bases religiosas na administração de um povo. Para que não houvesse desobediência por parte da população, tão facilmente influenciada por ídolos, talismãs, amuletos, fetiches, encantamentos, feitiçarias e outras atividades e apegos pagãos, a religião – agora legalmente constituída pelo Kenesset –, obrigou todos os seus governados a seguir os preceitos de forma absolutamente rigorosa. Qualquer

26 | A Saga dos Capelinos

coisa fora do cânon era considerada heresia, e o herege era passível de morte por apedrejamento. Assim, os judeus começaram, de forma gradativa, a perder o espírito da lei e passaram a se ater ao rigorismo das formas e das palavras. Ao invés de adorarem um único Deus, temiam-no, personificando-o no poder terrificante do Sanhedrin – sinédrio.

Durante trezentos anos, os judeus foram tornando-se cada vez mais respeitadores das formas e esqueceram-se da essência da lei. Mesmo com grande fervor político-religioso, havia facções tão diferenciadas entre si que provavelmente o único ele que os unia era a aversão ao estrangeiro, o medo do Sanhedrin e o ódio aos coletores de impostos.

Os fatos históricos foram desenrolando-se de forma implacável. Alexandre, o Grande, conquistou o império persa e, poucos anos depois, morreu, sem deixar descendência. Seus generais dividiram entre si seu vasto império, e a Palestina ficou subordinada a Seleucia, que governou a partir da Pérsia. Os judeus passaram a ficar subordinados aos gregos. Em 175 a.C., Antíoco IV, descendente de Seleucia, resolveu acabar com a igreja judaica e implementou uma série de medidas helenizantes, as quais obrigavam os judeus a adorar Zeus e outros deuses gregos. Os judeus se revoltaram, e esse episódio ficou sendo conhecido como a Revolta dos Macabeus.

Essa insurreição teve a vantagem de consolidar ainda mais o judaísmo e favoreceu o surgimento de vários grupos religiosos, os quais vieram a ser de fundamental importância para a constituição política e filosófica da Judeia. Essa revolta não derrubou o poder dos gregos na Judeia, mas obrigou Antíoco IV a voltar atrás e deixar os judeus em paz. Esse fato deu origem a um movimento denominado hassidim ou chassidim, os piedosos, o qual originou, por sua vez, um seleto grupo de pessoas que viviam em especial adoração a Deus, denominado essênio. No entanto, os essênios, como grupo, não eram unidos nem mesmo nos ensinamentos, pois havia vários subgrupos que tinham diferenças entre si e estavam espalhados por toda a Judeia e Galileia.

Uma outra facção também poderosa era a formada pelos fariseus, chamados entre eles de perushim, que eram membros de uma seita e de um partido religioso judeu que se caracterizava pela oposição aos demais, por evitar o contato com eles e pela observância exageradamente rigorosa das prescrições legais. Esse grupo acreditava em vida após a morte, o que chamava de ressurreição, mas muitos de seus integrantes acreditavam em metempsicose, doutrina segundo a qual uma mesma alma pode animar sucessivamente corpos diversos, tanto de homens como de animais.

O outro grupo, os saduceus, era composto de membros de um partido religioso do judaísmo posterior ao século III a.C., recrutados entre as famílias sacerdotais, os quais, apresentando viva tendência a assimilar culturas estrangeiras, como a helênica e, posteriormente, a romana, discordaram dos outros judeus quanto aos rituais de purificação, à crença na ressurreição dos mortos, nos anjos e na providência divina. Eles não aceitavam a continuação da vida após a morte, acreditando que Deus existia, mas que devia ser louvado pelo homem em vida, pois após a morte haveria a dissolução completa do corpo e não haveria o dia do julgamento final, com a ressurreição dos corpos.

Os romanos haviam conquistado toda a terra dos judeus no ano 63 a.C. e colocaram um títere como rei da Judeia, chamado Herodes, um meio-judeu, pois era idumeu, culturalmente helenizado. Durante centenas de anos, o império romano vinha se expandindo, levando a *Pax Romana* a todos os povos do Mediterrâneo. Os judeus que haviam sido subjugados pelos assírios, pelos persas, pelos gregos de Alexandre, o Grande, e agora, finalmente, pelos romanos, ansiavam por um Estado judeu que fosse governado por judeus. Deste modo, desde o profeta Isaías que os habitantes daquela terra anelavam por um libertador. E, mais do que isto, ansiavam pela volta dos tempos heroicos do rei David, o vencedor dos filisteus, e de seu filho Salomão, o sábio rei que soubera elevar Israel, uma pequena terra entre impérios, a um nível de razoável reconhecimento por parte das demais potências da região. Para os

28 | A Saga dos Capelinos

israelitas, este reconhecimento os tornava iguais aos maiores da Terra. Eles sonhavam com esta nova equiparação, sem se darem conta de que, mesmo com a liberdade, eles continuariam sendo um pequeno país incrustrado entre impérios. No entanto, o fervor nacionalista os cegava, fazendo-os achar que, com a libertação, Israel tornar-se-ia uma grande nação, como os demais impérios do mundo de então.

Os judeus, descendentes dos hebreus – os habirus –, saídos do Egito e moldados pela vontade férrea de Moschê no deserto do Negeb, em Kadesh-Barnea, eram um povo belicoso. E, mais do que isso, eram guerreiros de Yahveh. Esses homens tomaram, com grande denodo, as terras de Canaã, habitadas pelos cananeus, pelos hititas e por uma série de outros pequenos povos. Fizeram guerra sistemática aos amonitas, maobitas e madianitas e, depois de lhes infligir retumbantes vitórias, ficaram sob o talão de filisteus, egípcios, assírios, persas, gregos, macedônios e, por fim, dos odiados romanos. Era um povo forjado no cadinho da guerra, do combate e da luta de inspiração divina – acreditavam que recebiam ordens diretas de Deus – e sob a estrita e severa observação da lei mosaica, a qual, aliás, recebera acréscimos de Ezra e dos anshei ha-Kenesset ha-Guedola – homens da Grande Assembleia – que tinham dado forma ao cânon da religião judaica.

Tratava-se, pois, de um povo fanático, intolerante para com os costumes estrangeiros e suspiroso por um governo próprio. Esperavam conquistar esta liberdade pela ação de um homem, alguém enviado por Yahveh, o deus guerreiro e extremamente vingativo, como era aquele povo, e que dobraria a cerviz do estrangeiro, colocaria os reis do mundo aos seus pés e faria daquela terra, prensada entre as grandes potências da época, o centro do universo.

Havia, no entanto, uma razão específica para que o mensageiro nascesse naquelas longínquas plagas, pois os espíritos sublimes condutores do destino da Terra tinham determinado que haveria um novo expurgo dos elementos mais perniciosos do planeta para que pudessem proporcionar o estabelecimento de uma paz relativa.

A Mesoamérica, assim como a região andina média, havia sido escolhida para o exílio desses espíritos ainda conturbados. Haveriam de constituir novos povos, os quais viriam a ser conhecidos como astecas e maias, na Mesoamérica; e incas, nos Andes. Esse grupo de exilados constituía-se de três agrupamentos diferentes: povos primitivos, trazidos em grandes levas; remanescentes dos demônios terrestres, que haviam participado da revolta dos demônios e que ainda permaneciam ativos; e os poucos e últimos alambaques capelinos que teimavam em resistir às mudanças íntimas.

Naquele ano, 40 a.C., os maiores haviam se reunido e definido que a época era propícia e que o mensageiro deveria ser enviado. Nos anos que se seguiram, um grande planejamento foi feito para que renascesse uma série de espíritos que iriam dar sustentação ao grande mensageiro. Era necessário que pais, tios, amigos e circunstâncias fossem propícios, e nada foi esquecido. O mensageiro que havia sido escolhido pelos governadores do planeta, nos quais se incluíam Mitraton - agora mais conhecido como Metatron -, Mykael, Phannuil e Raphael, era um espírito que tinha um extraordinário apego ao povo judeu, tendo sido um dos responsáveis pela sua formação. Até que finalmente, chegou o momento de o mensageiro renascer.

CAPÍTULO 1

Yacob ben Matan, fariseu e rigoroso seguidor da lei judaica, abastado membro do Sanhedrin, vivia confortavelmente em Beit Lechem. Era um homem grande, forte, de rosto duro e de palavras pouco amenas em se tratando de defender suas ideias. Era radical em suas atitudes e, em suas discussões no Sanhedrin, tornava-se muitas vezes excessivamente fervoroso, ocasiões em que mais parecia um touro enfurecido lançando-se contra todos, especialmente os saduceus. Era seguidor de Hilel, mas estava longe de apoiá-lo em todas as suas decisões. Porém, como detestava Shamai, o opositor ferrenho do doce e sábio Hilel, preferia apoiar o mestre oriundo da Babilônia. No entanto, suas longas e, muitas vezes, monótonas alocuções o tornavam um adversário terrível, o que o fazia granjear inimigos e desafetos com rara facilidade.

Yacob tinha muitas propriedades e era um arrendatário que aplicava justiça com estrita severidade. Não era particularmente bondoso, mas também não impunha aos camponeses nenhuma corveia que os acumulasse com taxas ou sobrecargas injustas. Para o padrão da época, era considerado um homem correto. Dedicava-se mais ao comércio do que à administração de suas terras, pois, para tal, tinha um capataz diligente e cioso. Sua fa-

32 | A Saga dos Capelinos

mília, descendente do rei David, como ele, orgulhosamente, alardeava, havia acumulado fortuna com o comércio de estanho, o qual era adquirido em diversos lugares, especialmente no planalto iraniano, e negociado com quem dele necessitasse. Naqueles tempos, o estanho só era utilizado em amálgamas com o cobre, para obter-se o bronze e para a confecção de peças de decoração, que enfeitavam as casas dos ricos. O ferro havia substituído o bronze com mais eficácia na produção de ferramentas e armas. Mas, mesmo assim, a riqueza de Yacob não era de se desprezar, o que lhe conferia reputação de homem de posses perante seus pares.

Yacob ben Matan tinha quatro filhos. Seu primogênito chamava-se Yozheph e era seguido de perto por Hadassa, uma bela mulher, e por Cleophas. Para terminar, havia Léa, que havia se casado com um nobre do Sanhedrin, tendo feito um casamento soberbo em todos os termos, pois o marido lhe era devotado, como um perdigueiro ao seu dono. Tanto Hadassa, a primeira a casar, como Cleophas e Léa haviam obedecido às ordens paternas e se consorciaram com pessoas de posse. Hadassa havia casado com um nobre, primo distante da família, grande negociante de estanho, viajante incansável, chamado por todos de Yozheph de Arimateia.

Ele era um homem alto para os padrões de então. Sua mãe era persa, ou seja, uma judia nascida em Hagmatana, capital provisória dos parthos, que haviam conquistado a Pérsia, tirando-a dos gregos, que haviam, por sua vez, derrotado os persas de Darius. A sorte não lhe sorrira inteiramente, no entanto, pois só tinha duas meninas e o destino lhe negara o herdeiro que tanto anelava. Yozheph de Arimateia era fariseu, não muito radical, homem do mundo, de mente aberta devido às suas viagens e membro do Sanhedrin. Yozheph, mesmo sendo originário da cidade de Arimateia, morava em Ierushalaim, numa casa que herdara do falecido pai, que era um escândalo para os puristas da época, pois estava cheia de estatutária grega, retratando homens e mulheres com muito pouca ou nenhuma roupa.

Cleophas tinha três anos de diferença de seu irmão mais velho. Os dois se davam muito bem, ainda que seus gênios diferissem muito um do outro. Cleophas havia se tornado um homem forte, com uma pança levemente pronunciada, devido à farta ingestão de comida, seu ponto fraco, assim como de pequenos, mas não sérios, abusos do bom vinho fenício, que ele não deixava faltar à mesa. Seu casamento, arranjado pelo pai, com uma doce donzela, o tornara mais caseiro e acalmara seu gênio, algumas vezes temperamental e irritadiço.

Yozheph ben Yacob, o primogênito, era a felicidade do velho, mas também sua grande preocupação. Desde cedo, demonstrara pouco pendor para os negócios. Preferia trabalhar em pequenas peças de carpintaria durante longas horas ou dedicar-se a conhecer bem as sagradas Escrituras. Com cerca de vinte anos, pediu permissão ao pai para conhecer os essênios de Engadi, os quais se abrigavam perto do mar Morto, e, após acirrada discussão acerca de seu desejo de conhecê-los, conseguiu arrancar de Yacob o consentimento para uma estada com eles de dois anos, depois do que, por determinação do pai, teria que voltar para casar-se com a filha de Yoachim.

Yoachim ben Matat era um homem abastado, que vivia de forma frugal por opçã; dedicava seu tempo a estudos filosóficos e a assuntos de Estado e sentia-se atraído pela política sadia e pela sorte dos menos afortunados. Sua casa em Ierushalaim não retratava as posses que tinha, pois que era relativamente modesta, porém confortável. Por suas opiniões moderadas e abalizadas, era membro mui requisitado por seus pares nas palestras e audiências do Sanhedrin. Diferente de Yacob, mais veemente em suas afirmações, Yoachim era seu melhor amigo e lhe seria um futuro parente, pois, já por ocasião do nascimento de Míriam, sua filha mais velha, eles haviam selado um acordo de casamento entre suas famílias. Estavam apenas esperando que Míriam chegasse à adolescência, quando ela demonstraria, naturalmente, que estava apta para procriar.

Chana, esposa de Yoachim ben Matat, era uma mulher que havia sido educada nos mais rígidos padrões morais e religiosos da

34 | A Saga dos Capelinos

época. Tornara-se mulher de princípios inabaláveis e transmitiu essas características à sua extensa prole, constituída de três filhas e cinco homens. Era mulher alta, forte, de cadeiras largas, boa parideira e que, ao ficar mais velha, poderia tornar-se pessoa obesa se não fosse ciosa observadora da frugalidade absoluta à mesa. Jamais um pingo de vinho lhe beijara os lábios e sua constituição robusta era proveniente de genética especial, sobre a qual ela se recusava comentar. Vários de seus ascendentes eram indo-europeus, o que explicava a razão de seus cabelos lisos e castanhos com laivos de ruividão, de sua pele branca, com pequenas pintas sardentas, e de seus olhos verdes. Seu tipo era mais celta do que hebreu, mas a mistura dos dois sangues produziu um belo tipo de mulher.

Yozheph ben Yacob passara menos de dois anos com os essênios e achara o modo de vida monástico e frugal desses homens extremamente atraente, mas, antes de completar sua iniciação e obter sua aceitação como membro da seita, seu pai mandara chamá-lo de volta. Embora civilizada, os dois tiveram certa discussão acerca da decisão do pai, na qual a férrea vontade paterna se impôs à vocação do filho. Seu casamento deveria consumar-se, pois cabia ao primogênito a continuação da linhagem familiar, da qual Yacob, aliás, não se cansava de vangloriar-se e cuja genealogia citava com precisão matemática. Muitos discutiam com ele a respeito disso e lhe diziam que a descendência do rei David terminara com Zorobabel, mas ele retorquia com pérolas de mitologia e afirmava ser descendente de Roboão, um dos muitos filhos de Salomão. Se isso era verdade não havia como provar, mas ele tinha essa sua história na conta de fato verdadeiro e inequívoco.

O casamento se deu com uma festa tradicional na cidade de Beit Lechem, e não se poupou nada para torná-la um sucesso. Yozheph já conhecia Míriam e não desgostava da mocinha, achando-a de uma doçura excelsa. Já não se viam há dois anos, quando Yozheph partira para Engadi. Nesta época, ela tinha pouco mais de treze anos, sendo ainda uma gentil menina, começando a ter leves contornos de mulher, perfeitamente escondidos pelas pesadas roupas com que as judias se vestiam. Quando ele a reencontrou no casamento, teve, de imediato, a certeza de que iria fazer um excelente casamento, pois, da tímida e recatada menina, Míriam transformara-se numa bela mulher. Alta, beirando um metro e setenta, de cabelos fartos, levemente anelados, castanhos, com toques sutis de dourado, olhos caramelados de longos cílios que lhe davam um ar de bondade, lábios bem delineados, levemente carnudos, e um corpo esguio que lhe emprestava excelente figura.

Míriam fora criada como toda judia, para se tornar mãe e dona de casa. Conhecia pela mãe todos os meandros da cozinha, sabendo preparar pratos saborosos, assim como costurar, cerzir, passar roupa e até mesmo preparar pequenas peças de vestuário, utilizando-se de tecidos comprados no mercado e nos bazares orientais. Ela conhecia também seus deveres de esposa, tendo sido educada com realismo por Chana, que nada lhe escondeu, recomendando inclusive que fosse carinhosa e paciente com seu marido, pois os homens, por mais que parecessem velhos, nos braços das mulheres, mais pareciam crianças que precisavam de amor e desvelo.

A todo judeu era ensinado um ofício, por mais rico que ele fosse. Assim, Yacob havia aprendido carpintaria com o pai e ensinara aos seus filhos varões este digno ofício. No entanto, poucas vezes havia praticado durante sua vida, tendo se dedicado a afazeres mais intelectuais. Já Yozheph, quando ficara com os essênios, tornara-se um excelente carpinteiro. A carpintaria de então não significava simplesmente fazer pequenas peças de madeira, torneando-as com maestria. Muito pelo contrário, havia um trabalho duro, quase insano, pois o carpinteiro devia cortar as árvores, prepará-las para do que tivesse necessidade e, finalmente, construir casas, ou, pelo menos, as fundações e o teto. Era, portanto, um trabalho pesado que desenvolvia o corpo, tornando-o forte e rijo, musculoso e potente. E nisso se havia transformado Yozheph, num homem forte, robusto, de feições másculas, de ombros largos e impressionante envergadura. Míriam, ao vê-lo, sentiu-se bem com sua figura im-

36 | A Saga dos Capelinos

ponente, pois as mulheres gostavam de se sentir protegidas por homens que lhe transmitissem força, doçura e determinação.

Yozheph casara-se por obrigação paterna, mas os primeiros dias do casamento demonstraram que ele havia feito uma escolha acertada. Os dois recém-casados tinham personalidades que se complementavam e logo encontraram assuntos que os satisfaziam. Míriam era doce e, sob o efeito de educação rígida, tornara-se mulher de princípios inabaláveis, enquanto Yozheph encontrara na esposa não só uma excelente companheira, mas, principalmente, uma pessoa com quem podia manter diálogos sobre as coisas do mundo e de Deus. Míriam era inteligente, culta e versada em grego, além de dominar o aramaico, sua língua natal.

Isabel era prima de Míriam. Casara-se com Zechariá, um kohanim – sacerdote – da classe de Ovadiá – Abdias –, que cuidava de vários aspectos importantes do templo de Ierushalaim. Zechariá era levita, descendente da família de Levi, e tinha, na família, uma longa linhagem de sacerdotes. Porém, o sacerdócio, naquela época, não era remunerado; era uma opção de vida. Por conta disso, Zechariá tinha um comércio na cidade, um bazar tipicamente oriental, onde uma mixórdia de artefatos e objetos de diversas utilidades se mesclava. Tinha também uma banca no Átrio dos Gentios, onde vendia amuletos e outras bugigangas.

Isabel era uma mulher de quarenta anos, que, embora tivesse engravidado oito vezes, perdera todos os filhos entre o segundo e quarto mês de gestação. Alguns meses após o casamento de Yozheph e Míriam, de que toda a sociedade de Ierushalaim participara, Isabel ficou grávida. Zechariá fez então, aos pés do odorifumante altar dos sacrifícios, uma promessa de que não falaria uma palavra sequer enquanto não se tornasse pai. Quando a madura mulher, para os padrões de então, alcançou seis meses de gravidez, pediu que chamassem Míriam, sua prima favorita, a mais doce das meninas, a que ainda não tivera filhos, para ajudá-la com os afazeres da casa.

Alguns meses antes de isso acontecer, Míriam, que já conhecera Yozheph segundo o sentido bíblico da expressão, iria deitar-se com sensação de leveza e felicidade e teve um sonho de rara beleza. Nele, um ser de feições doces a retirou da cama e a levou, num voo longo e agradável, por sobre campinas verdejantes, em que pequenos rios e lagos se entrelaçavam e formavam lindos arabescos no solo. Alcançaram uma pequena cidade absolutamente linda, de beleza indescritível, incrustada num vale, entre altos picos nevados, e foi conduzida por seu acompanhante a um pequeno templo de forma piramidal. Ela ficou ali algumas horas, mas, como o fenômeno se lhe afigurasse um sonho, essa parte só pôde perceber muito indistintamente. Nisso que lhe parecia um devaneio, misturou realidade com suas próprias fantasias e viu um ser alado, existente, em verdade, somente em sua imaginação, dizer-lhe que seria mãe de extensa prole.

Míriam não viu que, enquanto viajava pelo astral superior, vários espíritos faziam uma verdadeira operação em seu corpo físico. Haviam trazido equipamentos portáteis, pelos quais monitoravam delicada e extremamente complexa operação na constituição genética do recém-fecundado ovo. Essa operação durou menos de duas horas, mas foi o suficiente para que o renascimento do mensageiro fosse coroado, algum tempo depois, de excepcionalidades. De um modo geral, os procedimentos usados ali se distanciavam grandemente dos padrões comuns de multiplicação da vida, porquanto o renascimento é um processo bastante automatizado, que não exige mais do que alguns minutos de fixação magnética do corpo astral no incipiente corpo etérico do ovo fecundado. Antes do início da imersão do espírito na carne, algumas verificações de natureza especial são necessárias, mas são confirmações de rotina, que não exigem grande aparato. Todavia, nesse caso especial, um conjunto de delicadas operações havia sido efetuado, em garantia das diversas características providenciais do mensageiro.

Yozheph levou Míriam para a casa de Zechariá, onde a matrona Isabel a recebeu no leito. Ela evitava qualquer esforço, para não perder aquela rara oportunidade. Míriam a abraçou com um carinho ímpar, pois acompanhara, por várias vezes, as tentativas de

38 | A Saga dos Capelinos

Isabel para ter seu rebento. Via como ela sofria toda vez que perdia o feto. Míriam a ajudara no estancamento do sangue, que perdurava por vários dias, depauperando-a a níveis perigosos. Isabel a recebeu com lágrimas emocionadas nos olhos e Míriam logo viu que a matrona estava uma pilha de nervos. Ela temia perder o filho nesta fase, e provavelmente morreria junto.

A casa estava num abandono lastimável, faltando-lhe o toque feminino. Zechariá se esforçava em mantê-la limpa e uma das suas parentes trazia a comida que alimentava o casal, já que Isabel não saía da cama há mais de quinze dias: enfurnara-se no leito assim que sentiu estranhas pontadas no baixo ventre. Não houve quem a convencesse de que se tratava da criança a chutá-la e a se revirar, como procediam todos os demais fetos. Para ela, era um sinal de que algo não ia bem e, para coroar seu desespero, o bendito do marido nada falava, só gesticulando de forma ridícula e, muitas vezes, irritante.

Os meses se passaram, e o menino nasceu após um parto um tanto laborioso. Zechariá chorou copiosamente e, finalmente, saindo de seu estranho mutismo, chamou-o de Yochanan, para surpresa de todos os seus demais parentes, já que nunca houvera um nome assim em sua família. A designação que ele queria dar a seu filho era outra, em homenagem a seu falecido avô, que se chamava Eliahu – Elias –, mas, na hora em que ia pronunciar o tal nome, uma força dominante, imperativa, o fez falar Yochanan. Que fosse, então, já que Deus o havia inspirado!

A criança era magra, raquítica e logo apresentou certa dificuldade para sugar o seio materno, transbordante de colostro. Míriam o enfaixou fortemente e, com muita paciência, o agasalhou ao próprio seio, o qual crescia diariamente, como a preparar-lhe para a maternidade, e pingava, em sua boquinha, leite de cabra. No segundo dia, o menino tornou-se mais ativo e atirou-se vorazmente ao seio de Isabel, machucando-a com sua avidez e volúpia pelo alimento materno. E o menino vingou.

Isabel, no entanto, havia sangrado mais do que o normal, o que a enfraqueceu e obrigou Míriam a permanecer perto dela, não

JESUS, O DIVINO DISCÍPULO | 39

só para dar conta de todas as atividades da casa, como também para cuidar do pimpolho, que a cada dia ficava mais rechonchudo. Contudo, Míriam já dava sinais inequívocos de adiantada gravidez e estava enorme com apenas cinco meses.

Yozheph, que fora avisado do nascimento de Yochanan, veio de Beit Lechem para as festividades do brit milá – pacto da circuncisão. Ele fez realizar uma festa, modesta e familiar, para comemorar a circuncisão do menino. Yozheph se espantou com a imensa barriga de Míriam, mas, em momento algum, passara-lhe pela mente que não se tratava de seu filho. Sabia que Míriam casara virgem e que ela era por demais correta para traí-lo com quem quer que fosse.

Em face da adiantada gravidez de Míriam e da necessidade de ajuda na casa de Zechariá, Yozheph mandou vir, por sua própria conta, uma servente de sua casa, e dois meses após o nascimento de Yochanan, com Isabel já restabelecida e Míriam já beirando os seis meses de gravidez, levou-a carinhosamente de volta para casa, em Beit Lechem, pois desejava, mais do que nada, o bem--estar da esposa.

Míriam sentiu as dores e, como primípara, teve algumas dificuldades geradas pelo medo e pela dor. A mãe Chana, que viera de Ierushalaim para acompanhar o nascimento, e uma parteira do local ajudaram-na com a délivrance. A criança era grande e, até que a cabeça despontasse e passasse, ela sofreu bastante. Foi um trabalho laborioso, que durou mais de doze horas, começando de noite e trazendo a criança nos primeiros albores do dia. O sol de primavera recebeu o menino, de forma radiante.

No entanto, Míriam continuou com dores e fortes contrações. Olhou preocupada para Chana, que também estranhou o fato de que as dores do parto perdurassem. A parteira Leah, uma senhora com vasta experiência, olhou-a, apalpou-a e disse-lhe, calmamente:

– Não se preocupe. Procure ficar calma. Logo essas dores passarão.

Angustiada, Míriam ia retrucar e perguntar-lhe quando as dores cessariam, mas a parteira, vendo-lhe a preocupação, ordenou-lhe:

– Faça força para dar passagem à outra criança.

40 | A SAGA DOS CAPELINOS

Míriam não entendeu o que a parteira lhe disse, pois, nesse momento, a forte contração que sentiu somente lhe permitiu manter a atenção voltada para o outro robusto menino que lhe saía do ventre. Leah o aparou e fez tudo o que havia feito com o primeiro. Míriam havia dado à luz gêmeos, no ano 6 a.C.

Cortaram o cordão umbilical dos dois meninos, colocaram sal sobre os seus ventres antes de eles serem banhados e, depois os envolveram em panos, enfaixando-os para que não movessem os braços e as pernas, pois acreditavam que assim eles ficariam mais fortes. Durante seis meses, este procedimento seria repetido; diariamente tiravam os panos para lavarem os bebês, cobrindo seus corpos com óleo de oliva e pulverizando uma resina aromática, a mirra.

Depois que terminaram os banhos e os enfaixamentos, amarraram no pulso do primogênito uma fita branca, para que se soubesse quem fora o primeiro a nascer, já que eram gêmeos univitelinos. Levaram-nos ao seio da mãe, e eles logo mamaram, cada um por vez, o colostro materno, pois Míriam tinha leite em abundância.

O menino mais velho, o primogênito de Míriam, ganhou o nome de Yeshua – Deus salva –, enquanto o outro recebeu o nome de Yehudá – Judas. Os gêmeos foram colocados no mesmo berço, que era bastante amplo e confortável para abrigá-los. Os recém--nascidos eram de singular beleza: tez alva e rosada, com cabelos castanhos levemente avermelhados e rosto que parecia ter sido talhado por um artista. Toda a vizinhança foi vê-los e levou-lhes pequenas dádivas, como de costume quando nascia uma criança nas terras da Judeia. Os dois meninos, por serem gêmeos e de extrema beleza, atraíram visitantes de toda a redondeza.

Yeshua e Yehudá foram circuncidados aos oito dias de nascidos, e já estavam com um mês, quando Yozheph resolveu, junto com Míriam, levar os meninos para Ierushalaim, quando eles teriam que ser apresentados ao templo. Foram até lá com Yacob, o feliz avô, e alguns outros parentes, e todos se hospedaram na casa de Isabel. Após estarem em Ierushalaim por três dias, apresentaram

JESUS, O DIVINO DISCÍPULO | 41

Yeshua ao templo, já que ele era o primogênito, e, desta vez, pagaram as cinco moedas do pidion ha-ben. Esta cerimônia representava o resgate do primogênito, quando, então, era retirada do infante a necessidade de se tornar sacerdote, já que, por força da lei mosaica, todo primogênito deveria se tornar um homem de Deus. Yochanan, filho de Zechariá, não havia tido este rito por ser de família levítica, o que lhe era dispensado. Uma grande quantidade de pessoas fora vê-los, pois não era sempre que podiam ver gêmeos, quanto mais tão bonitos. Após a cerimônia, retornaram a Beit Lechem, para continuarem sua pacata existência.

Yacob ben Matan e Yozheph de Arimateia tinham vários negócios juntos e, entre os mais rentáveis, estava o estanho. Por esse motivo, alguns meses após o nascimento dos gêmeos, Yozheph foi a Hagmatana, na Parthia, para adquirir grande carregamento do metal. Negociou longamente com Vindapharna, seu fornecedor local, e, após ter ajustado o preço, retornou e esperou que a caravana viesse trazer-lhe o metal, o que levaria mais alguns meses.

Yeshua e Yehudá estavam perto de completar dois anos de idade quando a caravana procedente da Parthia chegou trazendo o carregamento de estanho e vários outros produtos, tais como seda, joias, mirra, incensos, lápis-lazúli e tapetes de rara beleza. Estranhamente, Vindapharna havia ido também, fato incomum, pois nunca deixava as terras parthas para entrar em território dominado pelos romanos, já que esses dois povos eram inimigos. Não obstante, aproveitando uma trégua e tendo obtido um *passe-partout* de Quirino, governador romano da Síria, aventurou-se a ir.

Vindapharna encontrou-se com Yacob e Yozheph de Arimateia. O velho, já beirando os sessenta anos, recebeu-os com grande pompa, como era de costume, já que Vindapharna era filho de Azés, rei dos sakha. O rei Azés era primo de Spalirizes, rei dos parthos. Estava acompanhado por mais duas excelsas personalidades: Balthazar, primo em segundo grau de Spalirizes, e Melchior, filho de Gaubaruva, sumo sacerdote de Ahura Mazda – o sábio senhor –, guardador dos segredos da Torre do Silêncio, em Pasargadae.

42 | A SAGA DOS CAPELINOS

Os três homens eram jovens, com pouco menos de trinta anos, altos, robustos e de tez branca. Vindapharna, o mais alto deles, e Melchior, levemente mais baixo do que ele, possuíam longos cabelos negros encaracolados, que lhes caíam sobre os ombros largos. Balthazar, embora fosse o mais baixo dos três, era, ainda assim, mais alto do que Yacob e os dois Yozheph. Ao contrário dos outros dois, seus cabelos eram castanhos dourados, lisos e longos, chegando aos omoplatas, e seus olhos eram de um azul profundo.

– Mas que feliz surpresa! Não o esperava. No passado, você sempre mandou seu capataz. Contudo, vejo que, mesmo assim, ele veio.

Apesar do comentário, Yozheph estava realmente radiante por receber Vindapharna, pois o considerava um nobre senhor e fiel cumpridor da palavra.

– Artabazano é um velho serviçal de nossa casa e, para todos os efeitos, o chefe de nossa caravana. O que nos trouxe foi uma junção, ou melhor, uma conjunção de fatores.

– Como assim?

– Bem, Melchior, meu amigo e irmão de jornada, é um grande magi, e todos esperam que, após a morte de seu pai Gaubaruva – que Ahura Mazda lhe dê vida longa –, ele seja o próximo sumo sacerdote de nossa tão combalida religião. Ele, além de praticante de outras artes mágicas, é um grande astrólogo e viu nos céus um sinal da vinda de Xaosiante.

Melchior, que falava aramaico com um leve sotaque partha, atalhou amavelmente e dirigiu-lhe a palavra:

– Seria interessante explicar aos amigos quem é Xaosiante.

– Mas é claro. Tolice a minha. Diga-lhes você, que é mais senhor do que eu desses assuntos.

– Não lhe tomarei muito tempo, pois a história completa é longa e enfadonha. No entanto, o importante é dizer que Xaosiante é o nosso grande deus Mithra, que acreditamos que renascerá e liquidará o reinado de três mil anos de Angra Mainyu, o perverso e revoltoso arcanjo. Após sua vinda como Xaosiante, nosso mundo se tornará um paraíso e será governado por ele, o filho unigênito de Ahura Mazda, nosso único Deus, a mesma excelsa divindade que vocês chamam de Adonai.

Ao dizer a palavra Adonai – grande senhor –, Melchior curvou--se levemente e beijou as palmas das mãos colocadas na frente da boca, num sinal de amor e respeito a Deus. Depois, elevou suavemente as duas mãos em direção aos céus de forma elegante e viril e reassumiu posição ereta.

Aliás, para os parthos, o deus Mithra e o arcanjo Spenta Mainyu, o primeiro dos arcanjos, que representava o Espírito Santo, se confundiam. Muitos diziam que era o próprio Spenta Mainyu que viria como Xaosiante, enquanto outros achavam que seria Mithra. Para uma outra corrente de persas, seria o próprio Ahura Mazda que se faria homem para acabar com o reinado do mal de Arimã.

Yacob, já devidamente instruído por Yozheph para não discutir teologia com seus convidados, não pôde deixar de sentir enorme surpresa. Então, aqueles estranhos parthos, primos-irmãos dos famosos persas, acreditavam também num único Deus. Mais do que isso, acreditavam também na vinda de um salvador, mesmo que este tivesse uma característica diferente, pois era óbvio, para Yacob, que o Messias jamais viria como partho, e sim como judeu.

– Continuo sem entender o motivo da famosa conjunção que você disse ter sido o motivo de sua viagem.

Balthazar tomou a palavra.

– Vocês devem perdoar meus amigos, pois estamos girando em torno do poço, mas não estamos bebendo água. Serei breve. Melchior viu nos céus o sinal de que Xaosiante havia renascido. Após muitos estudos, observou que uma luz brilhante nos céus se fez presente sobre a sua região. Quando Vindapharna nos falou que estava organizando mais uma caravana e que ela viria para estas paragens, Melchior sugeriu que fôssemos juntos para procurar o majestoso deus e prestar-lhe nossas homenagens. Além disso, Melchior deseja conhecer o Hetbenben, o famoso templo da ave benu, em Heliopólis, nas terras do Egito, pois acreditamos que lá

44 | A SAGA DOS CAPELINOS

teremos confirmações inequívocas de nossa crença no fim destes tempos turbulentos.

– Quando foi que esse sinal se apresentou nos céus? – perguntou surpreso Yozheph de Arimateia.

– Pouco menos de dois anos atrás.

Yacob olhou para Yozheph de Arimateia e, na presença de seu amado Yozheph, disse, emocionado:

– Nós também vimos essa estrela que se formou nos céus de nossa terra. Por sinal, coincidiu com o nascimento dos meus netos, filhos do meu primogênito, aqui presente.

Melchior não pôde deixar de escapar uma exclamação:

– Será crível que os grandes mazdas nos conduziram ao lugar certo? Será que poderemos conhecer esse menino e investigar sua procedência divina?

Yozheph ben Yacob falou pela primeira vez.

– Não se trata de um menino, mas sim de dois, pois são gêmeos.

Vindapharna, virando-se para Melchior, perguntou-lhe, em parnis, a língua dos parthos:

– Será que Xaosiante renasceu com seu fiel escudeiro, Arta, o legislador?

– Quem é capaz de saber os desígnios de Ahura Mazda?

Balthazar continuou sua alocução em aramaico:

– Será que poderíamos conhecer os meninos?

Yozheph respondeu-lhe de pronto:

– Claro, estão brincando no pátio. Vou buscá-los.

E saiu da sala em que estavam sentados. Voltou alguns minutos depois com dois meninos, que beiravam os dois anos de idade. Eram duas gotas d'água de singular beleza, vestidos com túnicas coloridas. Via-se que o pai mandara lavar o rostinho e as mãos dos dois, pois a franja de seus cabelos, de um castanho fulvo, ainda estava molhada. Eram idênticos, mas diferentes. Yehudá entrou timidamente e tentou esconder-se atrás da longa túnica do pai, com um sorriso matreiro e infantil, entrecortado por risinhos encabulados, ao passo que Yeshua acompanhava-o, com porte de

Jesus, o Divino Discípulo | 45

adulto e um sorriso ligeiro, iluminando as faces, enquanto olhava inquisitivamente para os três homens estranhos, com suas vestes longas, seus sapatos de bico recurvo e de notável altura. Míriam, contrariando os preceitos judeus, veio atrás do marido, com ar triunfante e saudável orgulho enchendo-lhe o peito. Era óbvio que se ufanava de seus meninos e anelava ouvir os elogios que, sem dúvida, sairiam da boca dos convidados, pois todos que os tinham visto enalteciam a beleza deles.

Assim como Balthazar, Melchior era um homem treinado em diversas técnicas espirituais. O mais rude deles, mas possuidor de admirável gentileza e educação, era Vindapharna – seu nome persa, ou seja, aquele que obtém a glória. Mais tarde, passaria a ser conhecido também como Gondopharnes, seu nome grego. Os armênios, aliados dos parthos, o chamariam de Gathaspar e, com base nele, a cristandade futura o conheceria como Gaspar. Assim que os meninos entraram na sala, Melchior e, logo depois, Balthazar viram um magnífico espírito acompanhando os dois infantes. Sua luminescência dourada, suas vestes vaporosas e sua expressão de beleza e tranquilidade os fizeram ter certeza de que se tratava de um guia espiritual de alta estirpe e que algo de notável estava para ocorrer, pois espíritos de escol não acompanhavam pessoas para protegê-las, deixando essa missão para os guias comuns.

Os visitantes se levantaram, cumprimentaram Míriam e rasgaram-se em elogios à beleza dos meninos. Quanto mais se aproximavam dos dois, mais Yehudá se escondia, muito envergonhado e dando risinhos infantis, atrás da túnica paterna. No entanto, Yeshua, notavelmente mais amadurecido, havia soltado a mão do pai e, obedecendo às regras de etiqueta, cumprimentou os homens com um shalom aleichem e fez as mesuras que já vira o pai e o avô fazerem ao se encontrarem com estranhos.

Melchior estava dividido, pois não sabia se olhava para o menino Yeshua ou se fitava o belo anjo. Seu impasse foi desfeito quando um outro espírito, já conhecido por Melchior, apresentou-se e transmitiu-lhe, mentalmente, a mensagem.

46 | A Saga dos Capelinos

– Este é Xaosiante. Aquele que vocês esperavam. Mantenham estreito contato com ele, pois lhe serão úteis em futuro próximo e em tempos distantes.

E assim falando, os dois espíritos desapareceram das vistas dos dois parthos, deixando Melchior em estado de êxtase. A voz infantil e sonora de Yeshua o trouxe de volta do seu rápido transe e seu coração foi tomado de tão viva alegria que, ajoelhando-se ao lado do infante, o abraçou e o beijou nas faces como se fosse seu próprio filho, voltando de longa viagem.

Os presentes, com exceção de Balthazar, que testemunhara o fenômeno espiritual, acharam sua demonstração de carinho extemporânea, mas, como era uma manifestação de carinho, enlevo e amor, os pais também se sentiram osculados pela devoção um tanto estranha daquele partho. Contudo, havia algo mais nisso, porque as lágrimas haviam embotado os olhos daquele homem alto e viril. Ele, olhando para seus pares enquanto se levantava, disse com a voz embargada de emoção:

– É Xaosiante! É Xaosiante!

Balthazar aproximou-se de Yeshua e o abraçou de forma mais comedida, comentando em aramaico, olhando para a mãe, um tanto enternecida, mas, ao mesmo tempo, preocupada com tanta efusividade:

– Vocês estão de parabéns, pois o menino, melhor dizendo, os meninos são de rara beleza. Como é o nome deste lindo rapagote?

Yozheph aproveitou o ensejo para apresentar todos.

– Permitam-me apresentar minha esposa, Míriam, e nossos dois filhos, Yeshua e Yehudá -, puxando-o para a frente de si, já que estava escondido atrás dele.

Os parthos cumprimentaram a linda jovem e encheram-lhe de votos de bom augúrio e fórmulas de educação persa. Além disso, rogaram aos mazdas proteção eterna àquela casa.

Melchior não pôde deixar de perguntar a Yeshua algumas coisas banais, típicas de sua idade, e recebeu respostas cordiais do menino, que falava com desenvoltura e pronunciava as palavras com

JESUS, O DIVINO DISCÍPULO | 47

perfeição e altivez. Tinha o rostinho sempre nimbado com uma luz de segurança e um eterno sorriso franco enquanto respondia perguntas destinadas ao público infantil, tais como quais eram os jogos com que mais gostavam de brincar, quais as comidas que mais apreciavam e assim por diante. Havia um propósito nas perguntas de Melchior: queria confirmar a suposição de que o menino, com dois anos, se comportava como um menino de dez.

– Você tem feito suas preces todas as noites, antes de dormir?

– Claro, meu senhor, mamãe nos ensinou a orar a Deus.

– E você sabe quem é Deus?

– Mamãe nos disse que Deus vela por nós lá dos céus e que temos que agradecer-Lhe todos os dias tudo de bom que temos.

Finalmente, dirigiu-lhe uma pergunta que uma criança de dois anos não saberia responder.

– Como você vê Deus?

Um menino dessa idade olharia para a mãe atrás da resposta e de segurança, mas Yeshua respondeu-lhe com uma determinação que surpreendeu até os pais.

– Deus é nosso criador, e nós somos o seu mais belo sonho de amor.

A resposta desconcertante fez com que todos se calassem. Uma criança de dois anos, mesmo de uma família judia extremamente religiosa, não teria o devido despertamento espiritual para responder tal pergunta. A própria mãe, já alarmada, interveio, docemente:

– Quem lhe disse isso, meu filho?

– Ninguém, mamãe. Apenas sei que é assim.

Yacob interpôs-se com uma frase de humor, para restabelecer a descontração do ambiente entre as pessoas, pois cada uma caíra em espantado mutismo:

– Essas crianças de hoje são muito adiantadas. Em breve, nascerão falando e conhecedoras de algum ofício.

Vindapharna, com sua voz tonitruante, acompanhou o chiste e complementou:

– Seria ótimo, pois poderiam ganhar a vida desde o primeiro dia.

48 | A Saga dos Capelinos

Todos riram. Aproveitando a descontração do momento, a ciosa mãe retirou-se com seus dois filhos depois de rápida despedida, para deixar os homens com seus afazeres.

O restante da manhã foi tomado por acertos de contas entre Yacob, Yozheph e Vindapharna. E, como tudo estava de acordo com o combinado, nenhum fato mais grave aconteceu. Enquanto Vindapharna acertava seus negócios, Melchior e Balthazar trocavam impressões sobre o menino e discutiam até mesmo a frase que o infante dissera em resposta à sua pergunta. Melchior estava tão atarantado, que só sabia repetir que o menino era o próprio Xaosiante.

No final da tarde, Yozheph de Arimateia levou os três parthos para um encontro com Herodes, rei dos judeus. Eles traziam uma carta de felicitações e votos de prosperidade de Sparilizes, rei dos parthos, a seu par, um títere dos romanos, posto no trono para proteger os interesses de Roma.

Herodes leu a carta, escrita em aramaico, e agradeceu a deferência com palavras gentis e fórmulas diplomáticas. No entanto, o rei da Judeia era um homem obsidiado, sempre acompanhado de espíritos tenebrosos a lhe atazanarem a vida. Já havia matado dois dos seus filhos, porque queriam lhe tirar o trono, e vigiava os demais com olhos atentos. Havia se transformado numa raposa de astúcia e maldade, vendo conspiração até mesmo onde nada havia. Não confiava em ninguém, a não ser num grupo seleto e pequeno de conselheiros que o acompanhavam desde a juventude, já tendo recebido provas cabais de lealdade por parte deles.

Um dos espíritos trevosos insuflou-lhe o pensamento de que aqueles homens estranhos e diferentes tinham vindo com outros propósitos, que não apenas o de comercializar alguns tapetes e joias. Homens ricos daquela posição social não corriam riscos e suportavam fadigas extremas no lombo de camelos e cavalos apenas para aumentar sua fortuna, já tão dilatada. Devia haver algo mais.

– Daqui vocês irão para onde?

– Nossa viagem termina em Heliópolis, mas antes passaremos por Alexandria.

JESUS, O DIVINO DISCÍPULO | 49

– Ah, o Egito! Estranha terra! Cheia de mistérios e antiguidades. Vocês pretendem levar seus bens para lá?

Vindapharna, sempre muito atirado, respondeu-lhe com um sorriso jovial.

– Sim, mas essa não é a nossa função principal.

– Ah! E que mal lhe pergunte, qual é?

– Queremos conhecer a grande biblioteca de Alexandria e, na volta, visitar o templo da Fênix, em Heliópolis.

– Um lugar estranho, o qual tive oportunidade de conhecer. Seus vatícinios são famosos. Eu mesmo já tive oportunidade de confirmar alguns de seus oráculos. Creio que somente Delphos a supera, se é que isso é possível.

– De fato. Mas não estamos mais preocupados com possíveis vatícinios, pois creio que já encontramos o que estávamos procurando.

– Não me diga?! Que maravilha! E o que estavam procurando que os tirou de seus palácios e os trouxe a este fim do mundo?

Vindapharna não viu que Melchior procurava discretamente acenar para ele, para que ficasse calado. Vindapharna, mais para guerreiro do que diplomata, arrematou com entusiasmo.

– Vimos atrás dos sinais do nascimento do grande rei. Aquele que há de trazer paz e prosperidade ao mundo.

Herodes sentiu como que um raio lhe percorresse a espinha. Sua cabeça turbilhonou com pensamentos os mais difusos e confusos possíveis: "Um grande rei... seria um novo César? Se foi um novo príncipe dos romanos, por que estes parthos não foram para Roma? Não pode ser um romano. Deve ser, portanto, um rei partho, mas, então, o que estão fazendo em Ierushalaim? Será que é um novo rei judeu? Mas um rei judeu jamais poderia governar o mundo, pois a Judeia é um país pequeno, sem exércitos e com uma população diminuta".

– Mas o que me dizem? Um rei nasceu, e eu não fui informado? Preciso saber quem é esse rei para louvá-lo também. Onde foi que o encontraram?

Vindapharna ia responder, mas Melchior o interrompeu bruscamente e disse:

50 | A SAGA DOS CAPELINOS

– Nas estrelas, meu senhor, nas estrelas. Trata-se de um rei espiritual, e não de um rei físico. Ele não nasceu como um homem, feito de carne, mas como uma nova estrela, surgida dos céus.

Herodes meneou a cabeça em assentimento. Não quis discutir. Passaram mais alguns minutos juntos e aproveitaram a ocasião para falar das relações entre o império romano e os parthos. Depois, os quatro homens, os três parthos e Yozheph de Arimateia, partiram.

Herodes, que estivera acompanhado por dois de seus conselheiros, virou-se para um deles e disse:

– Você viu, ó Nachum, a desfaçatez desses persas, ou seja lá o que são? O mais eloquente ia dizer-me que vieram para visitar um rei recém-nascido, mas o mais velho saiu-se com uma pérola de mentira, a qual logo se evidenciou em sua face de sem-vergonha. Ora, isso me faz lembrar do que Menahem me havia profetizado.

Nachum fitou-o com ar aparvalhado, como se não soubesse do que se tratava, o que obrigou Herodes a usar de mais veemência.

– Menahem, homem. Menahem. Não me diga que não sabe quem é Menahem?

– Claro que sei, Majestade. Ele foi o homem que vaticinou que Vossa Majestade subiria ao trono quando não passava de um rapagote. Sei também que ele vaticinou que vosso reinado seria sempre instável, com homens cobiçando permanentemente o trono.

– Pois é. Ele vaticinou também que um rei menino tomaria meu lugar no trono de Israel.

– Ora, deve ser um dos seus filhos!

– Claro que não. Isso seria o normal! Ele me disse que um menino nascido em Yehudá tomaria meu trono.

– E Vossa Majestade acha que esse menino nasceu agora?

– Tudo é possível nesta terra de víboras, onde nascem mais profetas do que pessoas. Estes parthos devem ter vindo homenagear este rei infante, pois ninguém sairia de tão longe apenas para passear pelo deserto.

Além de ter sido seu amigo na adolescência, Efraim ben Yehudá era um dos conselheiros mais antigos de Herodes. Seu inimigo

Jesus, o Divino Discípulo | 51

mortal, Yacob ben Matan, desmoralizara-o no Sanhedrin várias vezes por causa de assuntos de somenos importância. Ele havia ficado calado até aquele instante, e apenas acompanhara a trajetória da conversa. Sua mente estava maquinando coisas terríveis. Ele era um homem perverso por natureza. Fora, aliás, um dos principais artífices do assassinato dos filhos de Herodes, crime cometido pelo próprio pai. Viu, naquele instante, o ensejo para vingar-se de seu desafeto e lucrar com a ocasião. Esperou o momento certo e entrou na discussão, dizendo:

– Meu rei, Vossa Majestade está coberto de razão.

Os dois homens olharam para ele inquisitivamente.

– Aqueles parthos não disseram que estavam vindo para louvar um rei recém-nascido? Pois eles passaram antes em Beit Lechem.

– E daí? Qual a conexão que há entre estes fatos, Efraim? O que pode provir daquele buraco sujo?

– Ora, Majestade, Beit Lechem é a cidade natal do rei David. O suposto messias não nascerá na família de David? Portanto, ele deve ser um dos filhos ou netos de Yacob ben Matan, que vive vangloriando-se de que é descendente de David. Não podemos deixar de crer que o povo acha nosso governo uma súcia de usurpadores e que o verdadeiro rei da Judeia deve ser alguém da casa de David. Esse povo é perigoso e supersticioso e, se essa história se espalhar, é possível que tenhamos um movimento insidioso de graves repercussões. Nunca se sabe como os romanos poderão reagir e, caso isso ocorra, muito sangue será derramado.

Herodes, querendo acreditar nessa história, fechou os punhos e gesticulou-os enquanto falava, furibundo:

– Isso mesmo! Você tem razão. Deve ser isso. O menino rei deve ser filho ou neto daquele verme empolado.

– Ora, Majestade, será que isso não é um exagero? Isso tudo não passa de crendices populares, que, até se tornarem realidade, vai um longo caminho. Podemos aguardar e ver se Yacob e seus descendentes tentam alguma coisa. Aí, sim, agiremos, para eliminar o risco.

52 | A SAGA DOS CAPELINOS

Nachum tentava ser racional, mas a situação mental de Herodes não permitia o uso da razão.

– Não gosto de correr riscos. Se nasceu alguém daquela família, quero que seja morto. Tolerei muitas coisas para perder meu trono e minha riqueza para um intruso.

Afinal de contas, ele não havia matado seus dois filhos que tentaram usurpar-lhe o poder e não mandara afogar Aristóbulo, neto de Hircano II, legítimo sucessor do trono, em sua própria piscina termal? Mandar matar mais alguns pretensos candidatos não lhe parecia ignóbil nem despropositado.

– O ideal é que toda a família seja eliminada, inclusive serventes, mulheres e crianças, pois isso dará a impressão de que foram atacados por bandidos à noite.

– Para que tanto risco por uma criança que nem sabemos se nasceu, e, muito menos, se vai se tornar rei?

– Nachum, você é um frouxo. Somente o mantenho como meu conselheiro porque você é um gênio nas finanças. Você é incapaz de ver um palmo diante do nariz. Se eu deixar escapar esta oportunidade, poderei não ter outra. Veja bem: podemos colocar a culpa nesses parthos após sua partida. O povo acreditará que foram vítimas de uma cilada por parte desses estranhos.

Nachum calou-se e baixou a fronte em sinal de submissão. Efraim aproveitou a ocasião para instigar-lhe ainda mais.

– Majestade, chame o chefe de sua guarda e lhe dê a incumbência de imediato. Mande-o agir como se as vítimas tivessem sido atacadas por uma malta de salteadores. Não deixe nenhuma delas viver.

Herodes olhou para um dos guardas, que estava à distância e não podia ouvir o que os homens conversavam, e deu-lhe ordem para chamar Ozeias, o chefe da guarda. Minutos depois, chegava esbaforido um homenzarrão truculento. Herodes explicou-lhe o que queria que fosse feito. Ozeias escutou e disse-lhe:

– Para isso, terei que mandar vir de Maqueronte homens de minha inteira confiança, pois os daqui podem deixar vazar algo. Dê-me três dias e não teremos um único ser vivente na casa de Yacob. Ama-

Jesus, o Divino Discípulo | 53

nhã mesmo verificarei a localização da residência para atacar assim que meus homens de confiança chegarem. Hoje mesmo mandarei um cavaleiro com uma mensagem para o comandante da fortaleza de Maqueronte, a fim de que me envie os seis homens de que preciso.

Herodes exultou. Efraim ainda mais, pois seu plano, concebido de improviso, estava dando os primeiros resultados, e agora só faltava a última cartada para que tudo corresse a contento. Assim que Nachum saiu, cabisbaixo, vencido em seu argumento de não haver necessidade de matar ninguém apenas por suspeitas, bem como Ozeias, que se retirou também para tomar as providências que lhe cumpria, virou-se para Herodes e confidenciou-lhe:

– Após a morte de Yacob e de sua miserável família, temos que tomar conta de suas propriedades, antes que algum parente distante reclame seus direitos de herança. Podemos dizer que ele havia vendido e recebido dinheiro pelas propriedades e até forjar alguns documentos para demonstrar o feito. Só acho que não deveriam ser registradas em seu augusto nome, pois suscitaria dúvidas e suspeitas. Se desejar, arranjarei um testa de ferro de minha inteira confiança e, depois, quando o caso estiver abafado, passaremos as propriedades para seu nome.

– E para o seu também, não é, seu velho ladino?

– Se for do agrado de meu senhor, comerei as migalhas que caírem de sua augusta mesa.

Herodes riu, a plenos pulmões, e findou a risada com uma tosse rouca, ao mesmo tempo em que meneava a mão em assentimento ao plano urdido por Efraim.

Nachum chegou tão macambúzio em casa que sua mulher o instou a revelar o criminoso esquema de Herodes. Assim que ele se deitou, ela chamou uma de suas serventes e mandou que fosse até a casa de Nicodemos, um proeminente membro do Sanhedrin. Deu-lhe ordens de que queria encontrar-se com a esposa de Nicodemos de manhã cedo no bairro chamado de Tiropeão, na loja de Abdul Assada, um idumeu, vendedor de tecidos finos e distantemente aparentado com Herodes, pois assim ninguém notaria a presença delas, já que a loja vivia cheia de mulheres ricas.

54 | A Saga dos Capelinos

Às nove horas da manhã, assim que a loja abriu suas portas e as mulheres invadiram o amplo local atrás de sedas, linhos e exóticos perfumes, as duas mulheres se encontraram e, entre tecidos e mexericos sem importância, ela contou-lhe com detalhes o que o marido lhe havia dito. A esposa de Nicodemos se assustou a ponto de ficar lívida, pois ela não era ninguém menos do que Léa, a filha mais moça de Yacob ben Matan.

Não foram necessárias mais do que rápidas palavras de Léa ao esposo para que este saísse às pressas, a fim de alertar Yozheph de Arimateia. Os dois ficaram estarrecidos, mas não descreram da situação, pois, havia pouco, Herodes tinha mandado eliminar uma família inteira e perseguir seus descendentes, até chaciná-los, pois havia descoberto que seu membro principal pertencia à organização secreta dos zelotes e era um dos principais financiadores da guerrilha desse grupo de opositores dos romanos.

Beit Lechem ficava a nove quilômetros de Ierushalaim e podia ser alcançada a cavalo em pouco mais de uma hora. Os dois homens entraram freneticamente na casa de Yacob, que repousava, já que, naquela hora do dia, por volta das quatorze horas, gostava de tirar um cochilo. Ainda que receoso e contrariado, o servente foi chamá-lo e, alguns minutos depois, aparecia um ainda sonolento Yacob.

Nicodemos contou-lhe o que sua mulher lhe contara e Yacob escutou, com ar de incredulidade. Após ouvir a história de Nicodemos, Yacob arrematou:

– Léa sempre foi dada a mistérios e mexericos! Não posso acreditar que Herodes mande assassinar um membro do Sanhedrin. Ele não ousaria mandar matar alguém da casa de David.

– Ora, meu sogro, é exatamente por isto que ele deseja matá-lo. Vocês representam a esperança de Israel de voltar a ser uma grande nação.

– Isto são balelas e histórias infantis. No atual estado de coisas, com os romanos dominando todas as armas, infiltrados na nossa sociedade e extorquindo-nos impostos terríveis, não há a menor chance de expulsá-los.

Yozheph de Arimateia, que era um pouco mais velho do que Nicodemos, já tendo se casado com Hadassa, a filha mais velha de Yacob, e fazendo negócios com o sogro há mais tempo, tinha mais ascendência sobre Yacob do que Nicodemos, que ainda era considerado um jovem um pouco impulsivo. Deste modo, Yozheph de Arimateia falou-lhe com calma.

– Yacob, não vamos perder tempo com tergiversações, pois isto aqui não é um debate do Sanhedrin. Ouça o que irei lhe propor e decida-se rapidamente, para que possamos tomar as providências cabíveis.

Yacob sempre escutava Yozheph, pois, mesmo sendo bem mais jovem, era ponderado, e o velho ganhara muito bom dinheiro em suas transações comerciais, liderados pelo nobre de Arimateia. Desta forma, com gestos de grande senhor, ele deu permissão para que o comerciante expusesse seu plano.

– Vamos imaginar que toda essa história seja verdadeira. Se for, temos que proteger você e sua família. Você e sua esposa irão para minha casa em Arimateia, pois lá ninguém os importunará. Mande seu filho Yozheph para Cafarnaum, onde poderá ficar com Zebedeu e sua esposa Salomé, irmã de Míriam. Envie seu outro filho Cleophas e sua família para Caná, onde reside seu irmão Levi ben Matan, pois, naquela cidade, eles encontrarão refúgio seguro, já que seu irmão é membro proeminente da cidade e é bem quisto por todos. Deixe nesta casa apenas um servo, ao qual daremos ordem para que se esconda. Se houver o ataque, o que confirmará nossas suspeitas sobre as intenções de Herodes, tomaremos outras medidas para protegê-lo, enviando-o para Babilônia, Alexandria ou Hagmatana, onde os sicários de Herodes não poderão atingi-lo.

Yacob escutou tudo com revolta crescente e, por fim, prorrompeu, irritado :

– Você é louco de pensar que abandonarei minha casa, fugindo como um rato de um crápula como Herodes! Ficarei aqui, pois esta é a minha casa, a casa que foi de meu pai, e onde o próprio rei David nasceu. Ninguém vai me tirar de minha casa. Só sairei daqui morto!

56 | A Saga dos Capelinos

Gabolices, pois o casebre em que o rei David nascera nem existia mais.

Yozheph escutou com calma a explosão emotiva do sogro e, assim que ele terminou, redarguiu:

– Está bem. Se é esse o seu desejo, curvo-me à sua decisão, mas pense em seus filhos e netos. Imagine se for verdade o que Léa ouviu. Não deixe que sua descendência corra riscos.

Yozheph havia tocado no ponto fraco de Yacob: sua descendência. Naquela hora, sua mente concentrou-se na menina Chana, filha de Cleophas, sua preferida, e imaginou uma cena em que a via com a garganta cortada. A simples suposição de que isso poderia ocorrer foi demais para ele. Yozheph tinha razão, pois, se nada ocorresse, todos poderiam voltar calmamente, mas, se alguém atacasse a casa, pelo menos sua descendência estaria salva.

Yacob meneou a cabeça e disse:

– Neste ponto você tem razão. Enviarei Cleophas para Caná, mas Cafarnaum não é um local adequado, pois há uma guarnição permanente de soldados de Herodes. Muito menos sua casa em Arimateia, pois seria local óbvio. Eu sugiro mais. Digo-lhes que, se Herodes liberar sua sanha assassina, ele procurará por minhas filhas e meus genros. Sugiro que vocês também se escondam por alguns dias.

– O senhor tem razão, meu sogro. Iremos para Alexandria, onde tenho parentes e negócios. Há uma colônia judaica grande e a cidade é uma metrópole capaz de nos engolir, sem deixar rastros.

Yacob, pensativo, redarguiu:

– A ideia é boa, mas como você atravessará o Sinai?

A ideia ocorreu a Yozheph quase imediatamente.

– Iremos com a caravana de Vindapharna. Ele tem mais de setecentos homens armados, disfarçados de mercadores, e partirão amanhã de madrugada.

– Excelente! Leve Yozheph, Míriam e os gêmeos com eles. Tenho parentes em Alexandria, primos de minha mãe, que os receberão com carinho e atenção. Deixo-o encarregado de tudo.

CAPÍTULO 2

Tendo acertado todos os detalhes, Yacob chamou seus filhos e suas esposas, explicando, de forma sucinta, suas determinações e providências. Muito dos recursos de Yacob estava imobilizado em propriedades arrendadas, mas ele tinha moedas em quantidade suficiente para dividir entre os dois irmãos.

Yozheph de Arimateia mobilizou-se à procura de Vindapharna e, ao encontrá-lo, explicou-lhe a situação. Vindapharna, sempre valoroso e determinado, mandou que oitenta homens os ajudassem. Em menos de duas horas, os filhos de Yacob já tinham partido, e um deles tomou o caminho para Caná, acompanhado de trinta parthos disfarçados de comerciantes, com ordens de regressar a Hagmatana após deixá-los ali.

Vindapharna ofereceu uma guarda de cem homens para defender a casa de Yacob, mas Melchior alertou-o para o fato de que isto podia ser considerado como uma intromissão estrangeira, vindo a causar um incidente diplomático. Além do que estavam distantes de Parthia, em pleno coração do império romano, e poderiam ser atacados e dizimados pelos legionários. Yozheph de Arimateia agradeceu toda a ajuda e se retirou para preparar sua partida e de sua família com a caravana.

57

58 | A SAGA DOS CAPELINOS

Antes que o sol se levantasse, a caravana se preparou, fechando tendas, colocando tudo no dorso de camelos e selando cavalos e carroças. Quando o sol lançou seus primeiros raios, como dardos flamejantes no horizonte, a caravana partiu a passos rápidos, forçando os pesados camelos a se esfalfarem, enquanto as carroças com mulheres e crianças rangiam com o peso, puxadas por parelhas de maciços bois. Os três parthos e Yozheph de Arimateia montaram belos corcéis persas e lideraram a partida.

Uma semana depois, após vadear por vários braços do Nilo e atravessá-lo várias vezes em barcaças, a caravana chegou a Alexandria. Yozheph de Arimateia levou a família de Yozheph e a sua própria para a casa de Shymon de Neftali, um primo distante e seu representante e sócio nos extensos negócios que mantinha em todo o Oriente Médio.

Antes de se separarem, os parthos ofereceram diversos presentes à família, especialmente a Yeshua, que ganhou um pequeno baú repleto de joias e peças de ouro puro. A Yehudá deram uma adaga de prata com incrustação de pedras preciosas, o que era também um presente principesco. O baú que Yeshua ganhou de presente seria de grande valia para a família, pois, por seu valor, ela iria poder assentar-se em terras estranhas, comprando uma boa casa e material de carpintaria, já que agora Yozheph ben Yacob teria que sustentá-la com o suor do próprio rosto. Isso não lhe foi desagradável, porquanto se acostumara às duras lidas quando estagiara com os essênios.

Vindapharna partiu com seu grupo para Heliópolis, após descansarem por dez dias. Aproveitaram para negociar vários artigos que traziam, e receberam inestimável ajuda de Yozheph de Arimateia, que conhecia quase todos os negociantes importantes de Alexandria, judeus e não judeus. Melchior havia usado de várias formas de adivinhação e concluíra que Yeshua era Xaosiante e, ao partir, beijou as mãos do pequeno menino que, meio sem jeito, acabou por beijá-lo de volta no rosto barbado. Melchior e Balthazar partiram com os olhos cheios de lágrimas, enquanto Vindapharna falava alto

JESUS, O DIVINO DISCÍPULO | 59

e tossia constantemente, para afastar as lágrimas dos olhos, pois não ficava bem para um guerreiro demonstrar tais emoções.

Enquanto a caravana viajava à beira-mar, após intenso castigo de um sol ardente, a casa de Yacob era assaltada de madrugada por sete homens vestidos de roupas negras, que, em perfeito silêncio, pularam o muro e entraram nos quartos, sem que tivessem sido incomodados. Os sicários de Herodes, assassinos exímios, mataram todos os que encontraram e, após terminarem seu trabalho macabro, vasculharam a casa à procura de joias e dinheiro. Acabaram encontrando o que desejavam, mas em quantidade bem menor do que a esperada. Ozeias, contudo, era homem prevenido e sabia que não seria bom que todas aquelas pessoas fossem encontradas degoladas ou com perfurações no peito. Ficaria claro que a casa havia sido assaltada, e isto sempre levava a algum tipo de investigação. Sua experiência lhe dizia que o fogo era a melhor forma de ocultar quaisquer provas do crime. Empolgado, então, por astúcia destruidora, lançou mão de uma tocha acesa para iluminar um escuro corredor no interior da casa e ateou fogo em diversas partes da residência, que não custou muito a arder em chamas. Assim, com a casa em vias de destruição completa, partiram, após certificarem-se de que não tinham sido vistos.

No dia seguinte, Ozeias procurou Herodes e confidenciou-lhe, em momento propício, que o trabalho fora bem feito e que toda a família havia sido morta, inclusive os servos. Não fora capaz, no entanto, prosseguiu ele, de identificar as vítimas que ele e seus cômpares assassinaram. Disse ao déspota que se lembrava apenas da figura de um homem de meia-idade, devidamente degolado por um de seus soldados, e de dois jovens, que também pereceram, sem emitir um grito sequer, enquanto dormiam. Duas crianças e várias mulheres também encontraram igual destino e, ele mesmo, Ozeias, havia degolado uma das crianças, a qual, acrescentou ele, não devia ter mais que dois anos. Por fim, inteirou-lhe das minúcias sobre o incêndio que provocara na casa e do fato de ele e seus comparsas terem fugido sem serem vistos.

60 | A Saga dos Capelinos

Quando Herodes contou a Efraim o êxito de seu mando terrível, Efraim ficou particularmente contrariado com o incêndio, pois, assim, não seria possível identificar quem realmente morrera e a propriedade ficaria indelevelmente marcada, pelo que teria que ser destruída para dar lugar à construção de outra. Um prejuízo que ele não contabilizara. Restaram-lhe como consolo, contudo, as valiosas terras, já que se situavam entre Beit Lechem e Ierushalaim.

Nesse dia, comemorando o êxito em destruir um provável pretendente ao trono que lhe fora dado por César Augusto, Herodes se excedeu na bebida, na comilança e em perigoso transbordamento emotivo. Estava feliz como havia muito não estivera, pela crença que nutria de ter logrado vencer os ridículos mitos e lendas daquele povo do qual era rei, mas que odiava e era por ele odiado. Nada que fazia agradava aquela matula de pedantes e ignorantes. Ele, que era idumeu, que gastara parte de seus próprios recursos para construir um templo digno da veneração daquele povo; que usara seu próprio dinheiro várias vezes para alimentar a população mais pobre em épocas de seca, não recebia em troca a adoração popular nem o reconhecimento de que era um grande rei. Conhecia as piadas de mau gosto que corriam a seu respeito. Até mesmo o seu amigo César Augusto andara dizendo, quando da matança dos filhos que tentaram usurpar-lhe o trono, que era melhor ser porco na casa de Herodes do que um filho seu. Sim, porque o chazir – porco – era considerado um animal impuro e, segundo os costumes daqueles povos, jamais seria morto para servir de alimento, o que o livrava do risco de perder a vida. Seu longo reinado, de trinta e seis anos, só lhe trouxera desgraças, mesmo com a construção da bela cidade de Cesareia, providenciada como homenagem a César Augusto, primeiro príncipe de Roma; mesmo com a construção de um fabuloso aqueduto para levar água para Ierushalaim, com o intuito de resolver o problema de falta do precioso líquido naquela cidade; mesmo com a pavimentação, à moda romana, de vários quilômetros de estrada. Nada que fez tinha valor para aquele povo ingrato, cria ele, que só sabia discutir as vírgulas da lei. Uma lei em que ele mesmo não acreditava, pois era excessivamente helenizado para acreditar que Deus estivesse preocupado com a existência daqueles vermes, que rastejavam sobre uma terra seca, sob um sol inclemente.

De noite, as dores de sua artrose pioraram, seus dedos do pé mal lhe permitiam andar. Sua úlcera latejava de forma dolorosa. Sua tosse rouca tornou-se quase insuportável, obrigando os médicos da corte a lhe ministrarem uma infusão de ervas com ópio que, se por um lado o entorpecia, por outro o fazia ter visões as mais macabras: pavorosos demônios conversavam com ele como se fossem vivos, e com tamanha nitidez, que ele temia estar ficando louco. Subitamente, após ter tomado as infusões e ter bebido vinho em excesso, sentiu uma dor no braço esquerdo e um terrível mal-estar no estômago. Quis gritar, mas o ar lhe faltou e, sob terríveis estertores, teve um ataque do coração, lento, doloroso, fatigante, que levou alguns minutos para matá-lo. Finalmente, Herodes o Grande teria suas dúvidas tiradas. Agora, ele iria descobrir se havia a vida após a morte e se Deus de fato existia. Morreu aos sessenta e nove anos, em seu leito, só, como vivera toda a sua vida. Era o ano 4 a.C.

Com a morte de Herodes, iniciou-se uma guerra civil entre os filhos do falecido monarca. Em seu testamento, ele havia dividido seu reino em três e dado cada parte aos seus remanescentes filhos. Felipe, filho de Herodes com Cleópatra de Ierushalaim, que nada tinha a ver com Cleópatra do Egito, ficaria com a Bataneia; Herodes Antipas ficaria com a Pereia e a Galileia e Arquelau ficaria com a Samaria, a Idumeia e a Judeia. No entanto, o povo da Judeia não desejava Arquelau, vendo-o como mais um usurpador, e tentou, num levante, destituí-lo. Cercaram o templo e as tropas de Arquelau mataram mais de três mil homens, trazendo uma dolorida paz à conturbada região. No outro ano, os rebeldes atacaram novamente e, na festa de Pentecostes, novamente sofreram grande chacina.

Neste ínterim, na Galileia, sob o comando de Yehudá, chamado de o Gaulonita, grupos armados de galileus, homens simples do campo, tomaram Séforis, capital da província. Herodes Antipas, que fugira na hora certa, pediu ajuda ao novo governador da Síria,

62 | A Saga dos Capelinos

Varo, que levou vinte mil homens e arrasou centenas de aldeias, crucificou dois mil homens e vendeu, como escravos, trinta mil galileus, recolocando no trono Herodes Antipas.

Arquelau mostrou-se mais despótico do que o pai e começou uma perseguição tenebrosa a vários judeus que se lhe opunham o domínio. Entre eles, Efraim, que morreu de forma terrível: despejaram cobre derretido por sua garganta abaixo. Nachum fugiu para a Síria, colocando-se sob a proteção de Varo, mas que, desconfiado dele por ter sido um dos homens fortes de Herodes o Grande, mandou estrangulá-lo na calada da noite, sendo seu corpo jogado no pó dos caminhos, onde os animais de carniça fizeram seu trabalho de lixeiros da natureza, com maestria.

Arquelau, todavia, tornou-se um desvairado. Aplacou a fúria do povo, aproveitando para matar desafetos pessoais, gente que não representava nenhum perigo ao império romano. Depois que uma delegação de notáveis implorou a Augusto sérias providências contra a sanha assassina do herdeiro, ele foi destituído e removido para a cidade de Viena, na Gália, onde morreria anos mais tarde. César Augusto transformou a Judeia em província de segunda classe, governada por um prefeito romano, subordinado ao governador da Síria.

Copônio, primeiro prefeito da Judeia, erroneamente chamado de procurador, tomou posse no ano 6 d.C. e trouxe relativa paz à cidade. Enquanto estes turbulentos anos se passaram, Yozheph de Arimateia e sua família, bem como Nicodemos, retornaram para casa, especialmente motivados pela morte de Efraim, que ocorrera no ano 3 a.C. Eles continuaram seus negócios, sabendo ser prudentes, e mantiveram-se distantes da política nefasta de Arquelau. Por assim proceder, não foram incomodados. Yozheph ben Yacob, já sabedor da morte do pai, ficou temeroso de retornar a Beit Lechem, preferindo ficar em Alexandria, onde encontrou terreno propício para o desenvolvimento de seus negócios.

Alexandria era uma metrópole cosmopolita, onde se podiam encontrar todos os povos, desde gregos até judeus. Havia inclusive

JESUS, O DIVINO DISCÍPULO | 63

um mosteiro budista devidamente financiado por Asoka, falecido rei de um dos impérios indianos. Yozheph encontrou, num grupo de judeus, os terapeutas, aquilo que tanto almejara a vida inteira. Eles eram um agrupamento com características idênticas às dos essênios, com rituais muito parecidos, acreditando nos mesmos valores, e eram profundos estudiosos de tudo o que se passava no mundo. Tinham uma origem comum com os essênios, porquanto ambos descendiam do movimento inicial, os hassidim. Dedicavam-se ao estudo do corpo, suas doenças e suas curas. Usavam diversos métodos, desde infusões, pequenas intervenções e a imposição de mãos. Acreditavam que era possível transmitir fluidos regeneradores aos doentes, levando-os à cura.

Os terapeutas, no entanto, haviam recebido uma forte influência posterior dos neopitagóricos, acreditando, portanto, em múltiplas existências do espírito. Pitágoras não fora um divulgador da doutrina da metempsicose, como muitos acreditavam para tentar denegri-lo, mas era fervoroso crente de que o espírito transmigrava por diversos corpos, mas sempre numa escala ascendente. Ele acreditava que o processo de reencarnação era o meio pelo qual o espírito desenvolvia seu potencial infinito, transformando-o em ato. Ele também, influenciado por Aristóteles, acreditava que o potencial era algo latente no espírito, precisando só de desenvolvimento e prática, para se transformar em ato. Deste modo, todas as pessoas normais tinham o potencial, por exemplo, de ler e só não liam porque não haviam aprendido. Quando aprendiam, o potencial intelectual de ler transformava-se no ato de ler. Portanto, o espírito possuía o potencial infinito, só precisando aprender, desenvolver e praticar para consolidar este potencial em ato.

Para eles, Deus era ato puro. O supremo criador não tinha potencial a ser desenvolvido. Ele, portanto, não se alterava, não se modificava com o decorrer dos evos. Como axioma, Deus não evoluía, nem pelo Universo, nem por qualquer outro processo ignoto. Deus, simplesmente, é, enquanto todas as demais coisas e seres são vir-a-ser.

64 | A Saga dos Capelinos

A reencarnação não era uma doutrina abertamente aceita entre os terapeutas, só sendo ministrada aos graus mais evoluídos, pois eles acreditavam que tal conhecimento, na mão de incautos ou perversos, podia ser usado para escravizar as pessoas. Realmente, a doutrina da reencarnação está intimamente associada às leis de causa e efeito, o que o indiano chama de carma. Deste modo, mal utilizada, poderia impedir o aprimoramento pessoal, pois a atual situação das pessoas era motivada por fatos gerados em outras existências, obrigando-as a passarem por um sofrimento inelutável. A crença de que o carma era um determinante absoluto imobilizava as pessoas, quando, na realidade, esta lei de causa e efeito é dinâmica, permitindo que as pessoas possam se aprimorar, superar com mais velocidade suas culpas passadas e se dedicar à mudança interior.

Pela complexidade da questão e da própria doutrina, os terapeutas não gostavam de revelar aos homens do povo certos aspectos a esse respeito. Para eles, era mais provável que uma simples explicação acerca de certas particularidades da realidade maior levasse o leigo à confusão mental do que ao seu entendimento. Explicar-lhe, por exemplo, que nós reencarnamos para expiar pecados passados era, segundo criam, o mesmo que dizer que vivíamos apenas para sofrer. Uma explicação simplista podia ser pior do que falta de informação. Portanto, eles preferiam não revelar esses conhecimentos a quem não estivesse realmente preparado para os assimilar e, por isso, só o faziam aos mais altos iniciados de sua ordem.

Os terapeutas eram estudiosos da Kitvei Ha-Kodesh – A Bíblia –,composta pela Torah, também chamada de Chumash, pelo Neviim (Profetas) e pelo Ketubim (Escritos). Estudavam os filósofos gregos e sabiam algo a respeito das religiões distantes da Parthia e de Magadha. Naqueles tempos, a Índia era mais conhecida pelo nome de suas regiões, e não pelo nome da nação, pois o país ainda não havia sido unificado, e vários de seus reinos ainda lutavam entre si.

JESUS, O DIVINO DISCÍPULO | 65

Com o ouro que havia sido fornecido pelos parthos a Yeshua, Yozheph se instalou numa casa confortável, que nada tinha de luxuosa, no seio da comunidade de judeus alexandrinos. A casa era ampla, mas necessitava de cuidadosas reformas. Tinha um poço no pátio interno, o que facilitava, de sobejo, a vida da família. Logo, Míriam, despachada como ninguém, encontrou o lugar certo para fazer compras de legumes, cereais e outras necessidades da família. Yozeph, recomendado pelos familiares como bom profissional de seu ramo de atividade, conseguiu razoável clientela, o que lhes permitiu viver com folga.

Com seis anos, Yeshua era considerado um pequeno fenômeno, pois falava e se comportava como um homem de vinte. Seu raciocínio era claro e surpreendente. Os terapeutas tinham classes para adolescentes e para crianças, mas Yeshua foi promovido de imediato à turma de adolescentes, pois o próprio professor notara que sua vivacidade era acima da média.

Nos primeiros dias na sua nova turma de adolescentes, Yeshua escutou mais do que falou e aprimorou seu aramaico, aprendeu o copta, assim como teve que aprender a ler e escrever na língua hebraica antiga. Seu primeiro sucesso foi em aprender o hebraico, pois não conhecia nada daquela língua e o professor, destacado para tal feito, o fez com extrema má vontade; ele imaginava que perderia anos ensinando àquela bela criança. Para seu espanto, no terceiro dia, ele já falava várias palavras, conseguindo articular frases inteiras, e, no final da segunda semana, falava, escrevia e lia fluentemente. Tornou-se a sensação dos terapeutas, que passaram a ver nele alguém muito especial.

Os terapeutas viviam às franjas da cidade de Alexandria, numa comunidade bastante aberta, pois recebiam visitantes de várias culturas, especialmente para se tratarem de males físicos e mentais, mas, ao mesmo tempo, eram reclusos em seus rituais. O dia começava antes de o sol nascer, com abluções e limpeza do local onde dormiam. Depois disto, todos, incluindo as crianças de mais de quatro anos, se reuniam num amplo espaço aberto, onde silen-

66 | A Saga dos Capelinos

ciosamente esperavam o sol nascer. Quando o astro-rei despontava no horizonte, eles faziam uma prece para agradecer a Deus o surgimento da nossa bela estrela.

A voz forte do presidente dos terapeutas se fazia ouvir e todos repetiam a oração com bastante fervor. A prece era parecida com a dos vários grupos essênios que existiam espalhados pela Judeia e Galileia, num número que beirava quatro mil pessoas - era a cerimônia do Shacharit:

"Em sua misericórdia, Ele faz a sua luz brilhar sobre a Terra e sobre os seus habitantes; e em Sua bondade infalivelmente ele renova a cada dia o trabalho da criação. Quão numerosos são os Teus trabalhos, ó Senhor! Tu os fizeste todos em sabedoria; a Terra está cheia dos Teus bens. Ó Rei, só Tu és o exaltado desde sempre, e louvado e glorificado e enaltecido desde os dias de outrora! Senhor do Universo, em Tua grande misericórdia, tem piedade de nós! Senhor, nosso poder, fortaleza de nosso vigor, escudo de nossa salvação, defende-nos! Ó Senhor, sê louvado, Tu, grande em sabedoria, que ordenaste e criaste os raios do Sol: o Infinitamente bom formou um testemunho glorioso para o Seu nome. Ele rodeou Sua majestade com luminárias. Os chefes de Seus anfitriões celestes são seres santos: eles glorificam o Todo-Poderoso; eles proclamam continuamente a glória de Deus e sua santidade. Abençoado sejas, ó Senhor nosso Deus, pela excelência dos trabalhos de Tuas mãos, e pelas Tuas brilhantes luminárias. Eles Te glorificarão para sempre.

Deus, o Senhor de todas as coisas criadas, é louvado e abençoado na boca de todos os viventes. Seu poder e bondade enchem o Universo; sabedoria e inteligência estão ao Seu redor. Ele se exalta acima dos anjos e envia Seus raios em glória sobre o trono-biga. A bondade e retidão intercedentes estão ante o Seu trono; a bondade amorosa e a piedade estão diante de sua majestade. Benignas são as luminárias que nosso Deus criou. Ele as formou em sabedoria, inteligência e entendimento; Ele as dotou com o poder e a força para reger no meio do mundo. Cheias de esplendor e brilho, sua glória ilumina o mundo inteiro; rejubilando-se ao levantar e contente

Jesus, o Divino Discípulo | 67

ao deitar-se, desempenham com respeito o desejo do seu Criador. Elas dão louvor e glória ao Seu nome, júbilo e poesia à memória de Seu reino. Ele chamou o Sol, e a luz se ergueu; Ele viu e moldou a forma da Lua. Louvai-O todos vós, anfitriões celestes; atribuí glória e majestade a Ele, vós, serafins, ofanins e santos anjos."

Depois da prece, os terapeutas faziam um leve desjejum, composto de pão e um copo de leite de cabra, e iam trabalhar. Alguns aravam o campo; outros pastoreavam as ovelhas e cabras; outros iam lidar com seus artesanatos. Yozheph, por sua vez, plenamente integrado na comunidade, dirigia-se para sua própria casa, onde tinha uma ampla oficina de carpintaria. Seu trabalho era duro, pois comprava pesados troncos de árvores provenientes do planalto do Antilíbano e preparava vigas para a cobertura de casas, tábuas para assoalhos, madeiras para móveis e pequenos artesanatos de carpintaria.

Por volta de onze horas da manhã, eles tomavam banho e se juntavam para um almoço comunitário, no qual os mais sábios falavam das obras de Deus e principalmente dos anjos. Era proibido invocar os mortos, mas eles clamavam pela ajuda dos anjos, sempre de forma indireta. Ou seja, pediam ajuda diretamente a Deus, implorando para que Ele lhes enviasse tal anjo ou arcanjo, a fim de que os assistisse num determinado tipo de trabalho. As crianças e adolescentes não participavam desse ágape, e Yozheph só pôde participar dele a partir do segundo ano, quando demonstrou que era puro e devoto.

De tarde, eles descansavam até as três horas, quando a canícula começava a diminuir, e dedicavam o resto da tarde aos estudos, às curas e à caridade. No final do dia, tomavam outro banho para se limparem das impurezas contraídas com o contato com as pessoas de fora da seita e dos doentes. Dormiam cedo para acordar cedo.

Quando Yeshua completou oito anos, foi introduzido no círculo de curas. Eles achavam que o infante era jovem demais para ver tantas pessoas doentes, mas, por insistência do próprio menino, que gentilmente pedia para ajudá-los no que fosse possível,

68 | A SAGA DOS CAPELINOS

acabaram aquiescendo e passaram a deixar que entrasse nas salas de cura. Os terapeutas eram famosos em Alexandria e, por conta disso, a mais alta sociedade se tratava com eles. Cobravam taxas de acordo com as posses do doente: um rico pagava bem, ao passo que um miserável, além de não pagar nada, saía com algum óbolo com que pudesse comprar comida.

Yeshua foi trabalhar como ajudante do mestre Akiva, um sexagenário, o único a aceitá-lo como tal, pois sua fama de irascível, temperamental e um pouco violento havia afastado todos os seus prévios jovens ajudantes. O ajudante era incumbido de fornecer as ervas, os remédios e ajudar os doentes a entrarem no pequeno gabinete. Yeshua sabia da fama de Akiva e foi ao trabalho com certo receio, pois, do alto de seus oito anos, ele ainda não havia entrado em posse de todas as suas excelsas faculdades. O velho Akiva o fitou com desdém e, no íntimo, repreendeu o menino por ser tão precoce. Na sua concepção, Deus não devia permitir que crianças se tornassem adultos de modo tão rápido, fazendo-as perder os melhores anos de suas vidas.

Yeshua foi recebido com extrema frieza e sentiu o olhar glacial do velho. No entanto, refletiu que o ancião devia se sentir frustrado por ter sido relegado a um segundo plano, após uma vida consagrada a Deus e à caridade. Tomou-se de extrema piedade por Akiva, e sua expressão tornou-se doce e meiga. Além disso, de seu peito jorrou uma forte energia amorosa, que envolveu Akiva, e, antes que o velho soubesse por quê, já tinha aceito o novo ajudante, tendo mudado radicalmente de pensamento. A força do amor e da compaixão é tão poderosa que domestica animais ferozes e derrete o gelo dos odientos.

De manhã, ele trabalhava com o pai e o irmão Yehudá, que todos chamavam de Tauma – gêmeo, em siríaco (aramaico). As manhãs passavam rapidamente e, de tarde, ele ia assessorar Akiva. Yeshua estudava durante umas duas horas, entre o almoço e o início das curas, lendo rolos de papiros, dos quais se desenrolava não só a Torah como também peças teatrais gregas, escritos romanos de Sêneca o Velho, e histórias de egípcios, seus deuses e estranhos rituais. Ele tinha não só facilidade de aprender como também habilidade manual ambidestra. Era capaz de escrever, desenhar e usar as duas mãos, com rara facilidade. Sua preferência consciente era a mão direita, mas, dependendo da posição, e não tendo que pensar muito no que tinha que fazer, usava a esquerda com igual facilidade.

Sua relação com o irmão gêmeo era toda particular. Quando eram crianças, Yeshua achava graça das tiradas inteligentes e hilariantes de Yehudá. Por sua vez, seu irmão gêmeo tinha por ele verdadeira adoração. Entre os dois havia um pequeno abismo de inteligência e, especialmente, de grau de amadurecimento. Mas comparado com outras crianças, Yehudá era um gênio, enquanto que Yeshua era um supergênio. Yehudá também foi levado para classes mais avançadas de estudo dos terapeutas e tornou-se proficiente em aramaico, hebraico e grego. Era quase tão bem-dotado quanto Yeshua e tinha capacidade de raciocínio superior à das outras crianças. Tinha também uma memória privilegiada, pela qual podia guardar textos falados e escritos com grande facilidade e os reproduzir sem dificuldade.

Por sua mãe, Yeshua tinha um doce amor, mas Míriam tinha uma certa desconfiança dele, achando-o excessivamente amadurecido. Por muitas vezes, ela se perguntou se isto era normal. Já com o pai, havia uma relação interessante e estranha, pois, desde que sua precocidade se manifestara aos dois anos, Yozheph o tratava como se fosse um adulto, exigindo dele responsabilidade, cumprimento eficiente do dever e uma relação de amizade profunda, no qual era plenamente correspondido. Já com Yehudá, o pai observou que sua precocidade se deu aos três anos; por isto o achava mais infantil do que Yeshua, e permitia que ele se comportasse como criança, dando-lhe mais tempo para os folguedos infantis.

Com Akiva, nos primeiros dias, Yeshua aprendeu a distinguir as ervas e os seus usos medicinais, assim como os vários unguentos e pós que, misturados, podiam trazer alívio para as doenças. O contato do menino Yeshua, que com oito anos se comportava como

70 | A Saga dos Capelinos

um homem de trinta, com as doenças e os doentes despertou nele cada vez mais comiseração e amor por estas desvalidas criaturas. Para Akiva só mandavam os pobres e os muito doentes, pois estes não podiam pagar. Akiva, quase sempre, impunha as mãos, com parcos resultados. O velho o fazia de forma mecânica, quase displicentemente, demonstrando que sua frustração havia atingido o máximo. Yeshua observava com cuidado, aprendendo com incrível rapidez. De certa forma, mesmo que ainda não tivesse desenvolvido a vidência, intuitivamente sabia que nenhuma energia saía de Akiva para os doentes. A imposição de mãos era apenas parte de um ritual; só os mais desesperados ou os mais crédulos eram capazes de sentir melhoras.

O tempo passou e Yeshua atingiu os dez anos. Ele estudava com os adultos, pois acompanhara sua turma. Todos já tinham alcançado a idade de casar e ter filhos, ou de se dedicar com exclusividade às obras de Deus. Neste ano, um dos mestres terapeutas o chamou para irem juntos até a grande biblioteca de Alexandria, onde ele tencionava estudar. Como ele sabia que o jovem era um fantástico poliglota, falando aramaico, hebraico antigo, copto, grego e latim, resolveu levá-lo não só como eventual tradutor, mas também como organizador e copista de textos variados que desejava consultar. No ano que se seguiu, Yeshua leu e compilou as principais passagens de mais de oitenta volumes de história, filosofia, geografia, informações a respeito do corpo humano e, especialmente, das inúmeras religiões, algumas desaparecidas e esquecidas pelo tempo.

Naquele ano, Akiva tinha sofrido um derrame e estava inválido, à beira da morte, fato que ainda levaria dois anos para acontecer, e sua sessão foi suspensa. Yeshua foi, então, introduzido em outro grupo, onde se praticava um tipo particularmente interessante de tratamento. A pessoa a ser tratada sentava-se ou deitava-se no centro da sala e era circundada por seis pessoas, que impunham as mãos. Para ajudar na concentração de todos, cantavam-se músicas específicas para o ritual. A sessão individual levava pouco mais de

JESUS, O DIVINO DISCÍPULO | 71

três minutos, quando outra pessoa tomava o lugar da anterior, e o mesmo processo era reencetado.

Yeshua não sentiu dificuldades em acompanhar o grupo, mas, no primeiro dia, ele começou a ver luzes, que circulavam pela sala. Era um caleidoscópio de luzes que pareciam se dirigir para dentro e, depois, para fora da pessoa doente. A luminescência variava de caso a caso, de acordo com o tipo de doença que afetava o consulente. Algumas vezes as luzes se concentravam no peito, ou na cabeça, ou em outro lugar do corpo, enquanto que, em outras circunstâncias, banhavam a pessoa da cabeça aos pés.

As sessões não passavam de uma hora quando todos, então, tomavam um banho de ervas aromáticas e descansavam sob uma àrvore frondosa, revitalizando-se. Muitos ficavam tão extenuados que dormiam durante algumas horas, acordando mais dispostos. Yeshua, um garoto taludo de dez anos, estava despertando para outras dimensões. As luzes agora eram acompanhadas de vultos, que, cada dia, se tornavam mais claros e nítidos. Na segunda semana, ele passou a ver espíritos como ele via seres humanos. Notava as suas atividades e como eles manipulavam as diversas energias dos presentes, para ajudar os doentes.

Na quinta semana, um dos espíritos falou com ele. Era belo, com cabelos claros, quase prateados, de aparência jovem, e usava túnica branca, com drapeados que iam até o chão.

– Sou Samangelaf. Estou aqui para protegê-lo. Nada tema. Qualquer coisa que o assustar chame por Deus, e eu estarei perto de você em instantes.

Yeshua, no início, ao ver os espíritos, ficou encantado com suas formas belas e seu jeito esvoaçante, quase etéreo, mas , ao mesmo tempo em que começou a ver coisas belas, também passou a enxergar espíritos tenebrosos, de carantonhas medonhas, verdadeiros demônios, com ríctus faciais animalescos. Assustou-se, mesmo que já tivesse lido a respeito em vários escritos. Com a presença de Samangelaf, ele se tranquilizou. Sentia, no belo espírito, que havia uma força superior que o protegeria desses demônios que se arrostavam à sua face.

72 | A Saga dos Capelinos

O chefe do grupo era vidente e observou que o jovem também era capaz de ver os espíritos e os demônios. Notou também que das mãos de Yeshua saía uma torrente de fluidos luminosos, que quase o cegavam. Além disso, da fronte e do peito de Yeshua, saíam luzes de cores extremamente fortes, que envolviam os doentes num banho fluídico impressionante. Ele observou que Yeshua era capaz de dirigir o fluxo luminoso para certas áreas doentes dos pacientes, obtendo, com isto, um efeito curador bem acima do dos demais terapeutas. Relatou tudo ao seu superior que, cada vez mais se convencia de que Yeshua era um profeta ou anjo renascido na Terra. Quem poderia ser? Enoch, Elias, Mykael, Metatron ou Gabriel?

Ao alcançar os doze anos, Yeshua sentiu seu corpo se modificar. Estava entrando na adolescência e os hormônios estavam fazendo seu trabalho. Seus pelos cresciam, sua barba começou a se delinear levemente, sob a forma de uma penugem castanha, e o clamor do sexo iniciou-se. Yeshua, guiado pela sua mente superior, sentiu que este clamor devia ser apaziguado, pois estava claro que ele iria se tornar um homem de Deus, e não desejava que o casamento e uma família pudessem se tornar infelizes com suas demoradas ausências e sua falta de assistência diária. Optara por ter a humanidade como família e a compaixão como esposa. Com a sua forte vontade, dirigiu a energia sexual que despontava para os centros de força superior, no coração e no topo da cabeça. Com isto, o desejo sexual transformou-se numa energia criativa de extraordinária potência.

Enquanto estes fatos aconteciam, Míriam dava à luz, sucessivamente, Yacob, nomeado em homenagem ao falecido avô (mais tarde conhecido entre os ocidentais como Tiago), Míriam, uma linda menina de olhos cor de caramelo, Shymon, Yozheph e finalmente Raquel. Todos haviam nascido em Alexandria, no decorrer dos anos: Yacob, em 3 a.C.; Míriam, em 1 a.C.; Shymon, em 1 d.C.; Yozheph, em 3 d.C. e Raquel, em 5 d.C. Tanto Yeshua como Yehudá ajudaram a mãe a cuidar dos irmãos, lavando-os, nutrindo-os na hora conveniente e ensinando as primeiras palavras.

JESUS, O DIVINO DISCÍPULO | 73

Quando o primeiro prefeito romano instalou-se em Ierushalaim, Yozheph de Arimateia, que ia constantemente para Alexandria tratar de seus negócios, avisou aos genros que não corriam mais nenhum perigo e que podiam voltar para casa. Míriam, grandemente saudosa dos pais, insistiu muito em voltar para a cidade deles. Por fim, em 7 d.C., a família vendeu tudo o que tinha em Alexandria e, aproveitando uma caravana de judeus alexandrinos, retornou para Beit Lechem, já que, ademais, era comum no Pessach que se organizassem caravanas de peregrinos, para ir à cidade santa visitar o templo.

Os terapeutas organizaram uma caravana de cinquenta membros e partiram com um grupo de mais de duzentos homens, além das mulheres, acrescido de peregrinos da Cyrineia. A viagem em si não foi digna de nota, pois tudo transcorreu sem embargos de monta, a não ser o escaldante calor. Eles preferiram fazer a rota dos filisteus, porquanto ela beirava o mar, oferecendo uma leve aragem que suavizava o forno sinaico.

A casa paterna em Beit Lechem havia sido reconstruída e tinha sido vendida a estranhos. Yozheph tencionava comprar uma casa, pois, assim, não alertaria a eventuais desafetos que a família de David continuava a existir. Enquanto isto, a família de Yozheph ficaria na ampla mansão de Yozheph de Arimateia em Ierushalaim e, assim que terminasse o Pessach, Yozheph ben Yacob iria procurar uma casa adequada.

Ierushalaim, no Pessach, era um formigueiro imenso, abrigando mais de trinta mil peregrinos de todos os lugares. Os romanos haviam trazido de Cesareia duas centúrias extras, para guardar a fortaleza Antônia e os portões. A revista minuciosa que eles faziam, para impedir que os peregrinos entrassem com armas na cidade, gerava longas filas nos portões. Yozheph de Arimateia, como nobre e amigo pessoal dos romanos, já que ele negociava estanho para eles, conseguiu um salvo-conduto e eles entraram sem ter que passar pela extensa revista. No fundo, era uma revista inútil, pois as mulheres não eram vasculhadas e as armas dos homens,

74 | A Saga dos Capelinos

normalmente espadas para se defenderem de assaltantes das estradas, passavam por baixo das vestes femininas. Os romanos sabiam disso, mas as ordens do cônsul eram dadas apenas para atazanar os judeus e embaraçá-los publicamente.

A casa de Yozheph de Arimateia escandalizou Míriam. Era cheia de peças gregas, de afrescos de cores vivas, em que estavam retratadas pessoas seminuas, de estátuas de homens nus e de mulheres cobertas apenas com panos diáfanos. Yozheph de Arimateia não era rigoroso seguidor da lei judaica, a qual não permitia a reprodução de qualquer forma do corpo humano, mas também não era um saduceu helenizado, ainda que sua casa parecesse uma mansão grega. Era um homem do mundo, conhecedor de lugares estranhos, belos e mundanos. Conhecia, naturalmente, os lugares mais notáveis daquela época, tais como Roma, Atenas e Corinto, mas também estivera em Cornualha, nas ilhas chamadas então de Britônicas e que mais tarde seriam chamadas pelos romanos de Britânia. Estivera por várias vezes em Hagmadana, uma das capitais transitórias dos parthos e em outros lugares perigosos, como Massília, na desembocadura do rio Ródano. Não negociava apenas estanho, mas qualquer mercadoria que lhe proporcionasse lucro. Comprava vinho dos gregos e vendia-o aos gauleses, que o bebiam puro, para horror dos helenos, que o misturavam com água. Comprava cedro e azeite do Líbano e o vendia em Alexandria. Com isso, tornara-se um homem aberto a todas as influências do mundo, as quais lhe moldaram a personalidade marcante, simpática e senhorial.

Yozheph explicou aos convidados que herdara a casa do pai, um saduceu ferrenho, membro do Sahendrim, profundamente helenizado, que não acreditava na vida após a morte. Morrera na plena convicção de que só se levava da vida a vida que se levava. Por amor ao pai, que multiplicara por mil a fortuna da família, não mexera na casa e não lhe retirara um só objeto. Evitou falar, contudo, que ele mesmo fizera importantes acréscimos de objetos de arte.

Yozheph de Arimateia, no entanto, aos quarenta e tantos anos, já não era um homem desgovernado, pois, aos trinta e cinco anos, tivera uma experiência dolorosa, que o fizera ver a importância de aproveitar cada instante da existência para se aprimorar o espírito. Naquela época, ele foi vítima de uma grave infecção que o deixou acamado por semanas. Beirou a morte e a experiência o levou a refletir muito sobre a vida, os seus valores e sobre a impermanência das coisas, tendo se transformado num homem de muita fé, mas sem ser radical e obtuso.

O templo de Ierushalaim era constituído de uma grande área dentro de seus altos muros, que era chamada de Átrio dos Gentios, pois lá, qualquer um de qualquer fé podia entrar. Naquele local faziam-se a compra e venda de inúmeros objetos e animais, para as oferendas do templo. Como vinham pessoas de vários lugares, com moedas as mais diferentes, existia um intenso câmbio de valores e moedas, a fim de que os comerciantes só aceitassem as moedas cunhadas pelo império romano. As tendas coloridas ali existentes pertenciam às famílias nobres de Ierushalaim, que as erguiam por arrendamento pago ao templo.

Anás, o Kohen Gadol – sumo sacerdote –, era o mais rico entre seus pares e tinha várias tendas para a troca de valores, venda de tecidos finos provenientes de Roma, Pérsia e China e artefatos religiosos feitos em ouro, prata, bronze e cobre. Esse tipo de comércio era comum em todos os grandes templos daquela época. Ocorria num pátio interno do templo, mas fora da área dos serviços religiosos. Esse comércio era necessário, pois os peregrinos queriam e precisavam adquirir ovelhas, pombas, incensos, amuletos e inúmeros outros artefatos, para oferecer ao Deus vivo. Além disso, os kohanim – sacerdotes do templo –, os rabis – mestres das sinagogas – e o sumo sacerdote não recebiam dinheiro por suas atividades, o que os obrigava a ter um meio de ganhar a vida. O comércio era, portanto, uma forma legítima de satisfazer uma necessidade dos peregrinos, pois não havia quem não gostasse de comprar um amuleto que tivesse sido abençoado pelo próprio Samangelaf, ou Sansavi, ou Sanvi, poderosos anjos do Senhor, que protegiam os homens dos infortúnios causados pelas artimanhas de Samael, o adversário, o chefe da outra banda, o sitra achra.

76 | A Saga dos Capelinos

Os dias que se seguiram foram de muita atividade religiosa, pois os gêmeos conheceram o grande templo construído por Herodes, de linhas arquitetônicas um tanto gregas, é verdade, mas transbordante da fé dos circunstantes. Seus pais fizeram oferendas de acordo com suas posses. Os meninos viram vários mestres de Yehudá – Judeia – fazerem longas preleções, em que reafirmavam o poder absoluto de Deus.

Nicodemos, amigo íntimo de Yozheph de Arimateia, era fariseu de boa cepa. Achava engraçado o fato de que o amigo fosse um judeu tão arejado, quando a maioria de seus compatriotas nem sequer cogitava discutir como Deus criava as coisas e, menos ainda, refletir sobre a natureza íntima do Criador. Assim, ficou mais do que feliz em convidar Yozheph ben Yacob, seu genro, e vários outros membros do Sanhedrin para um almoço após as comemorações do Pessach.

A casa de Nicodemos era rica, mas extremamente austera, como era de praxe da parte de um rico e poderoso fariseu. Foram recebidos com fidalguia e apresentados a todos. Yozheph de Arimateia já era conhecido dos demais, pois era membro da assembleia. Mas a fama de que havia um jovem de grande saber e inteligência entre eles havia atraído para sua casa mais gente do que esperava. Entre os convivas, estava o estranho Shamai, adversário de Hilel, que queria conhecer o que aquele jovem tinha de tão notável. Em parte, a fama de Yeshua era mais devida à difusão de suas características por parte de Yozheph de Arimateia, que sempre alardeava a precocidade do sobrinho, embora evitasse revelar que o jovem pertencia à família de David.

O almoço transcorreu em clima de cordialidade, com os homens comendo de um lado e as mulheres reunidas em outra sala, em almoço à parte. Por serem adolescentes ainda, os gêmeos acompanharam as mulheres. Após o almoço, Nicodemos chamou Yeshua e entabulou conversa com ele sobre os terapeutas e, na medida do possível, o jovem falava dos costumes públicos, sem se referir aos rituais internos da seita.

Outros entraram na conversa, com o intuito sincero de conhecerem o que eles consideravam um subgrupo dos essênios. Para todas as práticas, os essênios eram fariseus mais radicais, indo até as raias do paroxismo, para defenderem a pureza da fé. Mal comparando, seria o mesmo que um monastério de trapistas, que não deixam de ser católicos, mesmo sendo muito mais rigorosos na aplicação de sua fé.

A conversa ia animada, com Yeshua respondendo educadamente às perguntas que lhe eram dirigidas, mas limitando-se a explicações sucintas. Ele sabia, instintivamente, que estava no covil de lobos, gentis, é verdade, mas que uma palavra mal-interpretada podia dar margem a acerbas recriminações. No entanto, Shamai que escutara calado, avaliando o moço, resolveu botar lenha na fogueira e começou a questioná-lo sobre matéria doutrinária. Yeshua, ainda mais alerta, respondeu com cuidado, limitando-se ainda mais às exegeses tradicionais, não desejando inovar.

Shamai, vendo que o jovem não saía de uma linha tradicional e, desejoso de criar polêmica, mudou radicalmente sua linha de pensamento e desfechou uma pergunta capciosa:

– Diga-me, jovem Yeshua, você crê que Deus é discricionário?

O jovem respondeu com certa humildade, pois agora era uma opinião que lhe era solicitada, e não mais uma regra da Torah, sobre o qual ele poderia responder conforme as Escrituras.

– Creio que dizer que Deus é discricionário seria o mesmo que dizer que Ele é injusto. Para que Deus seja justo acima de tudo, Ele precisa ser equânime. Assim considerado, o Pai não pode deixar de distribuir suas graças equitativamente a todos.

– Mas como você pode dizer que Deus é equânime se nós vemos que Ele distribuiu suas benesses sem nenhum critério conhecido?

– Esta é a impressão que temos, ao vermos que existem cegos, mudos e deficientes de nascença. Esta é a sensação que temos, ao vermos que grande parte da humanidade é miserável, enquanto alguns parecem ter sido agraciados com beleza, riqueza, fama e felicidade. No entanto...

78 | A Saga dos Capelinos

Shamai interrompeu bruscamente, afirmando:

— Esta não é só uma impressão; é um fato. Deus dá a um o que bem lhe aprouver, e a outro nada lhe dá.

— Como afirmar que se trata de uma dádiva de Deus? Não será uma cegueira dos homens que, incapazes de conhecerem os desígnios divinos, lhe imputam uma característica que fere a lógica?

— Você quer afirmar que somos todos cegos?

— Num sentido metafórico, sim. Somos todos cegos. Por acaso estamos no âmago de Deus para saber de todas as Suas razões? Quem somos nós, seres pequenos e falíveis, para julgarmos as imponderáveis razões de Deus para agir de certa forma? Não será que estes homens que sofrem desviaram-se de Sua Lei, e o sofrimento é apenas um guia seguro para mostrar-lhes o caminho de volta para o seguro aprisco?

— Como, então, entender os que nascem com grandes sofrimentos, aleijados e incapazes? Não é mais lógico imputar a culpa nos pais, pelos seus pecados?

— Deus seria injusto se fizesse sofrer um inocente apenas porque seus pais cometeram algum delito. Está certo que os pais precisam ser punidos por seus eventuais erros e ter um filho deficiente é severa punição, mas será que Deus precisa fazer sofrer um inocente? Será que aquele ser que nasceu deformado também não tem alguma dívida ou responsabilidade para com a justiça divina?

— Como, se acabou de nascer e nada fez para merecer tamanha infelicidade?

— Como saber se aquele ser não cometeu vilanias em outras circunstâncias?

— Mas que circunstâncias? Dentro do ventre da mãe?

Yeshua sabia que estava pisando em areia movediça. Falar de reencarnação não era um pecado, pois muitos judeus acreditavam nesta possibilidade, mas ele sentia que Shamai era frontalmente contra esta doutrina. Continuou, todavia, sua linha de raciocínio. Já havia ido longe demais para retroceder. Teria que defender seu ponto de vista, mesmo correndo o risco de desagradar seu oponente.

– Há muitos sábios que acreditam que o espírito que habita o ser humano já habitou outros corpos e que, em suas várias existências anteriores, pode ter cometido iniquidades, crimes contra outros homens e contra si próprio, originando, desta forma, terríveis consequências.

– Mas que sábios você cita? Seriam aqueles gregos degenerados? Há algum sábio judeu que crê nestas baboseiras?

Citar os gregos ou outros sábios de povos desconhecidos não traria vantagens para o jovem.

– Há muitos mestres em Yehudá que creem na possibilidade de o homem ter várias vidas. Não saberia citar todos os nomes, mas a simples citação deles não daria credibilidade às minhas palavras.

Shamai achou que havia feito o jovem tropeçar em suas próprias ideias e, polêmico, falou-lhe com autoridade:

– Cite uma só passagem nas nossas Escrituras que fale dessa possibilidade.

Yeshua aduziu-lhe a resposta rapidamente.

– O grande profeta Ishaiá – Isaías – não cita textualmente que Eliahu – Elias – voltará para aplainar os caminhos do Mashiah? Como ele poderia voltar se não existissem várias vidas? Se ele já subiu aos céus, somente renascendo poderia voltar e anunciar a chegada de nosso salvador.

Um murmúrio de satisfação correu pela assistência. Shamai sentiu o sangue gelar-lhe, pois o rapaz o havia encurralado. Não poderia falar mal de Isaías, porquanto era tido como grande profeta. Mas, se isso fez fugir o sangue de suas faces já macilentas, o enfureceu ainda mais. Agora era hora de atacar o insolente rapaz, que lhe havia respondido com calma, com compostura, com um sorriso encantador – provavelmente falso, em sua opinião – e com um tom de voz tranquilo.

Neste instante, providencialmente, uma voz feminina se fez ouvir no recinto:

– O que você está fazendo aqui, Yeshua? Incomodando estes senhores?

80 | A SAGA DOS CAPELINOS

A voz era suave e o olhar terno, mas o tom de voz imperativo, admoestador, que não intimidou o rapaz, que lhe respondeu, com extrema gentileza, num tom amoroso.

– Estamos falando, querida mãe, sobre os assuntos de nosso Pai.

Míriam carregou o semblante de ligeira irritação e, num gesto mínimo, quase imperceptível, sacudiu a cabeça num menear, chamando o moço para perto de si. Yeshua obedeceu e levantou-se, acompanhando sua mãe. Yehudá, o gêmeo, que tudo escutava, deliciado, acompanhou seu irmão, sentindo a mesma vergonha que ele por ter sido repreendido em público. Cada dia que se passava, mais os dois irmãos se amalgamavam numa simbiose psíquica.

No corredor, ela o repreendeu de forma mais acre.

– Yeshua, você não está vendo que está se expondo, falando com estes homens? Não nota que eles querem ridicularizá-lo?

A resposta chegou rapidamente na boca de Yeshua, mas ele se controlou e meneou a cabeça, baixando-a em submissão. Ele ia dizer que sua missão na vida era expor-se. Aquilo havia chegado em sua mente subitamente, vindo do mais recôndito de sua alma, mas sentira que não passava de um rapaz de treze anos, submetido à doce tirania materna, pois Míriam, como toda boa mãe judia, dominava a sua família com uma gentil mão de ferro.

O que aconteceu naquele instante foi que Nicodemos, em seu amor pelos gêmeos, mais especialmente pela figura de Yeshua, o havia exposto a um perigo potencial. Naquela assembleia de homens, existiam seguidores de Herodes o Grande, que sabiam, pois estas coisas sempre acabam sendo conhecidas, que o falecido monarca perseguira até a morte a família de Yacob ben Matan. O rapaz, ao ser exposto à curiosidade pública, tornou-se alvo de perguntas sobre sua ascendência, e fatalmente descobririam que ele era neto de Yacob. Um dos espíritos protetores de Yeshua não pestanejou e o retirou do ambiente, com a atuação materna. Ela servira como intermediária entre o espírito protetor e Yeshua.

À noite, os acontecimentos se precipitaram. Além de uma acre admoestação materna tanto ao pai como a Yozheph de Arimateia por ter exposto seu filho à curiosidade pública, consideradas as consequências possíveis que disso poderiam advir, Nicodemos apareceu constrangido e preocupado. Contou que um dos presentes, membro influente do Sanhedrin, inquirira-o sobre a ascendência do rapaz e que, inadvertidamente, um dos amigos de Nicodemos dissera, movido por boa intenção, que ele era neto do assassinado Yacob ben Matan, e que, não bastasse isso, confirmara que o belo, inteligente e instruído moço era, na realidade, o verdadeiro herdeiro do rei David e que ele se tornaria rei de Israel. O relato causou grande consternação aos circunstantes. Nicodemos sentiu terrível calafrio na espinha, já que os tempos ainda eram perigosos e ninguém sabia como o prefeito romano Copônio reagiria ao saber disso.

Yozheph ben Yacob ficou receoso, pois estava vivo ainda em sua mente o fato de Herodes ter mandado matar seu inocente pai. Tomado de intensa preocupação, decidiu que voltaria para Alexandria imediatamente, pois durante os onze anos em que vivera naquela cidade não se sentira ameaçado por nada. Todavia, Míriam não queria mais voltar para lá. Haviam vendido tudo e nada mais os ligava àquela cidade. Compartilhava com o marido, entretanto, a ideia de que Beit Lechem não lhes era mais conveniente para viver, já que o esposo era grandemente conhecido naquela pequena cidade. Sua preferência era ir para Cafarnaum, onde residia a irmã, esposa de Zebedeu, um dos maiorais da cidade. Yozheph, por sua vez, achava que, justamente por causa disso, deviam evitar ir para lá. Zebedeu poderia comentar o assunto do parentesco com seus pares galileus e, eventualmente, eles poderiam sofrer perseguições por conta disso.

Yozheph de Arimateia sugeriu que fossem para Arimateia onde ficariam em suas propriedades até que comprassem uma casa adequada. No entanto, Yozheph ben Yacob teve uma ideia diferente, pois um dos seus tios por parte de mãe morava em Nazareth e, sem dúvida, poderia abrigá-lo. Nazareth era uma cidade na Galileia com cerca de dois mil habitantes, um pequeno vilarejo em que jamais iriam procurá-los. Além do que ficariam perto de Caná, onde poderiam se relacionar com Cleophas, o irmão de Yozheph ben Yacob.

82 | A Saga dos Capelinos

Míriam não se mostrou muito ansiosa em partir para aquela cidade, pois não a conhecia, mas o próprio Yozheph de Arimateia achara a ideia boa. No entanto, levantou uma questão importante.

– Ir para Nazareth é uma escolha sábia, pois estaria entre pessoas simples, que não conheceriam sua procedência, mas exporia os gêmeos a sérios problemas. Imaginem se alguém descobrisse que você se refugiou por lá e que mandasse prendê-lo, ou pior, matá-lo como fizeram a nosso amado Yacob. Encontrariam a família toda reunida e não teriam maiores problemas em mandar trucidá-los. Sugiro que os gêmeos sejam apartados da família, pelo menos por algum tempo, até avaliarmos se há ou não perigo real.

Nova discussão originou-se dessa argumentação, com Yozheph achando a ideia boa e Míriam não querendo separar-se dos rapazes de forma alguma. Mas ela acabou sendo convencida, já que Yozheph de Arimateia ponderara que o expediente de manter os gêmeos juntos seria a maior evidência de que eles eram os que os inimigos procuravam, caso estes de fato fizessem isso. Se os inimigos intentassem algo contra eles, mandariam os assassinos procurar uma família de prole numerosa, cujos primogênitos fossem gêmeos. Nada mais óbvio. Já se encontrassem uma família recém-chegada ao vilarejo que não tivesse gêmeos, prosseguiu ele, nada os levaria a crer que eram as pessoas que procuravam. Embora contrariada, Míriam, por amor à segurança dos filhos, aquiesceu.

Mas nova e renhida discussão teve início. Para onde mandar os gêmeos, de forma que ficassem ao abrigo de qualquer sanha assassina e que pudessem ser mantidos sob proteção sem dificuldades? Yozheph sugeriu que um deles fosse para Caná e ficasse com o tio. O ambiente lhe seria extremamente familiar, acrescentou, pois Cleophas era pai de vários filhos, entre os quais dois varões, que deviam ser um pouco mais velhos que Yehudá. Explicou que um deles se chamava Yacob, nome recebido em homenagem ao avô, e que o outro tinha o nome de Yehudá. Premidos pela urgência das circunstâncias, decidiram sem muito pensar que Yehudá ficaria com os primos Yacob e Yehudá. Mas, atinando com o fato de que era Yeshua o verdadeiro cerne da questão, já que era o primogênito, o herdeiro do trono de Israel, o mais dotado da família e, portanto, o mais sujeito aos ataques exteriores, acharam que seria mais acertado levá-lo para longe das terras de Israel e mantê-lo escondido até que se tornasse adulto. A esse respeito, a opção mais lógica ocorreu-lhes quase por encanto: enviá-lo para Alexandria. Lá, ele ficaria abrigado na casa dos parentes e estudaria com os terapeutas, entre os quais se destacara, e ficaria protegido da curiosidade malsã.

Os dias que se seguiram foram de dor e de choro para a família. Yeshua foi comunicado da deliberação dos pais e obteve, como resposta às suas perguntas dos motivos de ter que voltar para Alexandria, a necessidade da continuação de seus estudos. Disseram-lhe que os terapeutas viam nele um enorme potencial de cura, de inteligência, e que seria importante que continuasse seu aprendizado ali. Não lhe disseram que era herdeiro do trono de Israel nem que poderia sofrer perseguições e expor a família a perigos. Yozheph ben Yacob achava que, quanto menos o filho soubesse de sua ascendência, de sua legitimidade ao trono de Israel, das perseguições reais contra o avô Yacob ben Matan, melhor seria para ele.

Yozheph confiava no filho, mas não queria incutir ideias no moço, gerando expectativas e desideratos. Neste ponto, a ignorância não nutriria sonhos de glória e poder, aos quais Yozheph tinha verdadeira aversão, vendo nos governantes mais motivos de escândalo e de torpezas do que de virtudes e alegrias. O próprio Salomon também não se deixara conspurcar pelo poder? Não tomara mulheres estrangeiras como esposas? Não havia sido seduzido pela rainha de Shabah? Por que, então, seu doce Yeshua estaria a salvo de seres inescrupulosos que, sabendo de sua ascendência real, não poderiam utilizá-lo como fantoche e derrubar, ou pelo menos tentar destronar, os herodianos e expulsar os romanos, colocando seu amado, mas ainda inexperiente filho, como rei, onde seria tentado pelo corruptor poder? O tempo se encarregaria de revelar a verdade, mas não seria pela boca de ninguém da família.

84 | A Saga dos Capelinos

    Aproveitando a caravana de volta, com parentes que haviam vindo nela para o Pessach, Yeshua retornava a Alexandria para continuar incógnito, esperando o momento certo para desabrochar.

CAPÍTULO 3

Os anos se arrastaram para Yeshua, enquanto sua família se estabelecia em Nazareth. Chegaram discretamente à cidade e compraram uma casa com um poço nos fundos. Yozheph se estabeleceu como carpinteiro. Nazareth, porém, era pequena demais para dois profissionais da carpintaria. Em razão disso, Yozheph começou a procurar trabalho e logrou obtê-lo, nas cidades e aldeias vizinhas. Com a decisão de Herodes Antipas de embelezar Cesareia, a época era de muita atividade. Yozheph obtivera a incumbência de realizar várias obras, pois, se tornaria mais do que um simples carpinteiro. Montaria uma equipe de auxiliares e tornar-se-ia um verdadeiro empresário da construção.

Yehudá foi para Caná e, com sua simpatia, logo granjeou a amizade de Yacob, que era pouco mais velho do que ele, e de Yehudá, seu outro primo, que tinha quase a mesma idade que ele. O tio Cleophas tomou-se de amores pelo jovem, o qual demonstrava humildade no acatamento das ordens e determinação e eficiência em cumpri-las. Ele era chamado de Tauma – gêmeo –, já que este sempre fora seu cognome. Mas, com sua chegada, para não ser confundido com seu outro primo, também chamado de Yehudá, o qual passou a ser chamado de Tadde, que significa bondade. Algumas pessoas o chamavam também de Lebeu, cuja

86 | A Saga dos Capelinos

melhor tradução seria "o bom". Tadde, de fato, era um rapaz de ouro, pois se preocupava com os demais e sempre descobria meios de ajudar o próximo. Era vegetariano, pois era contrário à matança de animais. Tornou-se piedoso fariseu.

Caná era uma cidade mais próspera do que Nazareth, e Cleophas dedicava-se ao comércio de madeiras. Não era carpinteiro, mesmo que conhecesse o ofício que lhe fora ensinado pelo pai Yacob. Cleophas comprava e vendia madeira vinda do Antilíbano e complementava a sua renda com o comércio de todos os apetrechos necessários à construção civil. Yehudá demonstrou extrema vivacidade na admistração do negócio do tio. Como era letrado e conhecia bem as contas - aprendera tudo com os terapeutas –, tornou-se excelente braço-direito do tio.

Yozheph e Cleophas logo se tornaram associados, com um indicando negócios para o outro e aproximando as duas famílias, que estiveram separadas por tanto tempo. Yozheph ben Yacob aproveitou-se também de seus excelentes contatos com os nobres da região, pois tanto Zebedeu como os amigos destes o recebiam com bom grado, gerando negócios bastante vultosos, que permitiam que ele vivesse bem, podendo dar um certo conforto à família. No entanto, receoso de ter sua descendência revelada, manteve-se à larga da política, dos arranjos do reino e das negociatas, que eram tão comuns naquela época.

Por sua vez, mesmo não estando perto de Isabel, Míriam acompanhava o crescimento do estranho Yochanan, por meio de notícias que recebia de tempos em tempos. Ele era recluso; falava pouco e quando pequeno tivera inúmeros problemas que afligiram os zelosos pais. Era dado a terror noturno, debatendo-se no leito, urrando e acordando todos, só se apaziguando após certo tempo. No entanto, aos oito anos, após oferendas dadas ao odorifumante altar do templo, por Zechariá, suas crises amainaram até a extinção do mal.

Agora que Yochanan alcançara os dezesseis anos, o pai desejava vê-lo seguir o sacerdócio. Ele parecia ser perfeitamente talhado para essa augusta missão. Profundo conhecedor das leis, cujo teor assimi-

Jesus, o Divino Discípulo | 87

lara do próprio pai, que atuara como professor improvisado, o rapaz era de uma religiosidade que beirava o fanatismo. Desde os treze anos, frequentava a escola do templo, e era aí que residiam todos os problemas do velho Zechariá. O rapaz, embora fosse excelente aluno, era intensamente questionador e levava seus professores ao desespero com suas perguntas, pois dirigia-lhes mais do que simples inquirições; em verdade, irritava-os com suas longas dissertações sobre histórias bíblicas, passagens da Torah e citações intermináveis.

Zechariá já o havia repreendido por isso, inicialmente de forma amorável, mas, depois, viu-se obrigado a fazê-lo com veemência, já que os professores queixavam-se de sua impertinência, sua excessiva demonstração de importuna sabedoria e de desrespeitosa arrogância e petulância. Não obstante isso, quanto mais era repreendido, mais se deixava dominar por essas atitudes, mais se entregava à defesa de minúcias irrelevantes. Seus próprios colegas mal o suportavam, ainda que conhecedores de que era possuidor de vasto saber. Quanto mais se via isolado, por causa da insolência com que tratava os demais e das observações inconvenientes que fazia, mais se tornava irritadiço. Assim, não raro era acometido de pequena febre ao entardecer, o que preocupava sua idosa mãe.

Três anos mais tarde, o templo recusaria sua candidatura de se tornar kohanim – sacerdote. É verdade que achavam que ele tinha uma inteligência muito acima da normal. É verdade que seu conhecimento das sagradas Escrituras não encontrava rival à altura. É verdade que sua vocação para as coisas de Deus era legítima. No entanto, sua falta de obediência, sua arrogância, sua falta de humildade e seu gênio irascível o desclassificavam para ser sacerdote. Afinal das contas, o sacerdócio é uma ordem quase militar, pois o kohanim é um guerreiro de Yahveh e, como soldado, deve ser obediente, responsável e cumpridor de ordens superiores sem questionamentos. Yochanan não fora feito para ser soldado, mas, sim, general.

A recusa do templo em admiti-lo foi, para o pai, um verdadeiro petardo disparado contra seu coração. Contudo, para Yochanan foi imensamente pior. Ele reagiu com extremo furor: rasgou as vestes,

88 | A Saga dos Capelinos

bateu com a cabeça na parede, arranhou o rosto com as unhas e gritou como um possesso. Nem pai, nem mãe conseguiram controlá-lo enquanto tinha seu acesso de fúria. Finalmente, após alguns minutos de total destempero, prostrou-se num completo e acachapante mutismo, agachando-se num canto da casa, para desespero dos pais. E assim deixou-se ficar por algumas longas horas, enquanto o pai, que já previra tal acontecimento, tentava consolar a mãe.

Passou o restante do dia e da noite acuado como um animal, com o olhar distante, a boca aberta, da qual saía um fio de baba, e as mãos nervosas a se contorcerem. Finalmente, com os primeiros raios do albor, levantou-se com determinação, como se nada houvesse acontecido, lavou-se, trocou de roupa, fez suas orações, tomou um farto desjejum e, sob o olhar preocupado, espantado e angustiado dos pais, falou com voz calma, serena, como se a tempestade da véspera tivesse sido um acontecimento inexistente:

– Meditei muito nestas últimas horas e concluí que não é meu destino ser um sacerdote do templo. Consagrarei minha vida a Deus de outro modo. Não de uma forma ocasional como um rabi, mas como essênio. Partirei hoje mesmo para Engadi, onde me colocarei à disposição da irmandade e de lá só sairei quando estiver pronto para minha missão no mundo.

As palavras que o velho Zechariá proferiu durante algumas horas bateram num muro de silêncio. Yochanan estava tão determinado a se tornar um essênio que nem os rogos paternos e o choro materno o demoveram. Na hora do almoço, com a roupa do corpo e algumas moedas, partiu, após beijar o rosto, em prantos, da mãe e as mãos enrugadas do pai. O casal se abraçou em completo desespero, pois acreditavam que o filho enlouquecera e que sua ida para Engadi seria a última viagem daquele precioso ser, que Deus houvera por bem lhes dar na velhice.

A casa de David era, como toda a família judia daquela época, extremamente unida. As pessoas não se viam apenas como indivíduos, mas principalmente como membros de um grupo social, de uma grei, de um rebanho, onde as individualidades não contavam tanto. Logo, toda oportunidade de reunir o clã, seja em festas religiosas, seja em festas comemorativas de algum aniversário, ou de noivado, ou de casamento, era sempre bem-vista. Caná, pelo fato de ser um ponto central na Galileia, era quase sempre o local escolhido para o clã se reunir, quando eles aproveitavam para se confraternizarem. As distâncias, mesmo sendo pequenas - Caná distava cerca de doze quilômetros de Nazareth, percorridos a pé em quatro horas -, obrigavam os viajantes a permanecerem por alguns dias juntos. Deste modo, os primos faziam amizades e isto permitia que se vissem várias vezes por ano.

A esses encontros, onde adultos discutiam assuntos gerais e os moços se divertiam, comparecia a família de Zebedeu de Cafarnaum, casado com Salomé, irmã de Míriam, trazendo seus dois meninos e uma gentil moça, únicos rebentos que Deus lhe dera. Yacob e Yochanan, filhos de Zebedeu, eram duas pérolas raras de bondade e inteligência, sendo prestativos e polidos. A jovem Joana era um tanto tímida, porém viva e diligente, sendo sempre a primeira a chegar à cozinha e a preparar quitutes novos e diferentes, pois era dada a invenções culinárias, que faziam a alegria dos demais. A moça estava noiva para casar com um homem da boa sociedade de Cesareia, chamado Suza, que pertencia à corte de Herodes Antipas.

Yacob, o primogênito, era calado, porém uma águia em termos perceptivos, tendo um poder de análise e síntese de fazer inveja a qualquer um. Era, no entanto, um rapaz taciturno, dado a dores de cabeça acachapantes e tremores incontroláveis, que beiravam a epilepsia, tendo estranhos sonhos e visões, que o perturbavam grandemente. Yochanan, o irmão mais moço, de voz tonitruante, era verdadeiro poeta, escrevendo bem em aramaico e grego. Zebedeu era o lorde de Cafarnaum e proporcionara excelente educação aos filhos. Tratava-se de um homem rico, culto, poliglota, bem posto na vida, que frequentava a corte de Herodes e fazia negócios com judeus e gentios. Era dono de uma flotilha de barcos e parte de sua renda provinha das águas do mar da Galileia e a outra de um grande bazar em Cesareia, onde comercializava um pouco de tudo.

90 | A SAGA DOS CAPELINOS

Em companhia da família de Zebedeu, estava seu irmão mais moço, Oseias, sua esposa e seus três filhos: Shymon, André e Elisha. Com exceção do franzino Elisha, vítima de dores pulmonares e reumáticas precoces, todos eram saudáveis e robustos. Por conta da compleição débil, o jovem Elisha viveria apenas até os quinze anos, idade em que seria acometido de forte gripe, que se transformou em pneumonia e o levou prematuramente para a sepultura. Shymon era um jovem forte, robusto, de compleições bovinas e tinha olhar arguto, raciocínio rápido e língua ferina por vezes, especialmente para falar mal de romanos, samaritanos, idumeus e outros para quem torcia o nariz, sem pejo, na frente de qualquer um. André, mais comedido, além de falante, mas não eloquente, de grande tirocínio para negócios e coisas práticas, era pessoa de bom senso de organização. Em sua mente, as coisas se encaixavam com velocidade e planos se lhe afiguravam sem grandes embaraços. Tornou-se, por causa dessas características, o principal negociante de seu pai. Eles também, em sociedade com o tio, tinham vários barcos, com que exerciam, com sucesso, atividade pesqueira no piscoso mar da Galileia.

Com menos frequência, Yochanan ben Zechariá, filho de Isabel, se encontrava com os primos. Em razão da distância, ele não viajava para Caná. Ao invés disto, Zechariá recebia a clã três vezes por ano, nas festas de Shavuot – Pentecostes –, Sukot – Tabernáculos – e do Pessach – Páscoa. Ele abrigava uma parte da família na sua casa e a outra, nos jardins, em tendas confortáveis. O velho sacerdote amava ver a casa cheia de rapazes saudáveis e joviais, em contraste com a figura do sisudo e amargurado Yochanan.

Yochanan tinha real ascendência sobre os demais primos. Em parte, porque era o mais velho, mas principalmente pelo fato de ser aluno do templo, ou, praticamente, conforme almejava o pai, um kohanim, futuro celebrante dos mistérios de Deus. Yochanan patenteava sua superioridade intelectual, seu espírito de liderança inata, com palavras de fogo, de exposições e exegeses da lei claras, em retórica de fazer inveja a qualquer Kohen Gadol – sumo

JESUS, O DIVINO DISCÍPULO | 91

sacerdote. Seus primos o respeitavam; o relacionamento deles com Yochanan, o homem de Deus, era excelente. Amavam-no e respeitavam-no mais do que seus colegas da escola do templo.

A infausta notícia de que Yochanan fora rejeitado pelo templo e que partira de sopetão para Engadi, juntando-se aos estranhos essênios, caiu sobre seus primos como um raio em dia claro. Jamais alguém poderia duvidar de suas excelsas qualidades morais e conhecimentos precisos da lei; portanto, só existia uma explicação plausível para todos: perseguição pelo fato de ele não ser de alta linhagem, pois o pai era sacerdote da classe de Ovadiá – Abdias –, apenas a oitava, numa relação de vinte e quatro tipos diferentes de classificação sacerdotal. Zechariá não iria desfazer esta suposição, dizendo que seu filho era um homem arrogante, de excessos, capaz de levar qualquer mestre à loucura, apenas para ganhar uma discussão sobre um aspecto tolo ou insignificante da lei. Pelo contrário, achou a desculpa inferida por todos como conveniente e, quase sem querer, acabou por concordar que o melhor lugar para aquele homem que se prenunciava santo era entre os essênios, já que ele era, desde pequeno, de coração, um piedoso.

Enquanto os primos se encontravam e festejavam algum evento que lhes era importante, a exceção da família era Yeshua, que continuava em seu doce exílio egípcio, tornando-se um homem robusto, de feições másculas, de corpo bem proporcionado e de mente extraordinária. No entanto, sua memória não era esquecida nem apagada entre seus familiares. Míriam sofria a ausência de seus dois filhos. Ela via Yehudá tornar-se homem nos encontros familiares e recebia notícias de Yeshua, por intermédio de Yozheph de Arimateia, mas nunca discutiam o verdadeiro motivo de tê-lo enviado para local tão distante. Para todos os primos e familiares, Yeshua ficara com os terapeutas porque era dotado de faculdades curativas e, portanto, deveria prosseguir com seus estudos junto àquela comunidade. Histórias de rei de Israel, sucessor e herdeiro legítimo do trono eram assuntos proibidos, jamais ventilados nem entre os próprios pais de Yeshua. Em parte, com medo de represá-

92 | A Saga dos Capelinos

lias da família de Herodes; em parte, por uma certa desconfiança de Zebedeu de Cafarnaum, pois ele era um homem da corte de Herodes Antipas; e principalmente, porque nem Yozheph ben Yacob, nem Míriam desejavam se tornar reis de Israel.

A lembrança de Yeshua, no entanto, ficaria reavivada de forma perigosa, num certo dia da festa de Sukot, que começava no dia 15 do mês de tishri, quando toda a casa dos David foi até Ierushalaim, abrigando-se em tendas armadas especialmente para tal finalidade. Era o ano 17 d.C. e Yeshua já contava com vinte e três anos, tendo ficado afastado da família por longos dez anos.

Yozheph de Arimateia veio de casa para cumprimentar seus parentes por afinidade e relatar as últimas notícias que recebera de Yeshua. Sentou-se junto de Yozheph ben Yacob e dos demais parentes e, após algum tempo, passou a contar-lhes, inadvertidamente, as notícias de Yeshua.

Yeshua causava grande comoção em Alexandria e era um dos taumaturgos mais requisitados para curar doenças e aliviar os sofrimentos do corpo e da alma. Yozheph contou-lhes um fato, ocorrido dois anos antes, que elevara o nome de Yeshua perante os alexandrinos. Todos fizeram silêncio e passaram a ouvir atentamente a estranha história. Yozheph narrou que Yeshua conseguira curar um menino portador de idiotia em plena praça pública e que, depois disso, sua fama crescera rapidamente.

Yozheph de Arimateia, displicente, tratou de um assunto que não devia. Após falar do sucesso de Yeshua em Alexandria, mencionou que era hora de o rapaz voltar para ocupar seu lugar em casa. Afinal de contas, já se haviam passado dez anos e ninguém havia molestado a casa de David nesse período. E, empolgado pela ideia, Yozheph arrematou, dizendo:

– Afinal de contas, Yeshua é o legítimo sucessor do trono de Israel. Ele precisa retornar à sua terra para ocupar o lugar que lhe pertence por direito.

Yacob, irmão de Yeshua, escutou a história e ficou aturdido. Sabia que Yeshua havia sido enviado para desenvolver seus dons

JESUS, O DIVINO DISCÍPULO | 93

taumatúrgicos e aprimorar sua educação, pois a mãe vivia dizendo que, algum dia, ele seria um grande homem no templo ou no Sanhedrin. Aquela história de trono de Israel, de lugar de direito era-lhe completamente nova. O que significava tudo aquilo?

No outro dia, Yacob, aproveitando-se de um momento a sós com Míriam, foi conduzindo a conversa de forma matreira e ardilosa, para que a boa mulher revelasse tudo. Aos poucos, falando uma coisa e omitindo outra, Míriam contou como se casara com o pai, da grande casa do avô, de como nasceram os gêmeos, da perseguição de Herodes, da fuga para Alexandria, da estada naquela cidade, de como retornaram para Ierushalaim e, com um pingo de angústia e uma leve e bem disfarçada revolta, como foram obrigados a se esconder num lugar desprezível, sem atrativos, como Nazareth. Não que vivessem em miséria e com necessidades, mas a casa do avô Yacob era muito mais confortável e os recursos muito mais fartos, tendo serventes para fazer os trabalhos, os quais agora era obrigada a fazer junto com as duas filhas.

Yacob entendeu que a família se escondia porque Yeshua era o herdeiro do trono de Israel. Movido por esse assunto, acabou, certo dia, conversando com os irmãos e, de certa forma, transmitiu-lhes a falsa ideia de que, se viviam de forma simples, sem luxo e riquezas, o culpado era Yeshua. Em verdade, não era, mas, de certo modo, uma série de circunstâncias em que ele estava envolvido havia sido a causa da perseguição e do medo de que algo pior poderia ocorrer. Diante disso, os irmãos passaram a sentir certa aversão pelo desconhecido, que não viam há mais de dez anos.

• • •

Samangelaf, o principal protetor espiritual de Yeshua, era um espírito que havia alcançado sua maioridade espiritual na Terra. Ele fora de vital importância nos tempos da formação da terra dos faraós, tendo comandado uma vasta operação que resultara na limpeza do astral inferior, aprisionando demônios tenebrosos, tais como

94 | A Saga dos Capelinos

Apópis. Ele viera do mesmo planeta que dera origem a Mitraton e ao próprio Orofiel, tendo se tornando um dos mais aguerridos comandantes de guardiões astrais, junto com Sansavi, Sanvi e vários outros.

Quando o mensageiro começou a sua descida vibracional em direção à matéria, Samangelaf, já um espírito do mundo mental inferior, candidatou-se para tornar-se o seu guarda pessoal, baixando ele também seu campo energético para recuperar o corpo astral. Manteve sua aparência antiga, pois, no mundo mental, sua aparência era completamente diferente, sendo conhecido por outro nome.

Samangelaf, pessoalmente, ou por meio de uma coorte de espíritos guardiões, velava por Yeshua e Yehudá, e se aproveitava dos momentos de sua vidência para prosseguirem no despertamento de suas faculdades. Eles o intuíam com mensagens curtas e objetivas, o que reacendia seu enorme conhecimento de todos os assuntos. Deste modo, pela vidência e intuição dadas por Samangelaf, Yeshua pôde constatar a influência do pensamento das pessoas, assim como suas atitudes e crenças. Ele não permanecia constantemente ao lado de Yeshua, mas acompanhava, intermediado por seus obreiros, as diversas etapas de sua existência.

Yeshua conseguia visualizar os espíritos que perambulavam pelo local de cura dos terapeutas e pelas ruas. Bastava, para tal, concentrar sua atenção, e eles surgiam com a aparência que tinham. Observava como eles estavam sempre misturados aos seres humanos, vivendo em sua atmosfera. Isto era particularmente verdade, quando se tratava de espíritos embrutecidos, cuja carantonha era de meter medo. Muitos se apresentavam como verdadeiros aleijões e exsudavam odores putrefatos, como se estivessem ainda presos a um corpo em decomposição.

Os dibuks – obsessores espirituais – eram atraídos pelo pensamento nefasto de cada ser humano, procurando conviver com ele como se fossem seu semelhante. Os bêbedos atraíam espíritos que se compraziam com as evoluções etílicas, assim como os corruptos atraíam espíritos demoníacos, que os insuflavam a serem ainda mais devassos e corrompidos. Por outro lado, havia um discípulo

Jesus, o Divino Discípulo | 95

do terapeutas que era um homem reto, de pensamentos elevados, sempre disposto a ajudar os pobres e desvalidos. Yeshua observou que nenhum demônio se aproximava dele. Deduziu, corretamente, que, como sua aura era límpida e cristalina, isto o protegia de influências perniciosas. Pelo contrário, ele via, vez por outra, bons espíritos a lhe insuflarem ânimo e bons fluidos.

Ficava facilmente evidenciado que a qualidade dos pensamentos e atitudes atraía espíritos semelhantes. Yeshua concluiu que a única forma de se livrar do mal era orar, para se ligar a espíritos benfazejos e vigiar seus pensamentos, para que nunca caíssem de um padrão elevado de qualidade. Assim que um pensamento mais pernicioso aparecia na mente, ele deveria ser rechaçado vigorosamente, com prece e substituição pura e simples das mais altas expressões de amor.

Yeshua também via quando espíritos tenebrosos sugavam as energias dos animais oferecidos em sacrifício, o que ocorria principalmente nos templos dedicados aos deuses pagãos, locais em que se concentrava grande número deles. Observou atentamente como eles se compraziam em fazer isso, como se as energias dos animais fossem poderoso alucinógeno. Ademais, constatou que, vez por outra, dependendo do ofertante, de suas intenções, da força de sua fé e dos motivos nobres que, às vezes, empolgavam o fiel, esses fluidos eram devidamente aproveitados por espíritos benfazejos, que envolviam o solicitante como que num manto protetor, o que lhes dava novas forças e lhes revitalizava o sistema nervoso.

Era praxe a doação de animais, desde pombas até carneiros, para serem sacrificados no altar do Senhor. Yeshua nunca se mostrou satisfeito com tal prática, mas fazia parte dos costumes dos homens de então. No entanto, ele observou que assim que o animal era atingido pela faca para que sangrasse até a morte, sempre existiam um ou mais espíritos especializados que retiravam a alma do infeliz, levando-o adormecido – como só há de acontecer – para os planos elementais. Desta forma, o animal também evoluía com seu sacrifício, pois Deus usa o mal sempre para o bem.

96 | A Saga dos Capelinos

Enquanto um gêmeo se desenvolvia em Alexandria, o outro em Caná também era assaltado por novas revelações espirituais. Yehudá começou a ver espíritos, depois dos quatorze anos, e os piores espíritos pareciam ter respeito por sua figura. Sua vibração espiritual era diferente da de Yeshua, pois, enquanto este tinha um enorme amor fraterno e exsudava esta sutil vibração, envolvendo os piores obsessores, Yehudá tinha uma vibração mais guerreira, menos amorosa, afastando os dibuks com autoridade e força. A força mental de Yeshua era, no entanto, superior, pois ela modificava as intenções dos obsessores, enquanto que a de Yehudá os mantinha afastados. Um era o amor personalizado, o outro era o guerreiro da fé.

A rotina de Yeshua junto aos terapeutas era frugal e severa. Acordava antes de o sol nascer para fazer orações. Após as preces de louvor à criação divina, todos se lavavam e iam trabalhar. Yeshua trabalhava duramente, pois exercia ali o ofício da carpintaria aprendida com o pai e, assim, construía casas e assentava telhados. Isso exigia o uso de força física, a qual Yeshua tinha de sobejo. Com um metro e oitenta e cinco centímetros de altura, desenvolvera-se de tal forma, que se tornou um homem de compleição robusta, com cerca de noventa quilos, ossos fortes e voz potente, barítona, melodiosa, magnífica na entonação de cantos de glória ao Senhor. Na festa de Sukot, em que cantavam o halel, sua voz chegava afinada e encantadoramente ao ouvido de todos. Suas palavras saíam da boca em perfeita dicção, e as notas musicais ecoavam no ambiente como se pertencessem a um coro divino. Sua musculatura era rígida, estriada, sem adiposidades que pudessem enfear a silhueta. Tinha o andar firme, rápido, determinado, com uma elegância natural, que extraía suspiros das moças. Era considerado por muitos gregos de Alexandria como Apolo renascido pela sua rara beleza. Yeshua era também extremamente simpático, porquanto tinha o mais cativante dos sorrisos, a mais sonora das risadas e o humor mais alegre, espontâneo e sadio que se poderia desejar num jovem casto e sociável. Para coroar este espírito admirável, o seu trato com as pessoas era singular, tendo sempre uma

JESUS, O DIVINO DISCÍPULO | 97

palavra amiga, um modo jovial e sereno e um sorriso elegante a mostrar uma carreira impecável de dentes brancos.

Após o almoço em conjunto com os demais membros, Yeshua se dedicava aos estudos, para o que, quase sempre, enfurnava-se entre papiros antigos amontoados na biblioteca de Alexandria. Algumas vezes era acompanhado por alguns irmãos da ordem, que abusavam de sua gentileza na tradução de textos redigidos em línguas que Yeshua aprendera, com velocidade impressionante. No final da tarde, retornava ao templo dos terapeutas e dedicava uma ou duas horas às curas, à imposição de mãos e a esporádicos aconselhamentos a doentes. Depois do jantar frugal, faziam mais orações diante do leito e se recolhiam cedo para cedo retornarem à faina diária.

Certa tarde, quando Yeshua tinha pouco mais de vinte anos, ele se dirigiu à biblioteca de Alexandria, como fazia costumeiramente. Na frente do prédio, havia uma praça onde perambulavam vendedores, compradores e mendigos de toda sorte. Vez por outra, quando tinha alguns trocados, ele os dava para alguns homens velhos e alquebrados que faziam parte da multidão de pedintes.

Tinha sempre pouco mais de duas horas, antes do início das sessões de cura, da qual participava como membro pleno de um grupo de seis pessoas, para imposição de mãos. Aproveitava esse tempo para ir a pé até a biblioteca, numa caminhada de vinte minutos por ruas tortuosas, e lá ficava, de meia hora a quarenta minutos, entretido na leitura de algum manuscrito que lhe caísse nas mãos.

Naquela tarde, na praça que antecedia a biblioteca, sua atenção foi atraída para um homem que batia furiosamente em seu filho. Ele já os havia visto antes, mas não prestara muita atenção, pois o menino vivia quieto e recluso em si próprio. Era um menino que aparentava uma idiotia profunda, acompanhado de seu pai, que mendigava, pedindo pelo seu filho retardado. O menino normalmente ficava prostrado pelo solo, retorcido como uma árvore seca, babando e balbuciando palavras desconexas e sons estapafúrdios. O pai era um bêbedo inveterado que, muitas vezes, o largava sozinho para ir até a taverna mais próxima, para se embriagar, deixando o filho amarrado.

98 | A Saga dos Capelinos

O infeliz menino era normalmente quieto, mas, naquele dia, ele estava fora de si. Gritava, como se estivesse sendo espetado por mil diabos, e movia-se de um lado para outro, num movimento cadenciado e irritante. Seu pai o surrava impiedosamente, urrando para que ficasse quieto. Um largo grupo de pessoas assistia ao tenebroso espetáculo, com sordidez e alegria malsã. Yeshua chegou à praça na hora em que viu o pai espancando o garoto de dez anos, que fisicamente parecia ter sete anos.

O primeiro impacto de Yeshua foi de dúvida e estranheza. Ele viu, em volta do rapazinho, dois seres altos, macérrimos, longilíneos, vestidos com longas capas negras envolventes. Eles apresentavam, no lugar de mãos, duas garras de águia recurvas e afiadas e, pelos capuzes, podia-se ver que tinham feições cadavéricas, patibulares, caliginosas. Sua primeira impressão foi de que se tratava de seres físicos mas, quando a mão do pai atravessou o braço de um deles, ele pôde observar que eram dois obsessores espirituais da pior espécie.

Yeshua condoeu-se da situação do menino. Fisicamente, apanhava do brutamontes do pai e, espiritualmente, estava envolvido por energias enlouquecedoras. Assim, movido por comiseração, aproximou-se resolutamente dos dois e falou com voz forte e autoritária:

– Pare de bater no menino.

Um silêncio quase mágico e instantâneo se fez. Somente o menino continuou a gritar, cada vez mais freneticamente. Furibundo, o pai se virou para ver quem o repreendia em público e respondeu-lhe, vociferante:

– Quem manda nele sou eu.

Yeshua sentiu tremenda força surgir dentro de si, como se tivesse sido insuflado por poderoso vento, e lhe respondeu:

– Afaste-se, homem. Deixe-me cuidar do menino.

Ora, um homem que usava o próprio filho – um aleijão – para ganhar a vida não se intimidaria com as palavras de um jovem. Entretanto, subitamente assoberbado por indefinível peso, manteve-se chumbado ao chão. Pasmo, deixou que Yeshua se aproximasse.

JESUS, O DIVINO DISCÍPULO | 99

Os dois obsessores mantiveram-se parados e olhavam-no hirtos como duas estátuas. Em torno dos espíritos malévolos, surgiram luzes indistintas, que pareciam reter os dois demônios numa prisão luminescente. Yeshua levantou os braços e disse:

– Deixem este menino para sempre e jamais tornem a perturbá-lo.

Um turbilhão de luz envolveu os obsessores e, subitamente, foram levados para outra dimensão espiritual por guardiões astrais. Nesse instante, Yeshua, absolutamente consciente de tudo o que acontecia, vendo os fenômenos com absoluta clareza e sentindo infindo amor pelo pobre menino, aproximou-se dele e pôs as mãos sobre sua fronte. Os espasmos do idiotizado ser diminuíram rapidamente e seus gritos transformaram-se paulatinamente em lamentos e gemidos.

Quem pudesse ver o que estava acontecendo no plano espiritual veria que Yeshua injetava enorme quantidade de energia no cérebro do garoto, o que ocasionou limpeza completa no pobre infeliz, porquanto a ação dos obsessores sobre seu corpo o havia impregnado de miasmas viscosos, os quais se lhe haviam infiltrado profundamente em todos os centros vitais e circulavam pelo interior de seu corpo espiritual. Seu cérebro estava profusamente impregnado de fluidos degeneradores, e somente o cerebelo demonstrava alguma atividade elétrica.

A energia emanada de Yeshua, guiada por sua poderosa mente, limpava, com grande rapidez, o cérebro, à medida que esses benéficos fluidos entravam no aparelho físico do menino. Os seus neurônios pareciam acender e a ação fluídica de Yeshua possibilitava uma nova existência para o garoto. No entanto, era possível ver que grande parte da rede neuronial estava definitivamente afetada. O menino jamais viria a ser completamente normal.

Depois de passados dois minutos dessa operação, Yeshua voltou-se para o público, que o olhava com um misto de estupefação e incredulidade, e disse com voz grave, tonitruante, falando em grego, a língua mais falada da época, naquela cidade:

– Olhem bem para aquele que não soube fazer jus à riqueza, abusou do poder que lhe foi conferido e levou pessoas infelizes ao

100 | A Saga dos Capelinos

desespero e ao crime, pois há homens que, para ganhar o mundo, perdem o espírito.

O pai do pequeno ser idiotizado começou a mexer-se e, atordoado, viu que Yeshua ainda impunha as mãos sobre o filho. O brutamontes, ainda sob o efeito dos fluidos tranquilizantes que Yeshua lhe havia ministrado, viu também forte luz cercando Yeshua e o menino. Em sua ignorância, imaginava ver um deus e, amedrontado, caiu de joelhos e, com os braços levantados, falou:

– Ó grande Rá que veio dos céus para nos guiar, ajude o meu filho!

Neste instante, o grupo de trinta e poucas pessoas que estava em volta, prosternou-se, gritando infrene:

– Salve, ó grande Rá, salve, ó enviado de Ptah!

A algazarra tomou conta da praça e, de certa forma, cortou a concentração que envolvia Yeshua. O jovem taumaturgo pareceu recobrar sua plena consciência, pois estivera em transe, de tão concentrado que estava na operação espiritual que realizara. No entanto, na hora em que ia retirar as mãos impostas, o pequeno idiota segurou-o com firmeza e, puxando-lhe uma das mãos para sua pequena boca torta e babada, depositou sobre ela um ósculo prolongado, o que fez Yeshua ajoelhar-se perante ele e abraçá-lo, num gesto de imenso amor fraternal. De seu peito e frontal saíram chispas douradas, luzes possantes que atingiram o menino e que o revitalizaram ainda mais.

A plebe foi se aglomerando em torno de Yeshua e, confundindo-o com o deus Rá, começou a solicitar que curasse isto e aquilo, enquanto que o jovem estava atônito com aquele movimento em torno de si. Aos poucos, recuperando plena consciência do iminente perigo de ser assoberbado pela matula infrene, retirou-se do meio da turba e, com dois ou três empurrões, desvencilhou-se da malta e saiu celeremente da praça, por uma rua lateral de pouco movimento. Andou rápido por uns dois quarteirões, até que pôde se livrar dos últimos que o perseguiam tenazmente, atrás de lenitivo para seus males.

O alvoroço ocorrido na praça com a cura ou, pelo menos, com o aquietamento do menino fez com que, naquela mesma tardinha,

Jesus, o Divino Discípulo | 101

as pessoas comentassem o que fizera o divino estranho. Embora estivesse há anos na cidade, por não ser de muita conversa, quase ninguém o conhecia. Um dos presentes lembrou-se de que ele era um judeu alexandrino e que fazia parte da seita dos baltusianos, pois seu sotaque não negava sua procedência judaica. Dessa forma, por informações colhidas aqui e acolá, descobriram o paradeiro de Yeshua e, ao entardecer, mais de duas mil pessoas faziam grande alvoroço no bairro dos terapeutas, com a reivindicação de que o taumaturgo curasse seus males, opinasse sobre investimentos, desse bênçãos e fizesse milagres.

A balbúrdia tomou proporções calamitosas, pois Alexandria, mesmo sendo uma grande cidade, não era tanto a ponto de um milagre daquela envergadura passar despercebido. No mesmo dia e nos dias subsequentes, milhares de pessoas se concentraram às portas da casa dos baltusianos, exigindo curas, bênçãos, amuletos e outras coisas, até mesmo de moldes despropositados.

O presidente do grupo procurou conversar com a multidão, mas foi em vão, pois os alexandrinos estavam irredutíveis. Todos queriam ver Yeshua e só se aquietaram quando o moço foi trazido a público. Quando apareceu, foi ovacionado como se fosse um deus descido à Terra. O moço, não acostumado com semelhante tratamento, manteve-se quieto e humilde. A turba logo se aproximou dele, ansiosa por tocá-lo e suplicante de favores celestiais.

Passado o alvoroço, Yeshua foi chamado pelo presidente dos terapeutas e teve que dar explicações detalhadas sobre o que acontecera. O futuro divino mestre o fez com tranquilidade e não omitiu nenhum detalhe, mas procurou eximir-se da autoria de qualquer façanha, atribuindo a Deus o milagre suposto pela multidão. Terminou a prestação de contas com interessante relato:

– Passou-me, num átimo, toda a vida pregressa daquele menino. Ele foi um conquistador destas terras e, com seu governo tenebroso, sua vilania, seu despotismo, tornou-se um monstro da crueldade e da ignomínia. Ao morrer, foi parar no gehinnom – inferno – e sofreu perseguições de inimigos, que o levaram ao pa-

102 | A SAGA DOS CAPELINOS

roxismo da dor e da derrota moral. Ao renascer nesta existência, trouxe, além dos dois piores adversários de outra vida, um aparelho cerebral danificado pelos anos passados nas furnas infernais. Que Deus se apiede de sua alma!

Ele não disse o nome daquele conquistador estrangeiro que maculara a terra do Egito com suas torpezas, pois não achou conveniente que soubessem que ali estava o espírito do poderoso Kambujiya. Este era o nome persa do rei que ficou mais conhecido pelo nome grego de Cambises. Este imperador, descendente de Kurush, conquistara o Egito e tornara-se maldito pela crueldade incomum e loucuras ferozes, além de incontáveis torpezas. Ele havia se matado acidentalmente, com sua própria espada, num ataque de loucura desenfreada.

O presidente dos terapeutas emudeceu. Yeshua fora taxativo, pois falara de uma outra existência, quando aquele infeliz fora faraó daquela terra. Era uma confirmação importante para a doutrina das vidas múltiplas, aceita pelos baltusianos – outra denominação dos terapeutas de Alexandria. O homem mais importante e poderoso daquele reino, que tinha poder de vida e morte sobre todos, fora reduzido a um ser humilhado, ignóbil e lastimável. Que estranha justiça havia sido aplicada! No mesmo lugar onde fora glorificado como o filho de um deus – um ser divinizado –, estava sendo alquebrado pelo mesmo povo e tratado como o rebotalho da humanidade.

Nos dias seguintes ao fato, longas filas passaram a ser formadas em torno do templo dos terapeutas. Yeshua atendia a todos usando, para isso, dois expedientes: a sua própria energia, que doava ao doente, e a de um grupo de espíritos comandados por espíritos superiores, sob a tutela maior de Samangelaf. Entre esses espíritos, estavam guardiões, médicos, psiquiatras, operadores de energias sutis. Formavam eles um grupo de mais de quarenta almas, auxiliares de Yeshua, que os via e aprendia, dia a dia, a reconhecê-los como amigos.

Aos vinte e três anos, recebeu uma carta de Yozheph de Arimateia, em que lhe solicitava que partisse de Alexandria e retornas-

JESUS, O DIVINO DISCÍPULO | 103

se para Nazareth, já que sua família achava que sua permanência naquela cidade já não era mais necessária. Precisou esperar ainda algumas semanas até que uma caravana, patrocinada por Yozheph de Arimateia, o levasse de Alexandria para Ierushalaim, de onde seria levado para casa por uma escolta do senhor de Arimateia.

Despediu-se do presidente dos terapeutas, dos amigos, dos parentes que tão amoravelmente o haviam acolhido e partiu de Alexandria, com o coração suspiroso, intimamente sabedor de que nunca mais volveria àquela cidade que tão docemente lhe despertara as mais importantes energias espirituais.

Sua chegada em Nazareth foi acompanhada por inúmeros mal-entendidos. A escolta teve dificuldades de encontrar a casa de Yozheph ben Yacob, já que o povo ignorante se esquivou dos estranhos cavaleiros, pois não era comum ver homens montados a cavalo. Yeshua não tinha grande prática em montaria, mas conseguira equilibrar-se sobre o dorso do fogoso corcel. Finalmente, após alguns contratempos, apearam na frente da singela casa. O ruído de animais assustou as pessoas que estavam em seu interior, e alguns pensaram tratar-se da polícia secreta de Herodes Antipas, que havia, de alguma forma, descoberto seu paradeiro. Algumas delas procuraram esconder-se, mas Yozheph saiu para ver do que se tratava, acompanhado pelos filhos homens.

O chefe da escolta perguntou se aquela era a casa de Yozheph ben Yacob, e seu filho Yozheph, irmão de Yeshua, com um porrete na mão, avançou ameaçadoramente sobre ele, querendo saber quem o mandara inquirir sobre aquilo. O chefe da escolta não esperava tal reação e quase puxou da espada para se defender da ousada investida do jovem. Yeshua, rápido, se interpôs e acalmou todos, pois reconhecera o pai. Aproximou-se dele, que também o reconhecera, pois, mesmo tendo ficado dez anos distante da família, era muito parecido com seu filho Yehudá, o qual via quase sempre. Os dois se jogaram um nos braços do outro e se deram beijos estalados e fortes em ambas as bochechas barbudas, enquanto os demais integrantes da cena os olhavam desconfiados,

104 | A Saga dos Capelinos

especialmente os filhos de Yozheph. Tomaram alguns segundos para dar-se conta de que Yeshua voltara para casa e, logo, as mulheres saíram da casa. Yeshua foi abraçado fortemente pela chorosa mãe, enquanto as irmãs fitavam-no com terno olhar.

O mal-entendido com a escolta logo se desfez. O dono da casa pediu desculpas pela atitude intempestiva do filho mais moço e convidou todos a entrar. A casa logo se encheu de vizinhos e de gente da escolta fornecida por Yozheph de Arimateia. Cozinharam pães às pressas e organizaram uma festa de improviso com a comida que havia disponível. Eles haviam chegado no final da tarde, depois de perfazer os cento e vinte quilômetros que separavam Nazareth de Ierushalaim em dez horas de boa cavalgada, a qual desancou Yeshua, que não estava habituado com tal atividade.

O jantar não foi marcado por felicidade plena, pois os irmãos demonstravam nítida má vontade para com o irmão mais velho. Pareciam estar enciumados com as regalias e mimos com que Míriam se desdobrava para ofertar ao filho, no qual não deixou de observar a magreza, as olheiras e o aspecto de cansaço. Somente os olhos de mãe viam esses sinais no robusto Yeshua, que realmente perdera alguns quilos na estafante viagem e trazia o rosto marcado por olheiras de cansaço, resultantes do percurso de uma distância que, naqueles tempos, era considerada longa.

Yozheph, irmão de Yeshua, presenteou-lhe com algumas grosserias, perguntando onde tinha arranjado sotaque tão estranho. Yeshua, feliz de estar novamente em casa, não o levou a sério, respondendo em tom jocoso que aquela era a forma de ele falar, e que todos em Alexandria falavam assim. O irmão ia lhe responder com alguma outra grosseria, mas a mãe o repreendeu, com ar de censura. Não era a forma de tratar um irmão que passara tantos anos longe de casa. Deviam-lhe carinho e respeito, pois era o primogênito. Deste modo, o mal-estar se dissipou, mas o ar ficou congestionado com pensamentos pouco fraternos dos irmãos que, enciumados, o viam como um estranho.

JESUS, O DIVINO DISCÍPULO | 105

Aproveitaram os dias seguintes para pôr as novidades em dia, e havia muitas. Shymon estava noivo e deveria casar em breve. A irmã Míriam estava grávida do primeiro filho e queria que ele se chamasse Manassés, mas o marido queria dar-lhe o nome de Osheia. O futuro ajudaria a resolver a doce disputa, dando-lhes uma menina, que se chamaria Léa. O irmão Yehudá ainda não decidira casar e havia recusado várias pretendentes. Yacob já estava casado com uma linda moça da região, que já lhe dera dois rebentos. Portanto, Yeshua já era tio.

Os primos e tios foram avisados da volta de Yeshua e, na semana seguinte, assim que soube da notícia, Yehudá entrou como um tufão na casa paterna e caiu nos braços do irmão choroso como criança. Seu amor por Yeshua era notável. Os dois continuavam idênticos na aparência, mas, agora, o sotaque os diferenciava, pois enquanto um falava como um judeu alexandrino, o outro expressava-se como um galileu, com um linguajar mais gutural, com a tendência de truncar as palavras. Enquanto um era sofisticado, com maneirismos próprios de quem vivera numa metrópole, o outro tornara-se mais rude, mais campônio.

Duas semanas depois, deram uma festa em homenagem ao retorno de Yeshua. Yozheph não mediu esforços para que tudo se desse a contento, e a casa encheu-se de convidados. Várias tendas foram armadas nas vizinhanças, pois a casa era pequena demais para tanta gente. Cleophas veio com a esposa e os filhos, os quais Yeshua não conhecia, já que partira para o Egito jovem demais para deles se lembrar. A família de Zebedeu também foi à festa, com exceção de Joana, pois havia casado com Suza e agora morava em Cesareia. Os primos de Yacob e Yochanan ben Zebedeu, Shymon e André, também ali estiveram, exceto Elisha, pois morrera dois anos antes. Yochanan ben Zechariá estava com os essênios, e as notícias que vinham de lá, de tempos em tempos, davam conta de que já era membro efetivo da comunidade e que havia galgado vários graus de pureza.

Míriam, mãe de Yeshua, fora proficiente em preparar diversos repastos de excelente sabor, que fizeram a alegria da festa. Yeshua,

106 | A Saga dos Capelinos

acostumado à frugalidade, saiu um pouco de seu regime alimentar, pois não ficaria bem abster-se de pratos que haviam sido feitos em sua homenagem. Não se empanturrou de acepipes, como muitos o fizeram. Bebeu vinho batizado com água de forma moderada, já que sabia que a moderação nos costumes só fazia bem ao corpo.

As festas duravam de três a quatro dias. Naqueles tempos, quando as estradas eram poeirentas, perigosas devido a assaltantes, e as distâncias, por mais curtas que fossem, deviam ser vencidas pelo esforço dos pés, não se podia convidar alguém para ficar um dia e depois fazê-lo retornar. Deste modo, as festanças familiares ou religiosas duravam alguns dias, sendo que as religiosas tinham um grupo de atividades para cada dia. A festa de Yeshua não poderia ser diferente e assim foi feito, permitindo que o homenageado pudesse conhecer seus primos mais intimamente.

As conversas dos jovens homens variavam desde o casamento aos filhos de cada um, pois muitos já estavam casados, e, naturalmente, às condições políticas das tetrarquias em que se havia dividido Israel. Havia nessas conversas o cheiro da reminiscência de uma época dourada, ou assim eles achavam, quando Israel era comandado por Salomon e começara a se dedicar ao comércio, tendo se tornado mais importante do que uma nação dividida por rixas tribais, criação de carneiros e cabras, unidas apenas por lendas sobre Moschê e o povo eleito. Nessas conversas havia também o desejo de reagrupar as terras que haviam sido de Israel numa única terra, sob a égide de um único rei. Após certo tempo, a conversa invariavelmente recaía sobre a vinda do Messias e cada um tinha uma ideia específica sobre este ser mítico que estava na iminência de chegar.

Uns o viam como um guerreiro feroz, que haveria de unir os judeus dispersos pelo mundo e expulsar os romanos. Outros o viam como um mago que, por força de seu poder espiritual, poderia resolver os problemas num passe de mágica. Outros acreditavam tratar-se de um anjo elevado do Senhor e que todas as profecias seriam realizadas no mundo espiritual. Não havia concordância quanto a isso. Nessas longas discussões, Yeshua mais escutava do

JESUS, O DIVINO DISCÍPULO | 107

que falava. Ele se lembrava de vários escritos sobre a vinda do Messias e até mesmo de um livro que lera em Alexandria intitulado *Sabedoria de Salomon*, que falava da vinda de dois messias: um levítico e outro davídico. Isaías falava também do retorno de Eliahu – Elias – para aplainar o caminho do Messias.

Nas fogueiras armadas à noite, os homens e jovens discutiam o significado de cada profecia, mas Yeshua logo notou que o conhecimento que tinham das Escrituras era superficial, já que a maioria não era letrada e dos fatos bíblicos só tinha notícia por tradição oral. Yeshua não participava das discussões – apenas escutava o que os primos diziam. Quando lhe solicitavam opinião, procurava ser breve e apenas citava trechos de vários profetas ou da Torah sem ser taxativo. Fazia isso para amainar a atitude de frieza e de certa distância dos primos, pois seus irmãos, ademais, chegavam a ser ferinos em suas assertivas, com exceção de Yehudá, que, em certo momento, repreendeu Shymon, pela importunidade de sua observação.

Shymon perguntara a Yeshua, de chofre, se ele não iria casar. Complementando a pergunta, inquiriu, com ar de ironia, se Yeshua não havia encontrado a mulher de seus sonhos, ou se ele não gostava de mulher, ou se tinha outros interesses na vida. Yeshua sorriu e, quando ia responder, Yehudá cortou-lhe a palavra e repreendeu seca e severamente o irmão:

– Shymon, você é grosseiro e sua pergunta insultuosa. Eu também não casei e você não ousa me fazer tal pergunta. Você abusou do direito de falar francamente por ser nosso irmão e, como tal, deveria se dar ao respeito e à decência de não invadir a privacidade de nosso primogênito. Tenha mais vergonha e compostura!

Shymon ficou embaraçado com a força do irmão mais velho e, quando começou a balbuciar qualquer coisa, Yeshua interveio.

– Não é preciso discutirem por tão pouco. Realmente eu nada tenho contra as mulheres; pelo contrário, creio que são importantes para a vida, mas fiz uma outra opção.

Todos agora estavam voltados para ele, escutando-o com o máximo de atenção. Yeshua arrematou.

108 | A Saga dos Capelinos

– Há homens que são feitos eunucos assim que nascem e outros que se fazem eunucos para melhor servirem a Deus. Eu optei por não me casar, preferindo os assuntos divinos, em vez de me consorciar e fazer uma família infeliz.

Cleophas não pôde deixar de comentar com grande carinho, mas com certa apreensão pelo sobrinho notável.

– Mas, Yeshua, os kohanims e rabis não estão impedidos de casar. Aliás, o matrimônio é até bem- visto, pois assim encontram estabilidade na vida para se dedicarem ao ministério divino.

– Reconheço a exatidão de suas palavras, meu tio, mas ainda não sei ao certo se desejo me tornar um kohanim. Creio que há outras formas de servir a Deus.

Yozheph, irmão de Yeshua, entrou na conversa, interrompendo o fio de raciocínio que ele estava tentando conduzir.

– Como o quê, por exemplo?

Yeshua respondeu-lhe, sem empáfia e arrogância:

– Veja bem, meu irmão, eu creio que Deus já está muito bem servido de sacerdotes e homens sábios, que interpretam as suas palavras. Contudo, vejo uma multidão de pessoas que sofre, que precisa de lenitivo para suas dores e que é excluída de nosso povo por ter doenças contagiosas, ser possuída pelos demônios ou porque nasceu com defeitos físicos. Essas pessoas marginalizadas precisam de gente que se dedique a elas, pois também são criaturas de Deus.

– E o que você pode fazer para ajudá-las? – perguntou Yozheph em tom agressivo.

– Tentar curá-las na medida do possível. Trazer-lhes a esperança de que não foram rejeitadas por Deus. Amá-las como se fossem perfeitas.

– Tudo isso é muito bonito, mas o que de concreto você ou qualquer outro pode fazer para recuperar a visão de um cego, ou fazer um aleijado andar, ou um endemoninhado parar de se contorcer e babar, ou de ressuscitar alguém que morreu? Você é Deus, por acaso, que tem poder para fazer isso?

JESUS, O DIVINO DISCÍPULO | 109

Shymon fez a pergunta em tom grosseiro. Yeshua olhou para Shymon com um leve sorriso nos lábios e lhe respondeu, em tom amável:

— Não sou Deus, mas tenho visto muitos milagres acontecer, com bastante frequência. Em Alexandria, nosso círculo de terapeutas conseguiu curas maravilhosas e restabeleceram a normalidade da vida de pessoas doentes. Além disso, o grupo expulsou demônios e deu novas esperanças a pessoas desvalidas.

— E você é capaz de fazer essas feitiçarias?

— Não se trata de feitiçarias ou de poderes mágicos. Trata-se de curas efetuadas pelos anjos, que são espíritos santos que nos protegem. Eu desejo apenas ser um instrumento da vontade de Deus. E nada mais do que isto!

Shymon e Yozheph, agora com ajuda de Yacob, que se mantivera silente, redarguíram em termos veementes. Falando ao mesmo tempo, eles diziam:

— Ora, isto é feitiçaria. Você deve ter sido iludido pelas práticas mágicas em que, todos sabem, os egípcios são mestres.

— É, tome cuidado, pois estas práticas aqui são condenadas e o povo irá apedrejá-lo.

— Tenho certeza de que você deve ter sido enganado, ou então está nos contando histórias, apenas para se vangloriar. Se você é capaz de tudo isto, então vá para as grandes cidades e demonstre este poder. Os ricos lhe pagarão bom dinheiro para que você cure seus males. Aqui em Nazareth, você não obterá nada, a não ser escárnio e admoestações.

Yeshua levantou os dois braços a pedir calma e, elevando a voz, respondeu com certa altivez e com os cenhos fechados, olhando diretamente nos olhos dos irmãos:

— Vocês desconhecem os poderes que Deus confere aos homens. Há entre vocês judeus que são capazes de curar os doentes e de expulsar os demônios, mas vocês os chamam de feiticeiros e desejam apedrejá-los. Mas, quando a doença bate à porta, esgueiram-se na calada da noite, correndo para eles, e lhes imploram lenitivos.

110 | A Saga dos Capelinos

Pois eu desejo servir os homens em plena luz do sol, sob o olhar de qualquer um, e não me enfurnando em grutas, ou escondido no deserto. Não creio que isto seja motivo de escândalo.

E assim falando, levantou-se e, antes de ir embora, falou com voz calma e branda:

– Peço que me perdoem a franqueza, mas não tenho intenção de ferir as susceptibilidades de ninguém. Se minhas palavras feriram a sensibilidade de vocês, peço que as relevem e não me julguem pelo meu sotaque egípcio, nem pelos meus desejos de ajudar os mais desvalidos. Não passo de um homem à procura de seu destino e peço-lhes que me tenham em alta estima, como tenho todos vocês que me são caros ao coração.

Assim que Yeshua se afastou, Yehudá, extremamente irritado, passou uma descompostura nos irmãos. Quase enfurecido, lembrou-lhes que Yeshua havia passado dez anos longe da família não por sua determinação, mas por obediência às ordens paternas, e que, ao retornar, era recebido com pedras e pilhérias. O próprio pai, presente a toda aquela discussão, entrou na cizânia e deu razão a Yehudá. Reprochou-os por terem-no envergonhado e dispensado um tratamento tão indigno a seu irmão primogênito. Ele ficou preocupado com a situação familiar, mas não a externou. Estava intrigado com Yeshua, tão diferente daquele rapaz vivo de outrora. Tornara-se um adulto determinado e sábio, porém inadaptado às novas condições da família em Nazareth. Precisava falar a sós com o jovem e ajudá-lo a seguir um caminho que fosse seguro para ele e para sua própria família.

Essa ocasião surgiu alguns dias depois, quando Yozheph entrou na oficina bem cedo e deparou-se com o jovem trabalhando. Pelo suor que lhe escorria da fronte, devia estar há horas trabalhando na viga a que dava forma, pelo desbaste da madeira e pela preparação dos devidos encaixes do teto.

Após os cumprimentos de praxe e as conversas técnicas sobre a obra em andamento, o pai aproveitou para inquirir o filho.

– Que pretende fazer de sua vida, meu filho?

JESUS, O DIVINO DISCÍPULO | 111

– Estou à sua disposição, meu pai. Recebi sua ordem de voltar de Alexandria e desde então tenho dado minha colaboração em sua oficina. A princípio, parece-me que terei que ajudá-lo a montar o novo telhado da casa do senhor de Naim, mas, depois disso, continuarei ao seu dispor.

– Não creio que este seja o trabalho que mais o atrai.

– Não, creia-me, meu pai, eu acho extremamente salutar trabalhar a madeira dura e dela extrair móveis, artefatos e casas. Enquanto eu trabalho, minha mente não se distrai com outros assuntos e me encontro em paz.

– Que outros assuntos não lhe trazem paz?

– Não se trata de não encontrar paz em outros assuntos, mas há muita coisa a que eu desejo me dedicar. O caminho para isso, porém, ainda não está claro. Quero ajudar os pobres e desvalidos, mas também preciso trabalhar para sustentar nossa família e obter o pão de cada dia. Há vezes em que acho que essas coisas são inconciliáveis, pois, se trabalho, não ajudo o próximo e, se o ajudo, não tenho tempo para trabalhar.

– Mas, em Alexandria, você era capaz de conciliar as duas coisas. Você trabalhava e ajudava o próximo. Por que não fazê-lo aqui?

– Em Alexandria, eu não precisava sair do meu canto, pois os doentes nos procuravam. Os terapeutas são um grupo de escol, cuja fama atraía muitas pessoas. Não vinham, pelo menos no início, à procura do Yeshua, mas, sim, de qualquer um que pudesse ajudá-los. Aqui é diferente. Não sou conhecido e, portanto, para ajudar os desvalidos, precisaria procurá-los e, para isso, teria que ir de cidade em cidade, o que me deixaria sem tempo para trabalhar.

– É verdade! Contudo, quem sabe, se não começasse lentamente aqui na região, não poderia montar um grupo de cura? Você sabe que seu irmão Yehudá também tem o dom da cura? Quem sabe se vocês dois não poderiam começar ajudando as pessoas de Nazareth, pois, com isso, sua fama se espalharia e traria gente de todos os lados.

Yeshua sorriu e retrucou, gentilmente:

112 | A Saga dos Capelinos

– O senhor é um homem de coração de ouro, uma alma de grande bondade e sabedoria, mas sabe que ninguém jamais me procuraria em minha própria terra. Viu como meus irmãos me trataram. Se eles, que são de meu próprio sangue, assim procedem, imagine alguém de fora.

– Perdoe-os, Yeshua, pois estão se remoendo de inveja. Acham que você foi privilegiado com uma fina educação em Alexandria, ao passo que ficaram escondidos nestas colinas verdejantes, mas incultas.

– Não sou ninguém para perdoá-los, pois eu os amo demais para guardar rancor. Quando menciono o fato de que eles foram bruscos comigo, é apenas para ressaltar que ninguém é profeta em sua própria terra.

– Qual a solução, meu filho? Você quer ser um profeta? É esta a sua vocação? É este o apelo de Deus a requeimar em sua alma? Então, vá e cumpra seu destino, seja ele qual for. Prefiro vê-lo longe de mim, cumprindo os desígnios do Altíssimo, do que ao meu lado, com um olhar distante e a alma amargurada. Se este é o seu destino, parta e seja feliz!

– Mas, meu pai, desejo ficar perto de você e de minha mãe. Os anos em que fiquei ausente me foram de tormentosa tristeza. Tornei-me homem sem a presença amiga de um pai, sem os mimos de uma mãe. Agora, que volto a ter tudo o que sempre desejei, a minha alma parece incendiar-se no afã de cumprir minha missão, mas eu é que lhe pergunto, meu pai, qual é a minha missão? Quais são os desígnios de Deus para mim? Como devo proceder, meu pai?

Yozheph estava sentado num pequeno banco, distraindo-se com um pedaço de madeira, enquanto escutava o filho, que, com o formão na mão, fitava-o com olhar angustiado. Levantou-se lentamente, largando o pedaço de madeira e aproximou-se do filho. O jovem era um pouco mais alto do que ele, mas Yozheph levantou os dois braços e pousou-os no ombro de Yeshua. Depois disso, falou-lhe pausadamente, com um sorriso brando nos lábios e os olhos levemente úmidos.

JESUS, O DIVINO DISCÍPULO | 113

– Ninguém, a não ser você, é capaz de decidir sobre seu destino. Nem mesmo Deus há de interferir. Ele poderá soprar em seu coração os seus próprios desejos, mas não tomará a decisão final, pois esta pertence a você. Sua vida em Nazareth não pode resumir-se a talhar a madeira e a sonhar com um destino que a cada dia ficará mais distante, até que se tornará impossível de realizar. Outros grandes homens foram obrigados a cortar os liames que os uniam a seres queridos, para, temporariamente, perseguirem seu destino. Faça o mesmo. Saia de Nazareth e encontre sua sina; o destino somos nós que o fazemos no palco da vida.

Yeshua abraçou ternamente o pai. Desde a discussão que o mortificara com os irmãos, ele desejava partir, mas não tinha coragem, temendo ferir susceptibilidades familiares. Sua mãe mesmo parecia uma estranha, olhando-o de esguelha, como a desconfiar de que aquele não era o seu verdadeiro filho, tendo sido substituído por alguém desconhecido. É claro que Yeshua, um homem maduro de vinte e três anos, com idade mental de um sábio de noventa anos, não podia ser igual ao adolescente ainda imberbe que partira com os olhos cheios de lágrimas para seu exílio em Alexandria. No entanto, no coração materno, Yeshua havia se alterado de forma tão radical que, mesmo sabendo que aquele homem era seu filho, ela desconfiava de que ele havia se transmudado num estranho. O único, além de Yehudá, seu gêmeo, que parecia recebê-lo com naturalidade, não fazendo troça do seu modo estranho de falar, nem rindo de seus modos sofisticados, mas não afetados, nem perguntando questões ridículas, era seu pai. Por isto ele se havia permitido este colóquio tão íntimo, pois, com qualquer outro, ele seria considerado pedante, arrogante e cheio de bazófias, porque, afinal, o que ele desejava, perguntariam seus irmãos, salvar o mundo?

Yozheph conversou longamente com Míriam e, mesmo contra a vontade materna, mandou que Yeshua partisse, com a sugestão de que fosse para a casa de Yozheph de Arimateia e que tentasse apresentar-se ao templo para se tornar kohanim. Com a ajuda do senhor de Arimateia, certamente seria aceito na congregação mais

114 | A Saga dos Capelinos

fechada da Judeia e se tornaria, quem sabe, um Kohen Gadol ou um Nassi – chefe do Sanhedrin –, como Hilel.

Depois de ficar quase um mês em Nazareth, Yeshua partiu, após despedir-se dos irmãos, que o beijaram nas faces de modo frio e distante, enquanto as irmãs, suas doces irmãs, o abraçaram, pois, para elas, ele seria sempre o belo e gentil irmão mais velho, que lhes havia ensinado os primeiros passos, lhes havia feito as primeiras bonecas e as tinha feito rir com as brincadeiras que os mais velhos fazem para transformar o choro inocente de criança em sorriso de alegria. Já Míriam estava dividida entre deixá-lo partir com uma bênção maternal ou com ligeira repreensão. Acabou derretendo-se em lágrimas. Yozheph, seu pai, foi o único que lhe disse palavras de encorajamento. Depois de ter recebido ósculos de Yeshua nas mãos calejadas, beijou o filho no rosto.

Yeshua não fora enviado à toa para Alexandria e afastado da família. Os judeus daquela época eram seres sociais, existindo não como personalidades autônomas, mas como figuras gregárias. Para o futuro de Yeshua, seria necessário que ele não tivesse vínculos familiares extremamente fortes, pois isto poderia comprometer o desenvolvimento de sua missão. Ele manteria os vínculos familiares, mas sem o apego que os judeus tinham. De qualquer modo, Alexandria havia talhado um homem muito mais sofisticado, educado, polido, conhecedor do mundo do que qualquer um que Beit Lechem, ou Nazareth, ou até mesmo Ierushalaim poderia ter moldado. No entanto, se a sua personalidade estava pronta, sua doutrina estava ainda por despertar dentro do gigante adormecido, e os anos que se seguiriam iriam propiciar este despertamento.

CAPÍTULO 4

Yeshua chegou a Ierushalaim e não encontrou Yozheph de Arimateia, mas foi bem recebido pela tia, Hadassa, que lhe explicou, com uma ponta de desgosto apenas visível no canto da boca, que seu marido ainda não voltara da Britônia. Era esperado a qualquer momento. Yeshua ficou quase um mês esperando pela volta do tio por afinidade. Durante este período, procurou conhecer bem a cidade e, na medida do possível, ajudar a tia Hadassa. Quando Yozheph de Arimateia retornou de sua longa viagem, o recebeu com alegria e o beijou nas faces, como se fosse seu irmão.

Conversaram demoradamente sobre os projetos de Yozheph, que tinha deixado ordens para seus empregados, antes mesmo de viajar para a Cornualha, na Britônia, de organizarem uma grande caravana com o objetivo de comprar tapetes, ornamentos, baixelas, pratarias e joias de todas as espécies na Parthia, além de revitalizar o seu comércio principal, pois existiam excelentes minas de estanho no planalto iraniano. Ele estava visivelmente excitado com a aventura comercial. Nicodemos, seu principal sócio, havia conseguido juntar pedidos de diversos nobres judeus, além de romanos e gregos, que ansiavam por inúmeras obras de arte persa. Além das solicitações, obtiveram a conces-

116 | A Saga dos Capelinos

são de vastos recursos dos interessados. Desse modo, quase não precisariam investir recursos próprios na empreitada e aumentariam ainda mais sua incontestável fortuna.

Yozheph decidiu que passaria antes em Jericó, pois tinha um assunto para tratar com um dos seus distantes primos, os quais mantinham bons negócios. Deliberou viajar em pequena comitiva até a famosa cidade. No outro dia, junto com Yeshua, mais três amigos, sendo um deles Nicodemos, e mais quatro servos, Yozheph partiu para uma curta visita a Jericó. A cidade, cujos muros foram destruídos pelos egípcios em 1.535 a.C. e que Yoshua, sucessor de Moschê, propalara que os desintegrara com o som de seus shofars – as trombetas de Israel –, era um local venerado por ser uma das pretensas grandes vitórias dos hebreus e, como tal, recebia peregrinos de tempos em tempos.

Estabeleceram-se na casa de Zaqueu, que, feliz com a visita, franqueou-lhes a residência e mandou matar alguns terneiros para serem servidos no jantar. Casado com uma mulher samaritana, cujo amor era plenamente correspondido, era um rico comerciante, além de ser o chefe dos coletores de impostos da região. Não ia a Ierushalaim, porque os judeus detestavam os samaritanos e, por causa de sua mulher, não queria contatos com seus compatriotas, que o achincalhavam. Naquela noite, durante o jantar, a que Yeshua compareceu e em que foi apresentado como sobrinho de Yozheph, ele pôde ver a crueza dos costumes de seus conterrâneos. Como era possível estabelecer uma sociedade mais justa se havia nela discriminações, só porque a pessoa nascera aqui ou acolá?

Durante o jantar, falaram um pouco de tudo: criticaram os romanos, depreciaram os gregos e falaram mal dos egípcios, mas enalteceram o próprio povo extremosamente. Nicodemos, fariseu moderado, acabou puxando a sua conversa preferida, falar de Deus.

– Existem três correntes dentro do judaísmo. A primeira acredita em várias vidas; a outra, que iremos ressuscitar no final dos tempos; e a última, que, após a morte, não existe nada. Esta tese é sustentada pelos saduceus.

O comentário de Nicodemos foi rebatido por Yozheph.

– A crença dos saduceus nos parece um contrassenso, a não ser que não exista um Deus, o que faz do mundo um absurdo completo. Se não considerarmos que Deus é a causa eficiente de todas as coisas, não haverá explicação para o universo.

Os homens menearam a cabeça em assentimento enquanto degustavam um pernil de carneiro. Yozheph, que sempre gostava de aprofundar-se nos assuntos, complementou:

– Imaginemos por um instante que não exista Deus.

Os demais o olharam com certa apreensão, quase escandalizados. Não era comum naquela época colocar em dúvida a existência divina, mas Yozheph de Arimateia não era um sujeito qualquer. Ao contrário, era considerado augusto membro do Sanhedrin.

– Imaginemos apenas à guisa de esforço intelectual. Deus não existe e o mundo criou-se de forma espontânea.

Yozheph de Arimateia criava uma situação de conflito, para dali extrair preciosas ilações.

– Mas é nessa espontaneidade que reside o maior absurdo. Pensar que a natureza possa ser capaz de estabelecer, de forma tão perfeita, leis de ordem e progresso, que permitam a multiplicação dos seres e, mesmo assim, manter um equilíbrio adequado, é o mesmo que imaginar que essa mesma natureza seja capaz de construir cidades e toda a fabulosa tecnologia de que dispomos hoje usando apenas o acaso. Negar a existência de um Deus racional, pessoal – um grande espírito –, que seja capaz não só de criar, como também de manter o mundo, é tão incongruente quanto imaginar que a natureza seja capaz de criar tudo isso por si só.

A resposta de Yozheph encontrou em Nicodemos duro opositor.

– Imaginemos por um instante que Deus seja o criador de tudo o que existe e que, cansado de sua obra, afastou-se dela, deixando-a a seu bel-prazer – disse Nicodemos.

Incômodo silêncio desceu sobre eles, enquanto todos pensavam nessa insólita possibilidade. Após alguns segundos de mutismo, Yeshua interveio, respondendo a questão.

118 | A Saga dos Capelinos

– Se acreditamos nisso é porque cremos no deus de Avraham, Itzchak e Yacob, que, em minha opinião, não é a visão verdadeira de Deus. Creio que esse deus terrível de vingança e guerra é uma visão apequenada de Deus. O verdadeiro Deus deve ser um espírito imaterial, de infinitas características, de um amor imenso e de perpétua criatividade. E, por causa dessas Suas magníficas características, não deixaria Sua obra ao acaso. De fato, Ele a preserva, quer por meio de Suas leis, quer por meio de um processo complexo, que nós chamamos de divina providência. Deus, antes de mais nada, é diligente providenciador de oportunidades.

Nicodemos, um fariseu, olhou para Yozheph, rindo jocosamente.

– Vejo que seu primo aprendeu bem a lição. Pelo jeito, ele encontrou em Aristóteles os argumentos corretos.

– Sim, sem dúvida – disse Yozheph, rindo. – Aristóteles explica muito bem que Deus é o primeiro motor, o motor imoto, aquele que é o responsável pelo primeiro movimento, a primeira transformação do potencial em ato. A abordagem racional de Deus nos explica tudo o que existe na natureza, e creio que este é o caminho para entendê-Lo.

No final da noite, um fenômeno estranho e maravilhoso aconteceu, o que deixou todos extasiados. Dali em diante, Yozheph passaria a ter certeza ainda maior de que Yeshua era uma figura excepcional.

Um dos servos de Zaqueu, um homem velho e alquebrado, precocemente senil, tinha uma séria catarata nos dois olhos, que o deixava praticamente cego. Zaqueu era um bom patrão e não o obrigava mais a trabalhar. Bartimeu, o bom servo, desejava participar de alguma forma daquele ágape. Para aquele escravo, visitas significavam sair de sua rotina. Permanecendo no ambiente, ele escutava as conversas e divertia-se com os risos e galhofas dos outros, como se fossem as suas próprias. Zaqueu o deixava ficar porque sabia que não havia nada que satisfizesse mais aquele homem vencido pela vida do que conviver no ambiente dos que foram mais afortunados.

No final da noite, Zaqueu pediu que um dos escravos servisse mais vinho aos convivas e Bartimeu, sendo mais lesto do que o escravo, pegou a grande jarra e resolveu servir seu mestre. No caminho, titubeante, quase tateando por não conseguir ver muito, acabou tropeçando num móvel e esparramou vinho pelo chão, após precipitosa queda. O barulho e a forma burlesca do tombo do homem fizeram os participantes rirem da situação. Não era um riso de mofa, mas provocado pelo excesso de vinho que já fora consumido naquela noite. Bartimeu, porém, sentia dificuldades em se levantar e Yeshua, um rapaz de coração de ouro, correu para ajudá-lo.

Ao erguer o velho, observou que seus dois olhos estavam praticamente tampados por uma cortina de carne esbranquiçada, que obstruía sua visão. Sentiu enorme emoção naquele instante. Um amor profundo invadiu seu ser e, com grande carinho, passou a mão nos olhos do infeliz. Esse gesto que havia aprendido com os terapeutas de Alexandria era uma forma de cura comum, mas o fato é que ele dispensara uma dose superlativa de amor, piedade e comiseração por alguém necessitado e privado da visão, o que produziu imediato efeito.

Após Yeshua passar a mão nos olhos do cego, Bartimeu sentiu uma dor aguda, como se um ferro em brasa tivesse sido colocado sobre seus olhos, e deixou escapar um grito surdo de dor, que fez com que todos prestassem mais atenção à insólita situação. O velho pôs a mão nos olhos, ao passo que Yeshua deu um passo para trás. Ao levar a mão aos olhos, a dor recrudesceu, o que fez com que o velho, após gemer alto, tomado de grande temor, exclamasse e perguntasse:

– Ó meu Deus, o que você fez comigo?

Yeshua respondeu-lhe com calma:

– Não se aflija, meu bom velho. Procure ter calma, abra os olhos e volte a enxergar.

Naquele momento, a dor foi diminuindo rapidamente, até cessar totalmente. Bartimeu, o velho servo, abriu os olhos e – milagres dos milagres – voltou a enxergar, com crescente nitidez. A primeira pessoa que ele viu foi Yeshua e, com a visão ainda imperfeita, viu que intensa luz o nimbava. Pensou tratar-se de um anjo ou de um espírito divino e, caindo de joelhos, começou a clamar, descontrolado:

– Obrigado, anjo de luz, obrigado por devolver-me a visão. Estou vendo! Enxergo novamente!

120 | A Saga dos Capelinos

Todos ficaram intensamente comovidos com aquela cena. Realmente algo de inimaginável acontecera. Os negros olhos do velho podiam ser vistos facilmente, enquanto antes eram tão embaciados que mais pareciam azuis. Yozheph, que tinha alguma vidência, observara Yeshua e, com seus olhos espirituais, pudera entrever que fortes jatos de luz saíam do peito, dos olhos e das mãos do divino enviado e envolviam o velho. Yeshua era, de fato, entre outras coisas, um taumaturgo excepcional. Esse foi o segundo feito de cura que Yeshua realizou sozinho, sem ajuda de um grupo de pessoas, como os terapeutas de Alexandria.

Dois dias depois, retornaram para Ierushalaim a fim de se prepararem para a viagem a Hagmatana. Yozheph mandara preparar uma viagem em grande estilo, pois a distância era longa, e sua permanência naquela cidade, incerta. Sua caravana era constituída de duzentos burricos de carga, cento e cinquenta camelos e quarenta cavaleiros fortemente armados. Tinham conseguido um *passe-partout* com os parthos e esperavam fazer bons negócios. Além da tropa de quase seiscentos homens, muitas mulheres os acompanhavam para servir de escravas, domésticas, lavadeiras e para atividades sexuais.

Yeshua subiu num dos muitos burricos de carga e seguiu viagem bem próximo de Yozeph. Durante as cavalgadas, quase não conversavam; o balanço sobre o dorso do animal causava um certo estupor. Muitos cochilavam e alguns chegavam a cair das montarias, pelo que arrancavam risos de mofa dos demais.

Naqueles tempos, a Pérsia era dominada pelos parthos, um povo indo-europeu que havia vindo das estepes da Eurásia central. Os parthos, originariamente chamados de parnis, eram primos raciais dos medos, dos gregos, dos romanos e dos arianos. Os parthos dominavam a Pérsia ou Parthia, como era chamada na época, e nem mesmo os romanos conseguiram conquistá-los. Dominariam o atual Irã por alguns séculos até serem enfraquecidos pela grande peste – a varíola – e cederem terreno a outros povos. Uma das suas capitais provisórias era Hagmatana e para lá convergiam os grandes

JESUS, O DIVINO DISCÍPULO | 121

negócios do reino partho, que era muito permissível, deixando que muitos povos vivessem em suas terras, mantendo seus costumes.

A viagem até Hagmatana, a antiga capital dos medos, agora capital da Parthia, levou dois longos e cansativos meses, e nenhum fato especial aconteceu. Houve pequenos acidentes com animais e pessoas, mas nenhum grave. Houve uma briga entre dois homens, que foram dispensados por Yozheph, já que não tolerava indisciplina. Um dos rapazes da comitiva fugiu com uma das escravas, o que deixou seu dono inconformado. Ele a considerava a pérola de seus olhos e sua perda era irreparável. Yozheph consolou o empregado amigo e prometeu comprar-lhe uma donzela nos mercados persas, o que logo aquietou o infeliz e o fez sonhar com mulheres especiais e belas, como eram conhecidas as parthas.

Hagmatana era uma cidade impressionante, com grandes jardins, sete grandes muralhas concêntricas e dispostas em andares, todas pintadas de azul, e com uma população completamente heterogênea, implantada aos pés de um cume de três mil metros, que sobressaía majestosamente na paisagem. No coração da cidade, no centro da sétima muralha, despontava o palácio real, de paredes forradas de madeira, com seus tesouros, tecelagens e ourivesarias.

Em Hagmatana, mais tarde chamada pelos gregos de Ecbátana, atual Hamadan, havia uma colônia judaica muito próspera, que preferia morar com os parthos que tratavam os colonos com especial deferência do que na Judeia, onde os romanos eram mais severos e dominadores.

Yozheph fez uma visita a um dos mais ricos judeus do local, Ismael bar Canaan, e foi recebido na categoria de príncipe. Foram todos alojados numa grande mansão. Naquela noite, após um demorado banho de piscina termal, os convivas estabeleceram-se em volta de uma mesa em que magníficos acepipes, vinhos finos, cervejas refrescantes, carneiros odorifumantes e carnes de gado haviam sido postos para o deleite de todos.

Tiveram cordialíssima noite, na qual o principal da casa falou longamente sobre as condições do reino partho e das intrigas palacianas, com as intermináveis disputas fomentadas pelos descen-

122 | A Saga dos Capelinos

dentes e herdeiros de um dos últimos reis, situação que já vinha sendo azedada por anos de assassinatos, traições e roubos.

Yeshua ouviu tudo com grande atenção. Sentia que o poder em todos os lugares era semelhante. Cada local parecia copiar os modos dos outros. Bastava haver fortuna e poder envolvidos para que os homens se esquecessem de amizades, laços familiares e velhas juras de fraternidade e se tornassem ferozes inimigos. Mas o moço intuía que o mal não residia no poder e, sim, nos homens. O instrumento não é culpado pelo mau uso que se faz dele.

Dois dias depois da chegada da enorme caravana, o grupo, composto por Ismael bar Canaan, Yozheph e sua comitiva, além de Yeshua, reuniu-se para um encontro no salão nobre do rei dos parthos, Spalirizes, parente do grande Phraates, o quarto a usar este nome e aquele que esmagou o famoso general romano Marco Antônio, amante da lendária Cleópatra, numa terrível batalha, em 36 a.C.

Durante a longa e monótona audiência, onde nobres e diplomatas estrangeiros conversaram assuntos particulares, Yeshua pôde notar que o rei sofria de um mal ignoto. Sua fisionomia era cadavérica e demostrava um intenso sofrimento. O monarca quase não prestava atenção aos seus visitantes. Era polido e atencioso, mas distante, com olhar angustiado. O filho do monarca o acompanhava, em pé, ao seu lado direito, pois ainda não conseguira demover o pai do poder. O monarca não devia ter mais de quarenta e cinco anos; todavia, parecia ter superado de longe os sessenta anos.

Ao lado dele, de pé, estava um homem de imponente figura, com roupas típicas dos persas, sapato de bico arrebitado e túnica drapeada, bem-cuidada barba castanha dourada, pontilhada levemente por fios encanecidos, olhos de um azul profundo e um turbante na cabeça. Este homem era o magi – sacerdote –, confessor do rei e seu amigo pessoal.

O salão era muito grande e, mesmo com a presença de muitas pessoas, as audiências podiam ser feitas com certa reserva. O palanque oficial, com seu belo trono e algumas poltronas para que os convidados pudessem acomodar-se, ficava a considerável distância

Jesus, o Divino Discípulo | 123

dos demais, que aguardavam sua vez de serem atendidos. Na hora azada, o pequeno grupo de seis homens aproximou-se do palanque real e foi apresentado ao monarca. O soberano sorriu e pediu que seus integrantes se sentassem. Yeshua ficou de pé atrás de todos, visto que não havia poltronas suficientes. Enquanto o anfitrião judeu explicava que eram ricos negociantes vindos para comprar estanho, tapetes e outros artigos, o magi começou a reparar em Yeshua. O jovem judeu olhava fixamente para o lado direito do monarca e parecia estático, como que observando algo de inusitado.

Terminada a curta audiência, quando todos se prepararam para se retirar, o magi curvou-se e sussurrou algo no ouvido do rei, que logo fitou o jovem Yeshua. Por intermédio de seu tradutor, pediu que Yeshua permanecesse e que fossem para uma sala contígua. Para espanto de todos, o rei, o magi e Yeshua entraram numa pequena sala, ao lado do salão real.

O magi olhou fixamente para Yeshua e lhe perguntou num aramaico bastante razoável:

– Você nasceu em Beit Lechem?

– Sim, meu senhor.

– Você tem um irmão gêmeo?

A resposta foi positiva e Yeshua não pôde deixar de se espantar com as perguntas do sacerdote.

– Você recebeu o ouro ou a prata?

– Pelo que me contou minha mãe, recebi um baú, contendo bastante ouro, para que vivêssemos com fartura e decência.

Ao ouvir isso, o altivo e imponente homem se curvou e depois levantou as duas mãos para os céus em sentido de profundo agradecimento e disse, em parni, virando-se para o surpreso monarca:

– Xaosiante. Eu o conheci quando criança e o louvei. Ahura Mazda foi condescendente comigo e permitiu que meus olhos o revissem e que todas as nossas predições fossem confirmadas.

Olhou novamente para Yeshua e lhe disse em aramaico:

– Eu o conheci quando pequeno. Meu nome é Balthazar. Fui um dos três proprietários da caravana que o visitou quando era

124 | A Saga dos Capelinos

um infante e tive a imensa felicidade de ter lhe dado um pouco de conforto com a misérrima contribuição em ouro. Foi nossa caravana que o levou para Alexandria, mas é claro que você não poderia lembrar, já que era muito pequeno.

Yeshua conhecia a história, a qual sua mãe não cessava de contar. Abriu um imenso sorriso, levantou-se, tomou as mãos de Balthazar, beijou-as e disse em seguida:

– Deus seja louvado, meu benfeitor; sua generosidade permitiu que minha família não passasse fome e que não faltasse o pão nas nossas mesas, pois partimos de Beit Lechem às pressas e pudemos ir, como bem sabe, para Alexandria, onde ficamos por muitos anos.

Balthazar apressou-se em beijar as mãos de Yeshua e lhe disse:

– Meu jovem Xaosiante, peço-lhe as bênçãos para estes olhos cansados.

Yeshua ficou vivamente impressionado com tamanha humildade, vinda de um homem tão imponente, vestido de forma tão magnífica que quase sobrepujava o próprio rei. Balthazar, no entanto, olhou novamente para ele e perguntou-lhe de chofre.

– O que você vê ao lado do meu soberano Spalirizes?

Yeshua tomou alguns instantes para se recobrar e respondeu-lhe:

– Vi o espírito do primo do rei, de nome Ardumanik, ao seu lado. Ele não o deixa dormir, nem comer, nem amar as mulheres. Enche sua cabeça de sentimentos de ódio e desconfiança de todos. Deseja vingar-se de sua morte.

Desde o momento em que Yeshua havia ingressado no grande salão para a reunião pública com o rei, via, com espantosa nitidez, um espírito absolutamente hediondo ao lado do monarca, e manteveum colóquio mental com o dibuk. Yeshua pensava em aramaico, mas o espírito o entendia por imagens. Ele lhe respondia em parnis e Yeshua o compreendia por intuição.

– Shalom aleichem, meu irmão. Posso perguntar quem é você?

O espírito, quase completamente animalizado e com uma expressão debochada no rosto, respondeu-lhe de forma tão veemente que sua voz soou alta no interior da mente de Yeshua.

JESUS, O DIVINO DISCÍPULO | 125

– Sou Ardumanik, primo desta víbora. Este maldito mandou seus esbirros me matarem e desaparecerem com meu corpo. Fui jogado aos leões dos campos, que devoraram completamente a minha carcaça, o que desfez qualquer vestígio de seu crime.

– Entendo! – respondeu mentalmente Yeshua.

– Não, não entende, pois ninguém compreende o que é ser morto à traição e ver, ano após ano, o seu algoz usufruir de riquezas, poder e gozos materiais, enquanto você vaga nas sombras, com o coração cheio de fel, sem descanso e sedento de vingança.

À medida que o obsessor lhe respondia, agitava-se de forma simiesca e, como estava ligado por fios fluídicos ao monarca, este também se perturbou. Uma onda de ansiedade tomou conta do ser e fê-lo ter vontade de levantar-se e sair daquele lugar.

Yeshua deu amorosa mas severa ordem mental ao espírito, para não perder o controle da situação. Poucos sabiam que o rei sofria de ataques de epilepsia, pois era um segredo muito bem guardado. Se o dibuk continuasse a se agitar, faria com que o rei tivesse um ataque em público, o que seria inadmissível.

– Acalme-se, meu irmão!

O comando mental fez jorrar da fronte de Yeshua um forte jato de luz, que atingiu o obsessor na cabeça e sedou o infeliz. O choque vibratório entre as energias emanadas por Yeshua e as baixas vibrações de Ardumanik, o primo assassinado do monarca, fez com que o obsessor se arriasse subitamente, como que praticamente desfalecido. Continuava, entretanto, preso fluidicamente ao rei.

Tudo isso se deu num átimo e, assim que o espírito desfaleceu, o rei sentiu-se imediatamente melhor. Mas os liames astrais que o prendiam ao infeliz ainda atuavam.

No decorrer dos fatos, Balthazar observara, com sua vidência privilegiada, que Yeshua havia lançado forte jato de luz num ponto ao lado do rei. Quando isso aconteceu, seu guia espiritual deu-lhe a intuição de que aquele jovem era o próprio Xaosiante. Em vista do inusitado da situação, Balthazar sussurrou aos ouvidos do rei e pediu uma audiência privada com o jovem.

126 | A Saga dos Capelinos

Balthazar traduziu para o rei o que Yeshua falou e o monarca reagiu com espanto, pois ninguém, nem mesmo Balthazar, sabia do ocorrido, há mais de vinte anos.

Yeshua aproximou-se de Spalirizes e impôs as mãos sobre a cabeça do rei, emitindo, pelos seus longos e fortes dedos, uma quantidade energética enorme, incompatível com a condição de um ser humano normal. A luz espiritual envolveu o soberano e cortou as amarras que o prendiam ao espírito obsessor. Naquele instante, Yeshua viu dois guardiões astrais, luminosos e fortes, pegarem o decaído espírito e o levarem embora com determinação, mas com brandura. Parte da luminescência emanada por Yeshua entranhou-se no corpo espiritual do rei, vivificando seus centros de força, ampliando sua corrente energética astral. O rei estampou um sorriso de imensa satisfação em sua facies conturbada e emitiu um longo suspiro de alívio.

Ninguém sabia deste primo longamente desaparecido. Há mais de vinte anos havia sumido misteriosamente, e a lenda que corria era de que havia sido preso pelos romanos, numa das suas muitas incursões. Ninguém sabia que estava morto e que até seus assassinos também já haviam morrido. O rei olhou-o aparvalhado, colocou a cabeça entre as mãos e tremeu. Não era mais um rei que ali estava e, sim, um homem alquebrado e vencido por uma longa obsessão que ninguém soubera curar nem sequer detectar. Agora, aquele jovem judeu, alto como um persa, forte como um mouro e belo como Apolo, em menos de um minuto, o livrava de tal agrura.

– Diga ao seu monarca que erga preces ao grande Deus único para acalmar o espírito de seu falecido primo. Diga-lhe que não peque mais para não atrair outros infortúnios e que leve uma vida frugal e calma. Ele está muito combalido e precisa de repouso e de uma vida moderada.

Depois de traduzir para o rei o que Yeshua recomendara, Balthazar reportou-lhe o que o rei lhe respondera:

– Meu soberano o convida para ficar como seu médico particular. Ele lhe dará qualquer coisa: ouro, mulheres, propriedades,

Jesus, o Divino Discípulo | 127

para que o cure e que o proteja com sua vigorosa magia. Ele lhe dará o posto que desejar na corte.

Yeshua olhou-o um pouco surpreso. Não era isso que desejava. Não tinha pensado em riquezas ou honrarias. Não pensara que precisava de algo mais do que já tinha. Yozheph de Arimateia, seu amigo e protetor, providenciava tudo o que era necessário.

— Diga ao poderoso e magnânimo rei Spalirizes que não há necessidade de absolutamente nada. No entanto, ficarei alguns meses em Hagmatana e virei vê-lo diariamente, com a condição de que não me ofereça nenhuma riqueza ou poder, pois estou impedido por votos celestiais.

Yeshua imaginou que com aquela desculpa poderia impedir o monarca de oferecer-lhe riquezas e ele se sentir constrangido em recusar. O rei escutou as palavras de Balthazar e concordou com as condições do jovem. Retirou do dedo um anel e pediu que Balthazar lhe dissesse:

— Não é um presente. É apenas um sinal para que os guardas o deixem entrar à hora que desejar. No dia em que for embora, se desejar, poderá devolvê-lo. Se quiser ficar com ele, será um grande prazer e me fará muito feliz.

Naquela noite, o monarca conseguiu pregar no sono com rapidez e dormiu uma noite calma, após mais de duas décadas de insônias, pesadelos e irritação.

Assim que saíram da audiência, Yeshua, extremamente preocupado, pois desconhecia o que havia acontecido, perguntou-lhe o ocorrido e Yozheph confirmou que Balthazar era um velho amigo e que realmente os havia ajudado na fuga intempestiva que haviam empreendido há mais de vinte anos. Yeshua evitou falar do espírito obsessor do rei e não revelou nada neste sentido.

À noite, na casa do anfitrião, só falavam sobre o insólito convite que o rei fizera para uma audiência particular com o jovem Yeshua. Ismael Bar Canaan contou que Balthazar era um dos príncipes daquela casa, e tinha enorme ascendência sobre o rei. Evitara várias guerras, pois era um homem de paz. Ele, sem dúvidas, preferia as preces à luta. Era extremamente tolerante em termos

128 | A Saga dos Capelinos

de religião. Permitia que todos cultuassem seu Deus, da forma que desejassem, dentro da legalidade, sem sacrifícios humanos.

Yeshua manifestou vontade de conhecer toda aquela terra, pois a sentia impregnada de sapiência, beleza e estranha luminosidade.

– Mas aonde você irá? – perguntou-lhe Yozheph de Arimateia.

– Soube de um lugar em que se cultua um único e grande Deus e desejo conhecer mais a respeito disso para ver se esse é o mesmo Deus que cultuamos.

O anfitrião, um judeu bonachão, ao ouvir tais coisas, intrometeu-se na conversa e disse:

– Ahura Mazda. Este é o nome desse deus. Zarathustra foi seu profeta, assim como Moschê Rabenu foi o nosso. O melhor lugar para conhecer essa estranha religião é a Torre do Silêncio, em Pasargadae, onde você poderá conhecer também o masdeísmo.

– Mas como você pretende entrar nesse lugar? Acho que somente os iniciados têm acesso a esses lugares.

Yozheph havia feito uma pergunta importante. Como poderia um jovem judeu entrar no templo de Ahura Mazda e tomar conhecimento dos ensinamentos mais secretos?

Yeshua, sorrindo, respondeu silente, mostrando o anel do rei partho e depois falou que Balthazar o ajudaria em seu objetivo. Entraria nesses lugares com o respaldo do rei e daquele príncipe que o reverenciara. Mas, antes, desejava sinceramente ajudar o rei, pois seu coração se confrangera com o infeliz monarca.

No dia seguinte, bem cedo, Yeshua entrou sem dificuldades no palácio real. A casa onde ele estava residindo ficava a pequena distância da habitação do monarca, e só precisava atravessar poucas quadras e vencer a última muralha que cercava a fortaleza do rei. Para tal, ele tinha que mostrar o anel que lhe fora dado pelo rei e passar pelos pesados portões. Chegando ao seu destino, ele perguntou onde era a despensa. Após certa dificuldade, conseguiu fazer-se entender por meio de gestos e que o levassem para a cozinha.

Yeshua mandou preparar uma infusão especial que envolvia algumas plantas amargas, leite de cabra e mel de abelhas. Macerou as

JESUS, O DIVINO DISCÍPULO | 129

ervas e pediu – com grande dificuldade, já que não falava parnis – as ervas; não obtendo todas, preparou, com o que havia obtido, um chá de gosto duvidoso, de cheiro forte e aromático, e mandou que levassem ao rei. Acompanhou o temeroso serviçal que jamais acordara o rei antes das dez horas, porquanto o infeliz monarca só conseguia pregar algumas horas de sono depois das cinco da manhã. Sempre que o servo o olhava com temor, Yeshua mostrava-lhe o anel no dedo e, com ar tranquilo, reassegurava ao poltrão que tudo iria correr bem.

O rei foi acordado pelo serviçal pouco antes do raiar do dia e estranhou que Yeshua estivesse ali. Olhou-o inquisitivamente e o jovem fez o gesto característico de que devia beber. O rei acordara de muito bom humor. Spalirizes bebeu lentamente o chá de ervas e, vez por outra, fazia uma careta, por encontrar uma ou outra folha mais amarga. Yeshua riu uma ou duas vezes, divertindo-se com a careta real, e o serviçal concluiu que o jovem teria a cabeça decepada naquele mesmo dia. Muito pelo contrário, o rei adorava aquele riso franco e fez mais uma ou duas caretas, só para provocar o riso de Yeshua. Após tomar o chá, Yeshua fez um gesto para o rei segui-lo, no que foi atendido, com certa relutância.

Andaram lentamente pelas longas aleias do esmerado jardim do palácio, enquanto o sol se levantava majestoso. Yeshua abria os braços e sorvia grandes haustos de ar, enquanto dizia ao rei que fizesse o mesmo. Mesmo não falando aramaico, o rei entendia os gestos e seguia o conselho do jovem. Andaram por meia hora, o que fez o rei suar profusamente. Ao voltar para o interior do palácio, Yeshua explicou, por gestos, que o rei devia tomar um banho frio, e assim fez o monarca. Os serviçais, logo após o banho, trouxeram vinho para o rei, mas Yeshua pediu que não o tomasse e que providenciassem um grande copo de leite de cabra com mel e pães com frutas para que fossem servidos ao rei.

O rei estava encantado com Yeshua e o chamava de Issa. Assim que Spalirizes vestiu-se convenientemente, dirigiu-se para a grande sala do trono, onde surpreendeu seus ministros por ter acordado tão cedo. Yeshua despediu-se do rei e desapareceu, como por encanto.

130 | A Saga dos Capelinos

Na cozinha encontrara um senhor de certa idade, antigo viajor, que falava mal o aramaico, no entanto suficientemente bem para entender o que Yeshua desejava. Começaria a aprender a falar o parnis com ele.

Na hora do almoço, o rei surpreendeu-se com o frugal almoço a que foi submetido. Estranhou inicialmente o horário. Normalmente almoçava no meio da tarde, já que acordava tarde. Gostava de comidas extremamente condimentadas e gordurosas, e bebia mais do que comia. Naquele dia, ao meio-dia, um servo veio lhe informar que o jovem Issa o estava chamando. Os mais humildes, ao escutarem o rei chamá-lo de Issa, passaram a chamá-lo assim também. O rei já estava com fome, e ao ver o radiante jovem, aquiesceu, sentando-se à mesa.

Estranhou que as carnes fossem magras e em pouca quantidade, e também a presença de legumes cozidos e verduras servidas *in natura*. Olhou para Yeshua, que lhe dirigiu as poucas palavras aprendidas com o velho ajudante da cozinha real. Conseguiu fazer o rei entender que deveria comer pouco e moderadamente e não ingerir uma única gota de álcool. Obviamente, o rei não gostou disso. Yeshua fixou nele o olhar com alguma severidade e disse-lhe, misturando parnis, gestos e aramaico:

– Se quiser ter boa saúde, coma e beba moderadamente.

O rei estava prestes a externar sua contrariedade, mas lembrou-se de que aquele jovem estranho, de terras distantes, o havia curado e, portanto, merecia respeito. Olhou-o severamente, mas deparou-se com a firmeza e a serenidade de Yeshua. Acalmou-se e acabou rindo. Aceitaria aquilo durante algum tempo. Se voltasse a sentir-se mal, retornaria ao estilo de vida anterior.

Balthazar convocou a presença de Yeshua. Aceitando o convite, viu-se numa belíssima mansão, onde, em aposentos pessoais, simples e despojados, o sacerdote de Ahura Mazda inquiriu sobre a vida do jovem. Yeshua a descreveu sucintamente, mas Balthazar queria conhecer mais detalhes a respeito dela. Yeshua aquiesceu. Desejo satisfeito, Balthazar deixou que o jovem se fosse, mas, antes, o magi beijou-lhe as mãos, o que o constrangeu.

JESUS, O DIVINO DISCÍPULO | 131

Essas visitas a Balthazar se repetiriam com regularidade, pois os dois sentiam grande prazer em confabular. Balthazar falava de seu Deus e indagava-lhe sobre o Deus dos judeus. Encontrava semelhanças em ambos. Em várias ocasiões, Yeshua testemunhara-lhe interesse em conhecer as práticas do masdeísmo mais a fundo. Balthazar se dispôs a ajudá-lo a fazer isso e pediu-lhe apenas que tivesse paciência, pois demandaria algum tempo.

Os dias correram, e Yeshua passou a aparecer no palácio de manhã, no almoço e no jantar. Os banquetes o obrigavam a redobrar seus cuidados com o monarca. Durante o dia, aprendia parnis com grande velocidade, pelo aumento do vocabulário e aprimoramento da pronúncia, ao escutar os nobres da corte e o rei falarem de assuntos de Estado.

O ambiente da corte era extremamente perigoso. O jovem Issa, conforme todos o chamavam, percebia as nuvens negras de fluidos deletérios gerados pelas mentes dos políticos e ricos da época, todos voltados para a parte mais obscura e insidiosa do poder. O que agravava mais ainda o ambiente espiritual do palácio era a existência de uma malta de perigosos, inteligentes e sagazes obsessores que rondavam as pessoas e inculcavam em suas mentes despreparadas as piores ideias.

O principal obsessor do rei – seu primo – havia sido levado para um sanatório astral pelos guardiões espirituais. Contudo, havia outros ali tentando influenciar seu governo. O rei, que, desde a sua cura por Yeshua, vinha procurando mudar de vida e de atitude perante o poder, desejava o bem de seu povo, mas seus obsessores queriam o contrário, e a luta surda na mente do monarca obstava-lhe a recuperação. Por isso, Yeshua observava que, no fim do dia, o rei voltava cansado e com enormes placas de viscoso miasma negro ao redor de seu cérebro, estômago, costas e plexo cardíaco.

Yeshua prescrevia-lhe um banho de ervas aromáticas e impunha-lhe as mãos durante alguns segundos, o que fazia com que o monarca recuperasse a vitalidade e o bom humor. Certa noite, antes de partir do palácio para a residência em que seu amigo Yozheph estava hospedado, Yeshua olhou para o rei e pronunciou-se, em perfeito parnis, surpreendendo-o pela velocidade com que aprendera a língua:

132 | A Saga dos Capelinos

– Vossa Majestade deverá fazer uma grave escolha. Ou liberta--se do poder, que o corrói diariamente, e dedica o resto de sua vida a atividades mais amenas e produtivas, ou irá morrer em breve, carcomido pelas piores chagas.

– O que você está dizendo, Issa?! Será possível que o poder destrói o homem?

– O verdadeiro poder do homem reside em dominar-se em todas as circunstâncias e ampliar suas oportunidades na vida, com justiça e sabedoria. Contudo, os governos fazem política de forma precária. Não se discute se esta ou aquela medida favorecerá o povo ou os pobres, e sim se uma delas ampliará ou preservará a fortuna desta ou daquela pessoa. O poder que os reis exercem não é política de um reino genuinamente temente a Deus, mas de acordos espúrios, que visam a preservar a condição dos mais fortes, dos mais ricos e dos mais poderosos. Visa também a transformar os recém-chegados ao poder em homens ricos, visto que somente assim poderão manter-se no poder.

– Você é um jovem petulante, mas fala com valentia e correção – disse o rei, espantado com a fluidez de seu parnis e a tranquilidade com que falava. Em seguida, perguntou-lhe:

– Que espera que um rei faça?

– O rei deve ser o representante de Deus na Terra e fazer o que o excelso Pai faria.

– Você quer que os chefes de Estado sejam perfeitos?

– Todos nós somos perfectíveis, e o chefe de Estado deve procurar sê-lo ainda mais do que o homem comum. Ele deve ser um estalão para seu povo; senão, ele será motivo de deboche e desrespeito.

– Você ainda é jovem e tem muito o que aprender em termos de poder. Se eu não for duro e severo, serei morto por qualquer um. Se eu não fizer alianças espúrias, os nobres as farão com meus inimigos e serei destruído. O poder aqui na Terra não pode ser uma extensão dos poderes divinos; não somos iguais a Ahura Mazda. Ele é perfeito, enquanto nós somos apenas pálidas sombras de sua potência, meros pontos perdidos no universo.

Jesus, o Divino Discípulo | 133

Yeshua sabia que uma sociedade cruel só poderia ter um rei de igual caráter. Para que o poder terrestre fosse exercido como se fosse divino, os homens deveriam modificar-se. Calou-se perante a fala do rei para não transformar a conversa num longo debate, no qual nenhum dos dois abriria mão de ter a posse da verdade. Este rei não estava ainda preparado para ser o representante de Deus na Terra.

O monarca olhou-o com ternura e expôs-lhe:

– Jovem Issa, seu coração é puro e compassivo. Você julga os outros como a si mesmo. Os homens são lobos em pele de cordeiro e esperam a primeira oportunidade para saltar sobre os incautos, vitimando-os. Cuidado, meu doce Issa; senão, os que lhe são mais próximos o ferirão e o entregarão aos chacais, que o devorarão.

Yeshua meneou positivamente a cabeça em assentimento com as palavras reais. O rei, como se estivesse sob influência espiritual positiva, proferiu seu pensamento com clareza:

– Você tem ideias muito próximas das do nosso profeta Zarathustra. Precisa conhecer sua sabedoria e irá se surpreender com ela. Os israelitas não são os únicos que detêm o conhecimento. Ele foi aspergido pelo mundo como divina chuva a umidificar os secos corações humanos. Eu, no entanto, nasci para ser rei e, para tornar-me tal, acabei virando um homem cruel. Agora você me pede para abandonar tudo que levei anos para construir? Impossível! Seria mais fácil morrer.

Yeshua confirmou, intimamente, que discutir com aquele homem, ainda endurecido pelo poder mal exercido, seria uma perda de tempo. Preferiu aceitar o convite para conhecer as riquezas culturais dos persas e assim desviou a conversa de volta para o assunto principal.

– Seria para mim motivo de grande honra e satisfação conhecer a sabedoria de Zarathustra. Contudo, os magis não permitirão que um estranho seja iniciado em seus mistérios.

– Issa, os magis são muito mais tolerantes do que seus rabis. Suas longas conversas com Balthazar chegaram-me ao ouvido. Sei que há lá, em Pasargadae, um homem que deseja imensamente revê-lo. Portanto, quando quiser, terá permissão de conhecer a Torre do Silêncio.

134 | A Saga dos Capelinos

O jovem, no entanto, preocupado com a saúde do rei, fez-lhe longas recomendações e confiou a um dos servos a tarefa de cuidar de suas receitas de alimentação frugal, vida austera, longas marchas e banhos gelados. Porque sabia que o amor e o sexo eram emoções e atividades salutares para o coração, recomendou que uma das mais belas concubinas reais, sua preferida, fosse instruída para estar sempre disponível para Spalirizes.

Yeshua conversou com Yozheph e pediu autorização para recolher-se à Torre do Silêncio, já que tinha grande interesse em conhecer os mistérios dos magos. Yozheph autorizou-o incontinenti. Logo depois, o jovem comunicou aos seus outros amigos a notícia de que ficaria alguns meses na Torre do Silêncio, na qual procuraria aprender as estranhas práticas dos magis. Eles iriam ficar mais alguns meses em Hagmatana, especialmente porque Yozheph estava vivamente apaixonado por uma linda moça judia, de mãe semita e de pai partho, o que lhe dava traços de incrível beleza.

Cinco dias depois da conversa com o rei, escoltado por oito cavaleiros, Yeshua, o jovem Issa, saía de Hagmatana para Pasargadae, para um período na Torre do Silêncio.

Pasargadae era a cidade mais luxuosa que Issa tivera a oportunidade de ver. Suas mil e uma torres apontadas para o céu, cada uma com desenhos os mais esdrúxulos e as cores mais vivas possíveis, tornavam a cidade um verdadeiro paliteiro de palácios, templos e mansões. Não era muito grande, devendo ter entre oitenta e cem mil habitantes. No entanto, como uma das capitais temporárias do reino partho, Pasargadae era bela. Ficava a poucos quilômetros de Istakhr, antiga capital do império persa, devastada pelo fogo dos soldados de Alexandre, o Magno, conhecida pelo nome grego de Persépolis.

A Torre do Silêncio era uma construção monumental, encimada por uma torre fina, mais alta do que as demais, e era o principal templo do masdeísmo, religião derivada de Ahura Mazda, o Deus Supremo do profeta Zarathustra, o qual os gregos conheciam como Zoroastro. Os seguidores de Zarathustra tinham o hábito de não enterrar os seus mortos nem queimá-los: levavam-nos até o topo

Jesus, o Divino Discípulo | 135

da torre e lá os deixavam, para que os abutres os comessem. Assim procedendo, achavam que a carne voltaria para a carne, pois o espírito já se havia libertado. No entanto, muitos persas e parnis preferiam a cremação, pois a religião de Zarathustra estava em franca decadência. O prédio principal ficava ao lado da grande torre, fina como uma lança apontada para as nuvens, com pouco mais de cinquenta e dois metros de altura. A grande construção abrigava o templo do fogo, as habitações dos magos – magis -, as escolas e as bibliotecas. Tudo lá era plural. Havia várias escolas. Algumas eram mais simples, destinadas aos leigos. Outras, verdadeiros mosteiros, eram destinadas aos mais altamente iniciados. Cada escola tinha sua biblioteca particular. Contudo, essa religião estava em desuso, pois os parnis não eram muito adeptos do masdeísmo, e preferiam louvar os deuses arianos, dos quais se destacava Mithra.

Issa apresentou-se ao sumo sacerdote dos magos, que o recebeu como se ele fosse o próprio filho. Foi com surpresa que descobriu que o sumo sacerdote era Melchior, o mesmo que comandara a caravana que o levara para o Egito. Balthazar havia se comunicado com Melchior, relatando-lhe que Xaosiante estava visitando a Parthia, e que desejava conhecer melhor o masdeísmo. Durante algumas horas, Melchior quis saber tudo a respeito de sua vida, o que havia feito, sua família e seus estudos. Issa o informava com paciência, deixando de lado as curas que fizera e, modestamente, contava-lhe as aventuras em terras estranhas, com parcimônia e recato.

Melchior informou-lhe que ele ficaria diretamente ligado a ele. Muito sabiamente, não queria que ele ficasse junto aos outros; sabia como funcionava a maledicência e a inveja. Issa era protegido do rei e poderia ser sabotado com facilidade. Deste modo, ele ficaria nas dependências de Melchior e não seria molestado.

A vida monástica de Issa começou muito bem. Deram-lhe um quarto vizinho ao de Melchior e lhe franquearam o acesso a qualquer dependência do monastério. Melchior, no entanto, destacou um jovem magi, já devidamente iniciado, para apresentar os fundamentos do masdeísmo. Esse jovem monge, de nome Mazarés,

136 | A Saga dos Capelinos

lhe seria um verdadeiro irmão e lhe abriria as portas de todos os segredos desta estranha e fascinante religião.

O Avesta era constituído de vinte e um livros chamados de Nasks, mas muitos haviam sido perdidos. Eram maiores do que qualquer Bíblia, ocupando doze mil couros de boi. No entanto, naquela época, estava limitado a fragmentos que podiam ser divididos em cinco partes: os Yasna, com quarenta e cinco capítulos de liturgia e vinte e sete capítulos de ensinamentos de Zarathustra, chamados de Gathas; os Vispereds, com vinte e quatro capítulos de liturgia adicional; os Vendidad, com vinte e dois capítulos, ou fargards, com a exposição teológica e moral dos masdeísmo; os Yashts, com vinte e um salmos aos anjos, histórias lendárias e uma profecia do fim do mundo; e, finalmente, os Khordak Avesta (pequeno Avesta), um breviário de orações para diversas ocasiões. Para todos os efeitos, de acordo com a lenda, Zarathustra recebera todos os vinte e um livros diretamente de Ahura Mazda, quando fora peregrinar numa alta montanha.

– Existem trechos que foram inspirados diretamente por Zarathustra, os quais nós chamamos de Gathas. São textos esclarecedores da idade do profeta, já que se trata de uma linguagem arcaica.

Mazarés, um legítimo persa da velha geração de Kurush, era um monge que cultuava o masdeísmo puro, e não a confusa mescla de Ahura Mazda com Mithra praticada pelos parthos.

Mazarés começou contando a história do grande profeta.

– Zarathustra Spitama, filho de Purushaspa, de nobre origem, nasceu de mãe virgem, intocada pelo sexo de um homem, tendo sido fecundada por um raio de luz de Ahura Mazda, o grande e único Deus do universo. Ninguém sabe se ele nasceu em Sogiana, Karezmia ou Bactriana, mas o que se sabe é que nasceu sorrindo e que as suas veias temporais pulsavam tão fortemente que levantavam a mão dos homens quando nelas tocavam. Seu pai material, Purushaspa – proprietário de cavalos de pelo malhado –, era um grande guerreiro e lhe ensinou todas as artes da guerra. Seu sobrenome Spitama significa "ao brilhante ataque", demonstrando que sua linhagem era guerreira. Desde cedo, Zarathustra dedicou-se

JESUS, O DIVINO DISCÍPULO | 137

à religião e foi iniciado pelos zaotars, nossos sacerdotes itinerantes. Caminhou pelas terras da Ásia, prestando seus serviços para a celebração do culto. Manteve com outros monges discussões teológicas, aprendeu e ensinou cânticos. Ele conhecia dezenas de milhares de estâncias e viria a compor seus próprios versos.

Mazarés fez uma pequena pausa e, empolgado, prosseguiu:

– Aos trinta e seis anos, ele se retirou para meditar no deserto e Deus apareceu-lhe em pessoa e lhe indicou o caminho da "boa religião". Recebeu o Avesta completo e sem retoques do próprio Ahura Mazda manifestado quando estava em profunda meditação no alto de uma montanha sagrada.

"Interessante como o mesmo aconteceu a Moschê, nosso rabi" – pensou Issa.

– Ele meditava sobre a vida e a morte, numa das mais altas e sagradas montanhas do mundo, quando uma luz brilhante surgiu, e, Ahura Mazda, no meio da luz, talhou sobre pedaços de pedra com letras de fogo e luz os mandamentos de nossa religião.

"Quanta coincidência! Moschê também recebeu os mandamentos de Yahveh no monte Sinai, escritos em letras de fogo sobre a pedra."

Neste momento, Yeshua entendeu que as duas histórias de revelação de Deus ao homen, a de Zarathustra e a de Moschê, eram tão igualmente parecidas, que, provavelmente, os seus compatriotas haviam se baseado na forma como Ahura Mazda havia revelado seu Avesta para o seu profeta, para inferir que Yahveh havia feito o mesmo com o seu enviado. Sem dúvida, os persas haviam influenciado os judeus, quando de sua estada na Babilônia, logo após a libertação por Kurush. Yeshua concluiu, por meio de sua intuição poderosa, que Moschê não devia ter recebido a Torah da mesma forma como os persas apregoavam que Zarathustra havia recebido a sua mensagem. O mais provável, intuiu Yeshua, é que ambos, depois de dura labuta, de muito pensamento e de ajuda espiritual, houvessem desenvolvido, paulatinamente, as suas mensagens.

– Deixando, então, o deserto, Zarathustra começou sua pregação. No entanto, ao afirmar Ahura Mazda como o único e verda-

138 | A Saga dos Capelinos

deiro Deus entre todos os mazdas existentes, ele se indispôs com os devas – os demônios –, e o povo passou a vê-lo como um perigoso revolucionário. Tornou-se um banido em sua terra, pois é sabido que profeta não realiza milagres em sua própria casa, como médico que não cura parente. Ele desceu em direção ao sul, guiado pelos anjos de Ahura Mazda e lá penetrou no Seistão, encontrando o bondoso príncipe Parshat.

Eles foram interrompidos pela sineta do almoço e dirigiram-se para o refeitório, onde frugalíssima refeição seria servida. Issa foi apresentado a alguns monges de grande importância no mosteiro. Mostrou-se cordato e cordial com todos, enquanto era submetido aos olhares curiosos dos presentes. No refeitório, estavam cerca de sessenta monges admiradores seus; lendas e fantasia já corriam sobre o taumaturgo. Melchior não revelara a ninguém que ele era Mithra renascido, pois isso poderia criar-lhe sérios problemas. A fábula da cura de Spalirizes fora largamente difundida, e eram poucos os que não tinham tomado conhecimento dela. O ambiente, no entanto, não era de inveja e a aura de simpatia do rapaz parecia contagiar todos. Em breve, todos gostariam de seu modo polido e risonho de bem tratar as pessoas.

As aulas recomeçaram na parte da tarde, e Mazarés continuou sua narrativa.

– Zarathustra quis converter o bondoso príncipe Parshat, que o acolhera tão bem. Contudo, a compreensão do nobre era limitada. Ele não entendia que precisava abdicar dos velhos deuses e temia represálias divinas. Acreditava que os deuses eram caprichosos e alguns extremamente vingativos.

"Sim, as Escrituras falam que Yahveh é vingativo e que matara os inimigos de Moschê num único movimento. Mas esse não é o verdadeiro Yahveh, o Pai Amantíssimo. Só pode ser uma lenda distorcida pelos homens, pela qual tentam demonstrar que nosso deus é mais poderoso do que os demais" – pensou Issa.

– Assim, Zarathustra retornou ao norte, até a região da Bactriana, na cidade de Balkh, onde reinava o rei Vishtaspa – aquele que possui cavalos ariscos –, e ingressou no serviço real como sacerdote. Durante

JESUS, O DIVINO DISCÍPULO | 139

alguns anos – ele já tinha mais de quarenta anos então –, dedicou-se ao catequismo de Vishtaspa sobre os fundamentos de sua religião. Mas o rei era reticente e não aceitava com facilidade as explicações do profeta. Muitos em seu reino também não as aceitavam e desejavam a morte do mensageiro de Ahura Mazda. Os ensinamentos do mestre seduziram o rei aos poucos. Porém, as forças das trevas não cessavam de agir.

"Sempre as forças trevosas agindo no sentido de impedir o progresso do homem. Será que os demônios não entendem que o bem geral também os beneficiará? Ou será que Deus deseja algo mais para os homens e os diabos?" – falou Issa para si mesmo.

– Aproveitando uma curta viagem de pregação, sacerdotes invejosos de sua influência junto ao rei puseram, em seu quarto, num saco, pedaços de cadáver humano, fragmentos de unhas, cabelos, cabeça de cachorro e de gato, sangue e outras abominações. Correram e avisaram ao rei que Zarathustra era um feiticeiro. Com isso, seu quarto foi revistado, e encontraram ali os indícios de seu suposto crime. Ao voltar, Zarathustra foi preso pelos guardas reais e encarcerado.

Mazarés era um excelente contador de histórias e realçava com gestos e expressões teatrais as suas narrativas. Naturalmente, como Zarathustra e seus seguidores imediatos não haviam deixado nada por escrito, tudo o que se sabia dele seria escrito cinco séculos depois, no livro sagrado Avestha. O mesmo aconteceu com Moschê, cuja história só seria escrita por Ezra oitocentos anos depois. Nesse ínterim, quanta coisa não teria sido interpolada e fantasiada?

– Vishtaspa tinha um corcel que era a perfeição equina sobre a Terra. Subitamente, sem motivo aparente, o magnífico animal adoeceu. Uma moléstia singular o acometeu, impedindo-o de cavalgar pelas estepes, como era do gosto do rei. Ninguém conseguiu curá-lo, e ele morria aos poucos. Algo fenomenal acontecera ao animal: suas patas haviam desaparecido.

Issa achou que isso poderia ser uma metáfora, alguma lenda, com a qual se pretendia dizer que o animal, doente, não podia cavalgar. Assim, se ele não andava, era porque suas pernas haviam desaparecido. Nada mais lógico.

140 | A Saga dos Capelinos

– Zarathustra chamou o rei e se propôs a curar o cavalo, com a condição de que, se a cura ocorresse de fato, o rei abraçaria a "boa religião". O rei aceitou a proposta e o profeta conclamou Ahura Mazda a fazer reaparecer as patas do animal. Uma após a outra, as patas reapareceram, e o animal voltou a ser saudável. O rei converteu-se plenamente diante do milagre iniludível. O monarca não só aderiu ao novo culto como também o impôs à sociedade de seu tempo. O poder de Ahura Mazda estava definitivamente imposto na Terra.

"Interessante como um poder que deveria ser natural deve ser imposto aos homens. Deus não é o culpado, mas os homens, que demoram a entendê-Lo."

– Zarathustra foi transformado em capelão e conselheiro íntimo do monarca e, com isso, sua influência cresceu. Ele espalhou a "boa religião" por todos os cantos e, assim, tornou-se o único profeta de Ahura Mazda.

Issa observou que Zarathustra agira como Moschê. Transformara um dos muitos deuses do panteão – o mais importante – numa única divindade, o criador de tudo. Moschê tentou eliminar todos os demais; não acreditava que os deuses de Canaã, de Madian e do Kemet (Egito) pudessem levar o homem ao seu verdadeiro destino.

Zarathustra reformou a velha religião indo-europeia e, portanto, transformou os demais mazdas em arcanjos com poderes que emanavam do próprio Ahura Mazda – Sábio Senhor. Os devas – demônio, em persa -, entretanto, foram transformados em demônios, que deviam ser combatidos e repudiados. Os indianos adotavam o mesmo nome – deva -, mas com o significado de deus, e não de demônio, como em parnis.

– O bom profeta casou-se e teve várias esposas e filhos, que o sucederam. No entanto, por razões obscuras, o rei Vishtaspa atacou um povo vizinho, e a luta não lhe foi favorável. Os turanianos o destruíram e atacaram o palácio real. Zarathustra, com a idade de setenta e sete anos, orava na frente do fogo real e foi atacado e ferido de morte. Todavia, jogou o seu rosário no rosto de seu assassino, e isso o matou. E, assim, terminou o mais poderoso dos profetas, que retornou ao seio de Ahura Mazda.

Issa escutou a história com atenção e tirou ilações de cada etapa. Quando estivera em Alexandria, tivera a oportunidade de ler manuscritos sobre os deuses indo-europeus. Varuna, Mithra, Indra e os demais não lhe eram desconhecidos. Issa tinha, entre outras aptidões, uma memória excelente. Era capaz de lembrar-se de nomes, números e situações num átimo. Enquanto Mazarés falava com enlevo e devoção de seu adorado profeta, Issa ia se lembrando das lendas que lera.

Ahura ou Ahura Mazda era associado a Varuna. Ele detinha o poder, era o dispensador da morte, exator de sacrifícios e guardador do arta – a ordem exata, a ordem cósmica – e do ritual. Mais uma vez os capelinos – Zarathustra era um obreiro capelino que viera ajudar o grande degredo – influenciaram os terrestres. A imponente imagem de Varuna, o Mykael dos alambaques, havia se transformado não mais num deus, mas na concepção do próprio Deus. Varuna e Mithra formavam um único ser, que se confundiam. Eles eram o pai divino, o legislador, o defensor da palavra dada, e vigiavam as alianças.

Ao seu lado, deuses de menor poder também governavam. Sraosa protegia as comunidades arianas e Asi vigiava as riquezas dos deuses. Depois deles, vinham os deuses guerreiros. Vartraghan, também conhecido como Indra, era um bom companheiro, campeão arrebatado, visto que, armado com espadas de raios, era matador de demônios, encarnando a violência necessária.

Vayu era o deus do vento, que concentrava a força brutal, a que nada resistia. Vayu, rebatizado de Samael, era um dos ajudantes de Vartraghan. Era o ideal de guerreiro ariano, a própria violência espiritual, o sopro vital que dava vida aos homens. Seu reino se estendia entre a terra e o céu, entre o mundo físico e o espiritual. Na qualidade de um deus inicial, era preciso cultuá-lo primeiramente. Era importante dar-lhe oferendas. Ele seria confundido com Lúcifer, o portador do archote.

142 | A SAGA DOS CAPELINOS

Já Rudra presidia a caça e reinava sobre os animais selvagens. Era um arqueiro implacável, que percorria montanhas e florestas. Rudra seria confundido com o deus dos shindis, Shiva, e, a partir desse sincretismo religioso, ele se tornaria parte da tríade do bramanismo.

Em terceiro nível, apareciam os gêmeos Nasétias, que distribuíam saúde, jovialidade, fecundidade, cura e luz benéfica. Também participava dessa função nutriente e reprodutora Anahita, mais conhecido entre os indianos como Sarasvati.

Os parthos dividiam os seus deuses em dois grupos: os mazdas e os devas. Os mazdas representavam a boa conduta, enquanto os devas, a transgressão da ordem do mundo e do universo. Havia uma permanente luta entre os dois. Os persas e parthos cultuavam os dois, para estarem de bem com ambos. Os devas eram os antigos alambaques de Capela, os 'dragões' de sabedoria e força dos celtas, chineses e arianos.

Zarathustra era contra esse culto dualístico. Para ele, existia somente Ahura Mazda. Os devas deviam ser esquecidos e nenhum sacrifício a eles devia ser feito. Nenhuma imolação de sangue, especialmente de boi, devia ser feita em oferta a nenhum deus, nem mesmo ao todo poderoso Ahura Mazda, pois haveria sempre um deva – dragão – que iria sugar os fluidos vitais da oferenda.

Os primeiros homens ficaram alarmados com isso e não quiseram seguir os mandamentos do profeta, mas ele insistiu nisso: os devas não deviam ser cultuados, visto que eram adversários. Não havia dualismo na concepção de Zarathustra. Somente Ahura Mazda existia. Os homens que vieram depois interpolaram Arimã, o deus do mal. Mas ele mesmo nunca falou que Ahura Mazda e Arimã eram poderes iguais e opostos. Para Zarathustra, só existia Ahura Mazda, porquanto os demais seres eram suas criaturas.

Os homens, ao morrerem, iriam para o paridaeza – recinto circular –, o paraíso, onde receberiam uma sala, um trono, uma vestimenta, um diadema de luz e uma coroa. Se tivessem sido corretos, teriam parte com os bem-aventurados.

As lendas indo-europeias apresentavam uma versão muito interessante dos primeiros tempos da criação. O primeiro homem foi chamado de Yami, filho de Vivahant. Este deus-sol foi o primeiro a extrair o haoma, uma bebida entorpecedora e sagrada. Vivahant precisou do haoma para gerar Yami, que nasceu num pilar de fogo parecido com um raio. Yami, além de ter sido o primeiro homem, foi também o primeiro soberano, o primeiro rei da Idade de Ouro, do mais feliz milênio da história. Uma reminiscência de Capela, representada por Vivahant, e dos tempos felizes, num planeta mais evoluído tecnologicamente.

Yami, entretanto, mentiu e perdeu a auréola que lhe dava sorte. Foi expulso da Terra e seu reino foi tomado pelo usurpador Azi Dahaka, o grande dragão, que levou todos os seres vivos para o vara, onde Spituyr, um dos dragões mais ferozes de Azi Dahaka, ao descobrir o fato, matou Yami, indiferente aos seus apelos e aos seus gritos estentóricos. Azi Dahaka era o atlante Razidarakha, o demônio personificado. Os capelinos sentiram a partida de seu planeta Ahtilantê e choraram. Com a morte de Yami, nasceram a miséria e a pobreza, a fome e a sede, a velhice e a morte, os lamentos e as lágrimas, o calor e o frio, e a mistura entre demônios e homens, dando fim à Idade de Ouro.

Outra lenda nos diz que Vartraghan tomou a fortaleza de Azi Dahaka. Venceu o dragão e liberou as águas retidas no antro do infame, libertando também as mulheres cativas do seu enorme harém. As águas libertas caíram sobre a terra em forma de chuva, que tudo vivifica, trazendo um novo recomeço. Assim os arianos festejavam o novo ano, com alguém da tribo personificando Vartraghan matando o dragão e liberando as águas renovadoras. Com isto, iniciava-se o período de casamentos, de fecundidade da terra e do nascimento de novas crianças.

Melchior o chamou, após ter passado dois dias inteiros com Mazarés.

– Então, nosso irmão Mazarés deu-lhe as primeiras luzes sobre Zarathustra.

144 | A Saga dos Capelinos

– Sim, sem dúvida, mestre Melchior. As explicações do irmão Mazarés iluminaram a brilhante personalidade deste homem que tanto fez pela grandeza da Pérsia.

Os judeus gostavam dos persas; fora Kurush – Ciro – que os libertara do cativeiro da Babilônia, permitindo que voltassem à Iehudá – Judeia.

– Tenho uma proposta para você, meu caro Issa.

O jovem Issa esticou o pescoço, demonstrando interesse.

– Temos alguns monges mendicantes, que poderão levá-lo pelas estradas do reino e ensiná-lo a verdade sobre a "boa religião". Você aprenderia muito mais com eles do que sentado aqui, lendo o Avesta.

O monge principal fez um aceno com a mão, como quem já sabia a resposta, e complementou:

– Sim, eu sei que você quer ler o nosso livro sagrado, e terá oportunidade de lê-lo, mas você não verá muita coisa diferente do que há nos seus próprios livros. – E vendo a surpresa de Issa, Melchior complementou. – Sim, meu amigo, também sou curioso pela leitura dos livros sagrados e conheço alguma coisa de sua Torah. Conheço também os ensinamentos dos nossos irmãos indianos e, um dia, eu vou lhe sugerir conhecer também as lições dos seres iluminados que nasceram na Índia. Por enquanto, creio que o caminho mais proveitoso é você conhecer nosso belo país, na companhia de Vidarna, um zaotar.

Issa lhe respondeu de imediato:

– Será motivo de honra e prazer.

– Ótimo! Partirão amanhã.

CAPÍTULO 5

No dia seguinte, antes de o sol raiar, os dois viajantes, levando uma sacola mínima com um cantil para água e mudas de roupa, partiram em direção ao coração da Parthia.

Vidarna era um homem de cinquenta anos, forte, esbelto, com a cabeça calva e a barba ruiva. Sua tez avermelhada e seus olhos muito azuis, quase glaciais, davam-lhe um ar de homem severo. Conhecedor das estradas e da alma dos homens, mantinha-se num mutismo inquietante. Issa estranhou no início, pois, se aquele homem ia mostrar-lhe a doutrina de Zarathustra, por que se mantinha tão sisudo e taciturno? Como relacionar-se com alguém que mal responde as perguntas? Issa acalmou seu coração, dizendo para si que Deus tinha misteriosos meios para ensinar o verdadeiro caminho aos homens.

Vidarna era um mago importante, e sua chegada às aldeias, onde era sobejamente conhecido, suscitava viva comoção. Na primeira aldeia a que chegaram, Vidarna foi logo cercado de crianças, idosos e aleijados. Todos corriam para vê-lo e pedir-lhe conselhos, curas e bacorejos. Ele tinha um ar austero, mas derretia-se todo à vista de uma criança e sempre tinha uma palavra carinhosa para os infelizes. Issa se surpreendeu com a metamorfose do taciturno em jovial, num piscar de olhos. Issa chegou a

145

146 | A SAGA DOS CAPELINOS

sorrir da nova atitude do zaotar. No fundo, ele o preferia assim, mais alegre e comunicativo.

Vidarna olhou para Issa com autoridade e mandou que seguisse uma mocinha, cuidando da mãe que estava doente, da melhor maneira possível. Issa obedeceu com determinação e seguiu a adolescente até um casebre quase em ruínas. Lá chegando, entrou, e um odor fétido atacou-lhe as narinas. Seu estômago quase se embrulhou com o cheiro de fezes, vômito e urina, que se desprendia de um catre. Sobre o grabato duro estava um corpo em estado lastimável de enfermidade. O estômago e o intestino estavam inchados enquanto que a mulher apresentava uma magreza impressionante. Ela não conseguia levantar-se e, por isso, permanecia no leito em estado quase catatônico. Issa olhou-a com imensa piedade e seu olhar espiritual penetrou nas entranhas da mulher, vendo grossos nódulos em vários lugares do intestino e também no fígado. A mulher estava com diversos carcinomas, que a estavam matando.

Issa ergueu o olhar, volveu-o para a filha da mulher e perguntou-lhe onde havia água. A mocinha respondeu-lhe que havia um regato próximo dali. Issa levantou com facilidade o corpo putrefato da infeliz e pediu que trouxessem roupas limpas, já que pretendia banhá-la. A menina informou-lhe, porém, que os anciãos da aldeia não permitiriam que se conspurcasse a água com os detritos de sua mãe. Issa não discutiu e levou-a até o riacho. Olhou o sentido da água e desceu uns duzentos metros até encontrar um lugar apropriado. A mulher resmungava algo que não dava para entender.

Issa tirou os trapos imundos que a cobriam e mergulhou-a na água. O choque do riacho frio a fez sair de seu estupor, e Issa falou com carinho que ficasse calma porque tudo estava sob controle.

Issa a lavou, retirou a crosta de sujeira que a cobria e aproveitou para lavar seus próprios braços, que também estavam cobertos de excrementos. Depois disso, tirou-a da água, secou-a e cobriu-a com a roupa que sua filha trouxera. Olhou com carinho paternal para a mulher, que não parecia ter mais de trinta e cinco anos, e

Jesus, o Divino Discípulo | 147

passou com imensa delicadeza as mãos sobre o ventre descomunalmente inflamado.

Seus olhos se fecharam numa prece muda, e ele levantou os olhos para os céus. Durante cinco longos minutos, orou com fervor ao Pai Amantíssimo, enquanto acariciava circularmente a barriga da mulher. A filha, que o acompanhara, ficou a curta distância deles, mas pôde observar a transfiguração por que Issa começou a passar. Espiritualmente, ele se iluminara como um brilhante sol, de tal forma que a moça, que tinha certa vidência espiritual, não conseguia mais olhar para ele.

Assim que Issa começou a orar, seu padrão vibratório subiu enormemente e ele pôde ampliar ainda mais sua visão espiritual. Ele se concentrou e dirigiu um foco de imensa energia para os vários carcinomas que infestavam a mulher. Os tumores estavam sendo removidos com a alteração profunda dos átomos. A imensa energia espiritual de Issa atuava sobre as forças psíquicas da matéria, espécie de protoespíritos, e alterava os campos de energia dos núcleos atômicos e, como consequência, as ligações dos elétrons, de tal forma que eles se transformavam em moléculas diferentes. Ora, se a natureza íntima da matéria estava sendo alterada, os tumores também se modificariam. Era uma forma de radioterapia muito mais intensa, mais focalizada e de poder energético milhares de vezes superior à da radioterapia comum, que existiria dois mil anos mais tarde.

A mulher debatia-se lentamente e sentia frio. Aos poucos, começou a voltar a si. A filha a escoltava e nada dizia. Via Issa como um pequeno sol, mas, quanto aos demais fenômenos espirituais, não podia ver o que se passava. Acompanhava, no entanto, as reações da mãe e via que, aos poucos, ela recuperava a consciência. Notou também Issa voltando ao seu estado normal. Ele terminou de vestir a pobre mulher com os andrajos limpos que a filha trouxera e carregou-a de volta para a aldeia. Só entraram na casa depois de fazerem uma limpeza, jogar os excrementos fora, varrer a sujeira para longe da aldeia e preparar uma nova cama de palha para que a doente pudesse deitar-se.

148 | A SAGA DOS CAPELINOS

Issa encontrou Vidarna tratando de outros doentes. O monge, quando o viu, perguntou-lhe por que demorara tanto. Issa, muito humildemente, informou-lhe que fora ajudar a mãe da moça. Vidarna continuou seus afazeres e pediu ajuda a Issa. Ele estava tratando de uma criança que quebrara a perna e tinha uma séria inflamação.

A fratura estava horrivelmente exposta e a criança gritava de dor. Quebrara-a havia mais de três dias e parecia que, se não fosse tratada, teria que ser amputada. Várias pessoas estavam em volta do doente, acompanhando as atividades de Vidarna.

O monge havia lavado a ferida e tentava agora tirar as nojeiras que os aldeões haviam colocado sobre ela. Tinham feito um emplastro de excrementos de carneiro e gado, misturado com ervas, e um ritual simples para afastar os demônios que sugam o sangue das vítimas e as levam à morte. Após lenta operação para não machucar a criança, Vidarna ia colocar seu próprio emplastro, constituído de excrementos de aves e répteis, que, em sua opinião, era muito mais poderoso. Issa chegou nesse instante e viu como o ferimento estava inchado, com um aspecto rubro misturado com partes de cor violácea. Issa, muito gentilmente, falou com Vidarna em aramaico, língua que ambos dominavam, mas que a população local desconhecia.

– Mestre Vidarna, o rapazinho, além de estar com a perna quebrada, está com séria infecção. Só existem dois métodos: a amputação do membro ou a prece. A colocação de emplastros só irá acelerar a morte terrível do menino.

Neste ponto, Issa concordava, em parte, com os essênios, que não aceitavam que se colocasse nenhum tipo de emplastro, óleo ou perfume sobre o corpo humano, sadio ou doente. Vidarna olhou-o com desdém e redarguiu-lhe, secamente:

– Este emplastro tem forças milagrosas. Não precisamos cortar a perna do moço. Basta a fé para que o milagre se faça.

Issa fixou nele o olhar tristemente e perguntou-lhe se podia fazer uma prece inicial, pois, com isso, argumentou, fortaleceria a eficácia do emplastro. Vidarna ia responder que não, mas aquies-

JESUS, O DIVINO DISCÍPULO | 149

ceu, mais para não dizerem que ele era intolerante do que por acreditar nas forças miraculosas da prece de Issa.

Issa sentou-se no chão e colocou a cabeça do menino no colo, de forma que pudesse acomodá-lo da melhor forma possível. Segurou sua mão e afagou a cabeça do rapazote. O menino estava lívido e quase desfalecia de dor e medo. Seu coração batia aceleradamente, e seus olhos estavam injetados de sangue. Issa, tocando-lhe com a mão direita, conseguiu acalmá-lo, quase que de súbito. O menino, que choramingava, cessou aos poucos suas justificadas lamúrias e, em menos de um minuto, adormeceu profundamente.

Issa, com seu olhar espiritual, iniciou sua prece muda, que era uma forma de concentrar-se para expandir seus poderes. Rapidamente, alcançou um alto nível de vibração, cujo fruto focalizou sobre a perna quebrada do menino e a envolveu com fluidos esverdeados. Vidarna quis aproximar-se para aplicar-lhe seu emplastro imundo, mas, com um olhar mais severo, Issa pediu que esperasse. Pôs a mão esquerda sobre a ferida, e de seus dedos saiu uma substância branca, leitosa, viscosa e abundante, que procurou conduzir mentalmente até os ossos do menino, os quais estavam mal- alinhados, presos por uma tala rústica.

Issa acomodou o menino sobre o chão e fez uma imposição de mãos sobre sua cabeça. Quem pudesse ver as forças espirituais teria observado um belo espetáculo. Luzes saíram dos dedos de Issa, indo atingir o topo da cabeça do menino, ainda adormecido. Aos poucos, um pequeno turbilhão foi-se formando sobre o cume e penetrou no corpo do jovem. À medida que as energias cedidas por Issa foram entrando, pareciam ir acendendo certos campos de força do rapazote. Issa acompanhava com seu olhar espiritual tudo o que estava acontecendo e pôde ver como certos miasmas negros foram sendo derrotados pela poderosa luz que emanava dele. Os micro-organismos letais, que já estavam se espalhando pelos órgãos vitais do menino, foram combatidos por esta enorme carga de energia. Issa terminou por refazer a tala, alinhando os ossos de forma a ficarem o mais perfeito possível.

150 | A Saga dos Capelinos

O moço acordou duas horas depois, sem febre, com o local da fratura totalmente desinchado. Issa concordou com que colocassem um emplastro somente de ervas frescas e maceradas e pediu a Vidarna, cheio de mesuras e humildade, que não aplicasse sua terrível mistura. Explicou-lhe que os demônios haviam sido rechaçados pela força das orações. Extremamente irritado, o monge assentiu, mas lhe deu as costas e foi tratar de outras pessoas.

Naquela noite, a mulher melhorou tremendamente e voltou a falar. A filha comentou com a vizinha que vira o jovem monge iluminar-se como um sol ao tratar de sua mãe, e os ignorantes aldeões espalharam a notícia de que o deus Shamash os visitava. Outros desataram a dizer que era Apolo quem estava entre eles, enquanto alguns falavam que se tratava de Amon-Rá, já que o moço falava como um egípcio. No meio da noite, após o frugal jantar, Vidarna foi informado da recuperação da mulher e decidiu visitá-la para saber, pelo testemunho da filha, todos os detalhes de sua cura.

Vidarna era um monge extremamente severo e correto. Tinha amor desvelado pelos pobres e desprezo pelos ricos e poderosos. Quando recebeu a missão de escoltar Issa, ficou furioso. Por não conhecer o moço, acreditou tratar-se de mais um desses homens ricos que, não tendo nada para fazer, iam para mosteiros curar-se de mal de amor, decepções da vida ou outros problemas pessoais. Ouvira falar da história da cura do rei e, por isso, acreditava que Issa era um feiticeiro estrangeiro que soubera cativar o monarca com frases e encantamentos.

Na fase inicial da viagem, até chegarem à pequena aldeia, Vidarna negara-se a falar com o estrangeiro. Chegados ao destino, Vidarna deu-lhe uma incumbência simples, mas, como Issa manteve-se ausente por mais de uma hora, pensou que o truão estrangeiro – era assim que Vidarna via Issa inicialmente – tinha escapulido para descansar da jornada embaixo de alguma árvore. O auge de sua irritação se deu quando Issa reapareceu e impediu que o velho colocasse seu emplastro miraculoso sobre a perna do menino. Quando se sentara no chão e acalmara a criança com feiti-

JESUS, O DIVINO DISCÍPULO | 151

çarias secretas, Issa pareceu-lhe odioso. Com isso, Vidarna pensou em voltar no dia seguinte para o mosteiro e devolvê-lo a Melchior.

No entanto, após ouvir as palavras da ingênua filha cancerosa e constatar a notável cura de sua mãe, o jovem judeu não mais lhe pareceu mal às vistas. Na mesma noite, foi visitar o rapazote que tivera a perna fraturada e viu que ele dormia serenamente. A mãe informou-lhe que era a primeira noite em que o menino dormia bem. A perna havia desinchado e o ferimento causado pela exposição do fêmur partido estava em vias de cicatrização.

Vidarna e Issa ficaram uma semana naquela aldeia. Cada vez mais, os habitantes viam o jovem judeu como um deus. Aqueles pobres homens do planalto iraniano, por onde diversos povos de raças e culturas diferentes haviam passado, cultuavam todos os deuses, dos gregos Apolo e Adônis aos mais antigos, como Shamash e Rá. Issa tornara-se motivo de discussões entre os homens da aldeia. Seria ele Rá, Shamash ou Apolo? Ninguém duvidava da história da menina, que afiançava que Issa transformara-se num pequeno sol. Ora, se ele se transformara numa estrela, é porque era um deus-sol. Logo, ou era Rá, Apolo, Shamash, ou mesmo o próprio Mithra, que também era um deus solar. A lógica dos ignorantes é irretorquível!

Issa sentia que o tratamento que os adultos lhe davam ia do respeitoso ao temeroso. Não se brincava com um deus! Quem haveria de saber o que um deus vindo à Terra podia fazer num momento de ira? Issa, todavia, desconhecia as discussões teológicas a seu respeito e gostava da forma como as crianças o tratavam. Todos os menores o procuravam e demonstravam gostar dele. Ele os recebia e aproveitava para examiná-los, curando pequenas feridas e tratando de barrigas enormes, com verminose em estado adiantado.

Entre as crianças mais doentes, existia uma menina de oito a nove anos, franzina, que era acometida de crises de epilepsia, que os aldeões acreditavam tratar-se da doença sagrada. Alexandre e Júlio César, assim como Akhenaton, sofriam desta nefanda disfunção cerebral.

A menina Iríades era de uma beleza notável. Contudo, tinha o peso e a estatura aquém da idade. Issa conheceu-a pela primeira

152 | A Saga dos Capelinos

vez, quando ela segurou, com sua mão extremamente pequena, dois dedos de sua mão grande, atraíndo sua atenção amorosa.

– Como você se chama? – perguntou Issa, abaixando-se, para falar com a criança.

– Iríades. – respondeu. Ato contínuo, de forma inocente, a doce menina perguntou:

– É verdade que você é um deus?

Issa espantou-se com a pergunta e respondeu-lhe:

– Claro que não, Iríades. Só existe um único Deus.

A jovem, num movimento súbito e imprevisível, abraçou-o, enlaçando seu pescoço com seus braços pequenos e magros. Lestamente, depositou um ósculo em sua face e disse-lhe, quase em pranto.

– Que pena! Se você fosse um deus, poderia me curar.

Issa emocionou-se grandemente com a menina, beijou sua bochecha pálida e inquiriu-lhe:

– O que você tem?

– Meu corpo começa a tremer todo e eu caio no chão. Minha boca baba, e as pessoas ficam com nojo de mim.

– Você sente dor?

– Não. Antes de ter esse ataque, sinto uma coisa muito boa na cabeça e depois não me lembro de nada. Quando acordo, eu me sinto mal, com o corpo cheio de dores. Quase sempre, estou toda suja. Sinto muita vergonha disso. Ninguém quer brincar comigo. Dizem que eu tenho a doença sagrada.

– Ora, se é sagrada, é porque você também é sagrada. – Issa brincou com ela, para animá-la.

– Eu não quero ser sagrada. Quero ser uma pessoa normal. Quero ter amigos e brincar, como todo mundo – e, dizendo isto, desatou a chorar, agarrada ao pescoço de Issa, que aconsolava com palavras doces, chamando-a de princesa, de minha linda boneca e de outras gentilezas do gênero.

Na véspera de partirem, Issa estava debaixo de uma grande árvore, escutando alguns aldeões se lastimarem da sua penúria, quando viu um corre-corre numa das casas da aldeia e dirigiu-se

JESUS, O DIVINO DISCÍPULO | 153

para lá. Iríades estava tendo um ataque epiléptico. Issa, com seu olhar espiritual totalmente atento, procurou por sinal de obsessão e nada viu. Algumas vezes a epilepsia era provocada por espíritos obsessores e, em alguns casos mais sérios, por possessão espiritual completa. No caso de Iríades, tratava-se de algo físico, sem qualquer manifestação espiritual exterior.

Issa pediu licença para entrar na casa e todos o acolheram bem. Aproximou-se da menina, que estrebuchava no chão, colocou a mão sobre a cabeça e concentrou-se na região cerebral. Viu que o seu cérebro parecia uma fornalha de impulsos erráticos de energia. Procurou acalmá-la com passes longitudinais na cabeça, em direção aos pés. Aos poucos, o acesso foi cedendo até que, finalmente, a menina adormeceu.

Todos estavam maravilhados com Issa, mas ele estava triste, pois sabia que apenas dera um lenitivo temporário. Ele não a curara, já que sabia que aquela doença não era do corpo, mas do espírito. Renascimentos purgatoriais só seriam completamente debelados pelo sofrimento e pela atitude regeneradora. Iríades continuaria com sua doença sagrada, mas era seu dever oferecer o maior lenitivo possível. Se ela se dedicasse a obras meritórias, exercitando sua mente para o bem, as crises convulsivas iriam diminuindo até desaparecerem. Caso contrário, elas iriam recrudescer.

Agora, com o caso de Iríades, confirmava que ele era um homem com limitações, pois somente Deus tinha poderes ilimitados.

"Sim, eu também sou um homem e não um deus, como apregoam os simples. Ora, eu também não urino e defeco como os outros homens, e não sinto também dores intestinais, quando como comida imprópria? Não senti os clamores do sexo, o qual tive que aplacar com minha força de vontade? Sou, portanto, para todos os efeitos, um homem, mesmo que tenha a quase completa certeza de que vim de um plano espiritual muito elevado para ajudar os homens a encontrar um caminho de amor e perfeição."

Iríades jamais lhe sairia do pensamento. Ela o aplainara, mostrando que ninguém, nem mesmo um anjo, estava acima das leis

154 | A Saga dos Capelinos

divinas e que nada podia derrogar aquilo que havia sido tão sabiamente determinado por Deus, por meio de suas justíssimas leis.

Issa e Vidarna partiram no outro dia, bem cedo, antes de o sol levantar-se, indo em direção ao nordeste para visitarem uma outra aldeia, que aguardava pelo zaotar. Os caminhos eram perigosos e infestados de bandidos, porém dificilmente atacavam os monges; sabiam que eles não tinham posses, além do medo de atraírem sobre si a maldição de algum espírito ou deus secreto dos sacerdotes. O povo era extremamente supersticioso e, na sua ignorância, entendia muito pouco do masdeísmo, preferindo ficar com suas lendas e demônios.

O calor era insuportável durante o dia e a temperatura caía rapidamente à noite, o que obrigava os viajores a abrigarem-se em cavernas ou lugares de relativo resguardo.

Durante a viagem para visitar a segunda aldeia, Vidarna tornou-se mais palrador. Já via Issa com outros olhos. Observara bem sua atuação na aldeia e a gentileza com que tratava as pessoas. Percebera que Issa estava amolado. Seu cenho estava franzido. Era a primeira vez que Vidarna o via assim.

– O que houve para você ficar assim?

Issa volveu-lhe o olhar e respondeu-lhe com muita sinceridade:

– Fiquei triste por não poder curar definitivamente aquela linda menina. Ela teve um ataque ontem e a única coisa que pude fazer foi acalmá-la.

– Issa, meu caro Issa, não se amofine por não poder ser útil sempre. Na maioria das vezes, você não poderá ser. A maior parte das pessoas não entende que precisa ajudar a si própria e fica esperando 'milagres' do céu. Espera inútil; Ahura Mazda só ajuda quem se esforça.

Issa inquiriu-o, entrando na essência de sua religião.

– O que diz sua religião a respeito dessas coisas?

– Eu lhe pergunto: será que Ahura Mazda não estabelece todas as coisas e cabe a cada um cumprir seu papel? Será que o destino dos homens não está escrito no dia em que nascem? Pois eu lhe respondo que o nosso profeta Zarathustra destinou grande parte

JESUS, O DIVINO DISCÍPULO | 155

de seu pensamento a isto e concluiu que Ahura Mazda não faz o homem ser assassino, nem ladrão, nem adúltero. É o próprio homem que procura estes caminhos, assim como é capaz de encontrar a bondade em seus atos.

– Mestre Vidarna, você não crê que as condições de nascimento determinam as reais possibilidades dos homens? Vejo que, em sua sociedade, há possibilidades muito estreitas de o homem progredir. A maioria fica estática em sua posição de pobreza e morre do mesmo modo como nasceu.

– O nascimento é uma condição e não uma determinante. Seria uma maldade achar que Ahura Mazda faria uns homens bons e outros maus, uns ricos, outros pobres, uns saudáveis e outros doentes. Trata-se de condições que ajudam a determinar certos comportamentos, mas, em momento algum, estes fatores tornam-se tão fortes que impedem qualquer movimento de aprimoramento dos homens. Se os homens se encontram em certas circunstâncias, é porque estão ligados a fatos e eventos de longínquo passado, quem sabe de outras existências, que os aprisionaram, gerando uma condição de causa e efeito.

Issa estranhou que Vidarna falasse sobre a doutrina de renascimentos sucessivos, pois os persas e os parthos não acreditavam nisto. Para eles, existia apenas uma única existência e, após tal vida, a alma iria ou para o inferno, ou para o paraíso, dependendo do tipo de vida moral que a pessoa levou. Havia até mesmo uma forma de purgatório, que era passado no próprio inferno, mas por um período determinado de dois mil anos, quando então o espírito seria levado ao paraíso, já completamente redimido.

Issa, no entanto, não quis entrar nas crenças de Vidarna, pois imaginou que ele devia ter recebido influência de outros povos, provavelmente dos brâmanes. Prosseguiu, pois, dentro do tópico principal.

– Eu também creio nesta teoria, mestre Vidarna, apenas por achar que Deus é bom. Mas a sociedade é cruel e não permite que os homens progridam.

156 | A Saga dos Capelinos

Issa procurava, a partir de questões simples, saber a base mais profunda do masdeísmo.

– É verdade, Issa, mas aceite este fato e resigne-se aos ditames dos mais poderosos. Não creio que seja possível modificar este estado lastimável de coisas. Sempre haverá pobres e ricos, doentes e sadios e bons e maus.

– Não creio que tal assertiva seja correta, mestre Vidarna. Creio que ela é reflexo de uma determinada situação e que pode ser modificada, com o decorrer dos séculos.

Vidarna olhou-o e expressou-se num tom benigno:

– O grande profeta Zarathustra também crê nisso. Ele nos diz nos Gathas, do Avesta, que é preciso fazer uma escolha e depois lutar para manter esta decisão. Temos que ter ética e é preciso lutar para a implantação da justiça. Zarathustra nos fala de um "Reino Forte de Ahura Mazda"; no entanto, eu creio que esse local é junto a Ahura Mazda nos céus. Não é na Terra e, sim, no mundo espiritual.

– E por que não é possível implantar um "reino forte" de Deus na Terra? Não temos que lutar contra as injustiças e, para tal, considerar todos os homens como nossos iguais?

– Isto é uma bela teoria, mas significa dizer que não haveria escravos e nem senhores. Não haveria servos nem servidos. Não haveria doentes nem médicos. Todos deveriam ser iguais. Você não vê que isto jamais poderia existir?

– Não, não precisa ser desta forma. Sempre haverá servos e servidos, mas não há necessidade de haver escravidão nem imensas diferenças sociais. Nada impede que alguém que deseje um serviço pague por ele. Hoje já pagam, só que de forma hedionda, escravizando pessoas, que, bem ou mal, custam caro, pois exigem comida e roupas, ficam doentes e morrem, obrigando os donos a adquirirem outros, mediante vultosas somas. No entanto, imagine se cada um pudesse ganhar seu sustento de forma honesta, numa sociedade que primasse pela ordem, pela aplicação equânime da justiça e pela igualdade entre as pessoas. Seria o "Reino Forte" de Ahura Mazda aqui mesmo na Terra. Seria o reino de Deus.

JESUS, O DIVINO DISCÍPULO | 157

– Issa, você é um jovem brilhante, mas creio que esse seu sonho ainda está distante, mesmo que eu possa acreditar que seja possível realizar-se algum dia. Entretanto, aqui na Terra, Angra Mainyu – o espírito do mal –, também chamado de Arimã, luta permanentemente com seu irmão gêmeo, o primeiro dos arcanjos, que nós chamamos de Spenta Mainyu. Enquanto o primeiro dos arcanjos é a justiça, o outro, por sua livre escolha, tornou-se o espírito do mal, levando os homens à perversão.

– Arimã ou Angra Mainyu é apenas uma imagem. Não é uma entidade real. A única coisa efetivamente real, mestre, é a vontade de o homem modificar-se, se assim o desejar. É sua atitude perante a vida. Se um homem se une por suas atitudes e atos a Azi Dahaka, o dragão, torna-se vil e poderoso. Dominará os demais e não dará trégua à sua mente, na procura do ouro, do poder e da luxúria. Como consequência, será de longa duração seu tempo nas trevas, onde sensação de fome, gritos de aflição, ranger de dentes de ódio serão seu espólio de guerra. Por outro lado, se ele se une a Spenta Mainyu, à justiça, ao amor universal, ele se torna forte e não pode ser derrubado por uma tempestade, pois ele construiu seu castelo sobre rochas e não sobre a fina e movediça areia.

Vidarna olhou para Issa, vendo nele um fogo e uma determinação que jamais vira em ninguém. Seria Issa um homem comum, ou realmente um deus a peregrinar na Terra, à procura de algo que ainda não encontrou?

– Issa, meu bom Issa, creio que isto é obra para séculos.

– Sim, mestre Vidarna – disse Issa mais calmo. – É obra para séculos. Mas é preciso começar algum dia. Eu creio firmemente que o reino de Deus pode ser implantado aqui na Terra, desde que haja justiça e amor. Este reino deve estar no interior de cada homem, e o mundo constituído de homens de elevado estofo moral será um lugar de paz e fraternidade e, especialmente, de amor e justiça.

– Eis aí o grave problema. Justiça exige uma mudança na sociedade. Hoje, ela existe para proteger os ricos e poderosos. Já o amor

158 | A Saga dos Capelinos

é um sentimento íntimo, exigindo uma reforma interna, pessoal, quase um renascimento interior.

– Mestre Vidarna, este é o caminho da verdade. Trabalhar para a justiça e o amor.

– Você tem razão, Issa, este é o caminho.

Fazendo um instante de silêncio, Vidarna começou a falar em outro tom, iniciando um novo assunto, dando por encerrado o anterior.

– Deixe eu lhe contar no que acreditamos. Os nossos sábios creem que os tempos estão divididos em quatro períodos de três mil anos. Cada um desses períodos cíclicos é comandado alternadamente por Spenta Mainyu e Angra Mainyu, o Arimã, um sublime arcanjo de Ahura Mazda, que se rebelou contra sua ordem estabelecida. Nosso tempo é característico das grandes lutas entre esssas duas forças, a do bem e a do mal, que deseja a posse do mundo, a sua destruição e que todas as almas dos homens sejam levadas para seu infernal reino. No entanto, Ahura Mazda tem um filho de grande poder e que está acima de todos os demais mazdas e devas. Ele se chama Mithra, sendo belo e radiante como um sol. Está previsto que Mithra irá renascer entre os homens, vindo a se chamar Xaosiante, e que, no final do milênio, ele lutará contra Arimã, derrotando-o. Deste modo, ele irá retirar toda a tendência para o mal dos homens, transformando-os em seres justos e fraternos, estabelecendo o "Reino Forte" de Ahura Mazda na Terra.

Issa escutara com atenção. Então, os persas também esperavam a vinda de um salvador, de um ser sobrenatural, que conseguiria, sabe-se lá como, retirar a maldade do coração dos homens! Os judeus também esperavam um eleito, um Mashiah, um ungido ao Senhor, que levaria Israel à liberdade, retirando a tendência para o mal dos homens e instituindo o Olam Ha-bá – o mundo a vir.

Naquela noite, Issa foi levado em espírito para um local de rara beleza no mundo astral superior, onde recebeu, diretamente dos espíritos avançados, algumas explicações de grande importância.

Esses espíritos sábios apenas despertaram em Issa o que ele já sabia, mas que estava dormitando sob a capa pesada da matéria, que lhe obliterava a memória. Eles lhe disseram que os homens daquela época não tinham a noção de evolução, de progresso gradativo, de aperfeiçoamento pela experiência, que alterava a essência da personalidade espiritual por meio de novas vivências, modificando atitudes e despertando novos valores e qualidades. Eles acreditavam em ciclos e opostos, pois estes eram mais fáceis de serem constatados. Fatos como dia e noite, preto e branco, inverno e verão, chuva e seca, homem e mulher, criança e velho eram conceitos observáveis na natureza. Tudo parecia inalterado no decorrer dos séculos e eles diziam que não havia nada de novo sob o sol. Assim, a imensa esmagadora maioria, sem saber que havia a evolução, tanto espiritual como material, e também social, acreditava em ciclos de alternância entre o bem e o mal, entre o certo e o errado, entre a luz e as trevas. Por isto acreditavam em milênios ou em trimilênios de vitória do bem com alternância do mal.

Somente uns poucos sabiam que existia a evolução, acreditando que poderia existir progresso, ou seja, a modificação com a implantação de novas tecnologias e com a mudança interior. Issa entraria, em muito breve, em contato com a filosofia desses raros homens de visão.

Os espíritos evoluídos também explicaram a Issa que, por mais que os homens entendessem os ciclos da vida, sem nele perceberem a evolução, eles tinham a ideia de que estes processos não poderiam ser perpétuos. Haviam começado certo dia e, assim como a vida de todos os seres vivos, haveriam de ter um fim. Não nascia o homem e ele não morria? Então, este processo teria também seu fim. O mundo havia sido criado e, portanto, como qualquer organismo vivo, ele chegaria também ao seu fim.

A partir destes conceitos, o homem tinha a ideia de transcendência. Tinha a noção de que as coisas não acabavam quando se morria. Algo sobrevivia. Esta ideia não havia aparecido do nada, mas da constatação de que os mortos, que lhes apareciam tanto em vidência como em sonhos, eram a continuação ou a finalização do processo material. O homem tornava-se espírito. O mundo haveria também de se tornar um mundo espiritual, onde, então, por dedução lógica, não haveria mais a morte, as doenças, as catástrofes telúricas e só reinaria o bem absoluto. Deste modo, os homens de então acreditavam que a única forma de obterem a paz perfeita, sem mortes, sem doenças, sem hecatombes, seria num mundo a vir no final dos tempos, onde, então, o mal seria eliminado, os maus expurgados para um lugar de grande sofrimento perpétuo, e somente o bem reinaria.

Mithra era a certeza, a representação máxima do final dos tempos, a vitória total sobre o mal, a transformação mágica da realidade de um mundo duro e cruel, cheio de maldades, vilanias sem fim e guerras pavorosas num local de beleza, amor, paz, vida sem dor, sem doenças, perfeito. O mundo poderia acabar em pavorosa hecatombe por fogo, água ou outra forma qualquer, mas o espírito sobreviveria. Para uns, os corpos materiais seriam novamente reconstituídos pelo imenso poder de Deus, da mesma forma como havia morrido, e viveria uma vida material, física, mas que não teria fim, sem doenças, envelhecimento, guerras, sofrimentos e o mal. Para os seres caídos sob as garras de Angra Mainyu ou de Satã ou qualquer demônio, personificação do próprio mal, o castigo seria o banimento do paraíso terrestre, com o envio para o inferno perpétuo. Estes conceitos não incluíam a evolução; representavam o final dos ciclos repetitivos da luta do bem contra o mal, a vitória definitiva de Ahura Mazda contra Arimã, de Deus contra Satã e Belzebu. Sim, porque os judeus, disseram-lhe os espíritos evoluídos, também acreditavam nestas histórias, influenciados que haviam sido pelos persas e babilônios, quando do cativeiro em Babilônia. Por isto, os persas esperavam Mithra renascido como Xaosiante e os judeus, impacientes, aguardavam o Messias com o nome de Emmanuel.

Issa retornou ao seu corpo que descansava e, de manhã, assim que acordou, muitos desses preciosos ensinamentos ficaram em sua mente. Entendeu todo o processo e as noções que permeavam a mente do homem de então. Concluiu que este processo iria acontecer, não de uma forma milagrosa, não porque Mithra ou o

JESUS, O DIVINO DISCÍPULO | 161

Messias iria, num passe de mágica, retirar toda a tendência para o mal do homem, mas pelo esforço que o próprio ser humano teria que empreender para se tornar perfeito, transformando-se num deus. Era nisto que consistia fazer os homens acreditarem na chegada de um reino forte de Ahura Mazda dentro de si, não como algo milagroso, sem esforço, mas com novas atitudes, força interior e grande determinação para vencer suas deficiências.

Muitos meses se passaram até que Vidarna voltasse para Pasargadae, na Torre do Silêncio. Issa o havia transtornado. Aprendera mais com o aluno do que ensinara. Para Issa, fora um local perfeito para exercitar seus poderes individualmente, e não mais como membro de um grupo de trabalho. No passado, suas intervenções pessoais haviam sido esporádicas e ocasionais, sempre motivos de escândalo. Na Parthia, sob a companhia de um zaotar, ele pôde colocar em prática, sem alardes, o seu enorme potencial curador. Agora, o contato com os pobres o estimulara a ver doenças que não frequentavam os ricos. A miséria o obrigara a ver que havia necessidade de uma transformação interior no homem, assim como uma mudança social profundae radical, com relações de trabalho não tão aviltantes.

Melchior foi informado por Vidarna de todas as atividades de Issa. Durante mais de duas horas, o monge contou detalhadamente inúmeros 'milagres' que o jovem fizera. No entanto, o que mais deixou Vidarna surpreso foi a forma como ele tratava as pessoas, especialmente os doentes, e, entre todos, os leprosos, os dementados e os terminais, aqueles que já estavam bebendo o cálice amargo da morte. Vidarna disse que, ao conversar com Issa, ele explicara que esses eram os apartados do povo, aqueles que até a família não queria por perto. Assim como os pobres e miseráveis eram rejeitados pelos ricos e poderosos, os doentes também o eram. A lepra e outras doenças de pele, contagiosas ou não, confundidas com a hanseníase, transformavam as pessoas em párias da sociedade, e Issa sentia grande comiseração por elas.

O monge, normalmente tão circunspecto e taciturno, rasgava elogios ao comportamento impecável do moço e sua inteligência.

162 | A Saga dos Capelinos

Para Vidarna, Issa era um gênio, um semideus. Melchior ouviu as proezas do judeu, com certeza absoluta de que Vidarna falava a verdade. Até mesmo antes da volta dos dois monges itinerantes, Melchior ouvira lendas a respeito de Issa, vindas de viajantes que haviam passado por aldeias e cidades onde os dois haviam praticado as mais extraordinárias atividades curativas.

Issa achara o sistema de monges itinerantes de grande valia, pois as pessoas das pequenas aldeias, pobres e simples, jamais poderiam largar tudo para irem até uma cidade maior e tratarem seus males. O zaotar tinha a vantagem de levar até o desvalido a palavra de conforto, um pouco de sua medicina e muito de sua esperança. Para aqueles tempos, em que a comunicação entre aldeias e cidades era feita de forma fortuita e eventual, o monge andarilho era uma excelente solução.

Issa aproveitou a folga entre uma viagem e outra para ir a Hagmatana encontrar-se com seus amigos e visitar o rei. Antes de partir, comprometeu-se com Melchior a retornar o mais breve possível para dar ensejo ao aprendizado de técnicas de que Vidarna lhe havia falado, mas que não havia tido tempo de ensinar-lhe. Faria, então, sua estada na Torre do Silêncio. O caminho até Hagmatana foi feito numa caravana, e ninguém o importunou com solicitações, visto que não o conheciam naquelas paragens.

Yozheph de Arimateia recebeu-o com alegria e conversaram longamente. Yozheph não queria mais partir de Hagmatana, porquanto a paixão de sua vida, a flor de seu jardim e mais mil nomes doces com que denominava a sua nova mulher, estava para dar à luz. Esperava a criança para mais dois ou três meses, e Yozheph, já pai de duas belas meninas com Hadassa, comportava-se como se fosse o primeiro filho a nascer. Nicodemos, que viera com eles, entretanto, estava ansioso por partir. Havia obtido tudo o que haviam ido comprar e queria levar de volta e sacramentar todos os negócios.

No mesmo dia, na parte da tarde, Issa foi visitar Balthazar, que o recebeu com abraços efusivos. Conversaram longamente, mas o velho mago já sabia das proezas de Issa. No outro dia, Issa foi vi-

Jesus, o Divino Discípulo | 163

sitar Spalirizes e, após entrar com facilidade no palácio, graças ao anel do rei, teve que esperar algum tempo, pois o monarca estava repousando do calor sufocante. Por volta das cinco horas da tarde, quando o sol começou seu caminho para trás dos montes que rodeavam Hagmatana, Spalirizes o recebeu com toda a gentileza.

O rei estava com aspecto cadavérico e queixou-se de dores estomacais, cada vez mais severas, e disse, baixinho, para que ninguém ouvisse, que estava defecando sangue. Issa preocupou-se sinceramente com esse homem. Podia ser um rei, um poderoso e insensível soberano, um potentado, mas era antes de mais nada um ser humano em sofrimento, e isso era o suficiente para sensibilizar seu doce coração.

Issa concentrou-se e logo sua visão espiritual abriu-se como uma cena de teatro, e ele pôde olhar dentro do corpo físico de Spalirizes. Havia feridas no estômago, bem como vários pólipos no intestino grosso. O fígado estava escuro e o baço apresentava um aspecto pétreo. Não havia dúvidas de que o rei estava morrendo lentamente.

Haveria pouco alívio para suas dores, mas Issa conhecia os efeitos de um poderoso bálsamo, feito de uma flor cultivada pelos camponeses da Anatólia. Recomendou ao rei que mandasse pegar as papoulas, e ele se encarregaria de macerá-las e preparar uma beberagem para aliviar as dores. Realmente, alguns dias depois, Issa receberia o que pediu e faria um analgésico à base de ópio, que aliviaria a dor do monarca.

Naquela visita, o rei foi direto e perguntou-lhe:

— Estou morrendo, não é, Issa?

— Sim, meu rei. Sua majestade ainda tem alguns anos de vida, mas poderá viver algumas décadas se puder se afastar da corte e deixar os negócios do Estado para seu filho.

Spalirizes olhou-o com um sorriso sardônico e respondeu-lhe, zombeteiro:

— Você continua com sua intenção de me afastar do poder. Não adianta, jovem Issa. Nada me demoverá do meu lugar. Somente a morte fará com que meu filho me substitua. Sou um partho e,

164 | A Saga dos Capelinos

assim como amo meu cavalo, as bebidas, as mulheres e as justas, amo ainda mais o poder de vida e morte que tenho sobre tudo e todos. Até você, que me é caro ao coração, mesmo não sendo partho, pode sentir o meu poder. Se eu me retirar do meu trono, não irei durar uma semana. Meu próprio filho irá mandar matar-me para afastar minha sombra do poder.

– Reconheço seu poder temporal, no entanto sua vida se esvai e seu sofrimento tornar-se-á indizível. O poder o corrói como se fosse um animal a comê-lo por dentro. Abandone tudo e salve parte de sua vida. Ainda há tempo. Se não fizer isto, estará morto em poucos anos. Largando o poder, poderá viver bem mais.

– Você é um tolo, Issa. Fala como alguém que desconhece o poder. Isto é um vício. É o que faz um homem tornar-se imortal, e não as preces, os retiros na Torre do Silêncio, ou uma nova vida de beatitude. Quando dou ordens e sou prontamente obedecido, sinto um prazer que vale todas as dores que sinto. Nada poderá ser tão prazeroso quanto o poder.

Issa entendia que o poder conferido pela posição real, por uma mera circunstância da vida, ou por uma conquista heroica, levava o homem despreparado ao paroxismo do prazer. Nada como ver outro homem curvar-se à sua vontade e observar seus inimigos serem esmagados sob seu talão. Issa inferiu que o poder dado ao homem despreparado o levava a expor o seu pior lado. Ele ficava à mercê das influências nefastas, tanto materiais, como espirituais. Realmente, o homem, para se tornar um governante, deveria ter uma moral ilibada, ser o estalão para seus governados e ter uma visão do mundo muito acima dos comezinhos problemas do dia a dia. Ele tinha que ser o representante de Deus na Terra, buscando, com toda a sua força, o aperfeiçoamento de sua sociedade. Ele devia ser perfeito como o era o Pai. Issa, contudo, sabia que isto era um idealismo difícil de ser realizado, pois o poder tinha a tendência de corromper o governante.

O futuro mestre parou de discutir com o rei. Fizera sua parte e agora o monarca teria que colher o que semeara. Ficaram falando de

Jesus, o Divino Discípulo | 165

coisas tolas e vãs, com Issa reportando, humildemente, sua viagem com Vidarna e Spalirizes prestando atenção, como se de nada soubesse. Todavia, seus espiões já lhe haviam reportado as curas milagrosas de Issa e o fizeram com tanto exagero que até o rei, que conhecia o poder taumaturgo do jovem, teve dúvidas em relação aos relatos.

Issa estava se tornando uma lenda e muitas aldeias estavam mandando representantes para convidá-lo. Esperavam obter a graça da sua visita e, para tal, dirigiam-se cheios de súplicas e presentes – humildes, é verdade – ao mosteiro da Torre do Silêncio de Pasargadae, de onde esperavam comover, comprar ou seduzir o poderoso taumaturgo a ir até suas aldeias. Issa não estava, mas Melchior recebeu os presentes, confirmando a ida do jovem milagreiro em tempo oportuno.

Durante duas semanas, Issa impôs as mãos no ventre de Spalirizes, trazendo alívio e tranquilidade ao rei. Com isto, Issa deu uma sobrevida ao rei, pois vários nódulos malignos foram destruídos e várias feridas internas foram cicatrizadas.

Yozheph de Arimateia, cada dia mais versado em parnis, havia feito amizade com vários nobres e, mesmo não sendo aceito como um igual, era convidado para a casa deles, conquanto levasse consigo o jovem Issa. Ele ia relutante, já que sabia que em muitas dessas residências tramava-se contra o rei. Além disso, ele era visto como uma espécie de feiticeiro e estranho personagem. Muitos lhe pediam que movesse objetos à distância ou que transformasse água em vinho.

Issa, sempre muito atencioso, ria-se disso e dizia que não tinha poderes para fazer essas coisas. Muitos achavam que Issa era uma influência perniciosa junto ao rei, pois, desde que o jovem taumaturgo voltara de sua longa incursão pelo interior da Parthia, o rei tornara-se mais brando e menos belicoso. Os jovens nobres queriam guerrear contra as tribos nômades da Transoxânia, os romanos incrustados na Armênia e os turcomanos das estepes asiáticas. No entanto, Spalirizes havia proibido as incursões, especialmente depois que um sobrinho havia sido morto durante um combate en-

166 | A Saga dos Capelinos

tre a cavalaria partha e uma 'tartaruga' romana. Issa não tivera influência nessa decisão, mas, realmente, a presença do jovem esculápio fazia o rei aquietar-se e ser menos voraz em suas conquistas.

Na terceira semana, Issa voltou à Torre do Silêncio em Pasargadae e entrevistou-se com Melchior e Vidarna. Ambos haviam traçado planos para Issa, os quais lhe mostrariam como participar dos rituais do fogo e, mais importante, dominar um aspecto da magia em que os persas eram exímios: a magia elemental. Ouvira falar que havia magos que conseguiam dominar as tempestades, as águas revoltas dos lagos e dos mares, assim como podiam aplacar os ventos fortes que sopravam do deserto. Havia mesmo alguns que conseguiam trazer nuvens de longe para fazer chover, abundantemente, em áreas em que nunca chovia.

Vidarna era um mago com poderes curadores e conhecia os elementais. Contava histórias as mais estapafúrdias sobre eles. Issa também ouvira os velhos rabis falarem sobre espíritos primitivos da natureza, capazes de mover céu e terra, desde que convenientemente comandados por alguém com grandes poderes. Vidarna começou a falar-lhe da sua concepção do que eram os elementais:

– Os elementais são espíritos de vários tipos. Uns são feitos da mesma matéria que a água e são os elementais da água. Outros são feitos do ar: são os elementais do ar; outros, do fogo e, portanto, são os elementais do fogo. Há, entretanto, um tipo de elemental que nunca deve ser convocado, o da terra. Sempre que convocado, faz a terra tremer, o que causa muitas mortes.

Issa ouvia-o com atenção e observava os riscos que Vidarna fazia na areia para representar cada um deles. Ele usava uma espada reta feita do ferro mais puro que pôde encontrar.

– Os elementais são seres criados à parte por Ahura Mazda. Seguem uma lei diferente da nossa. Nós podemos renascer como seres humanos, animais ou aves. Somos, portanto, imortais. Há elementais que também são imortais e que se tornam mazdas, com o decorrer dos milênios. Há aqueles que têm vida muito longa, mas são mortais. Estes nos invejam e procuram nos imitar em tudo. Alguns são muitos inteligentes, até mesmo mais do que nós. Outros são estúpidos e, como pequenos cães, fazem tudo o que lhes é ensinado.

O jovem milagreiro sabia que não era bem assim, mas não interrompeu a narrativa de Vidarna. Era óbvio para ele que Deus não iria criar seres inteligentes que tivessem caminhos evolutivos e destinos finais diferentes. Deus é, antes de mais nada, justo e, portanto, equânime.

– Todos os elementais são perigosos. Os mais inteligentes podem nos dominar com técnicas de fascinação e passaremos a ser seus escravos. Isto acontece com os magos que desejam poder e riqueza. Já os mais simples grudam em nós como carrapatos e ficamos sendo seus tutores. São obedientes em tudo e, por isso, nossa responsabilidade passa a ser enorme.

Durante vários dias, Vidarna mostrou os métodos de chamamento dos elementais. Havia orações e fórmulas mágicas, assim como traçados que se faziam no chão. Issa logo notou a presença de pequenos seres, do tamanho de anões, completamente deformados, e de outro espíritos extremamente atrasados.

No terceiro dia, apareceu-lhes uma figura medonha, acompanhada de vários seres desfigurados. Issa notou que aquele ser deformado havia sido homem e que sua atitude o havia levado para os caminhos da loucura. Os demais que o acompanhavam não eram muito diferentes, cada um apresentando um grau de desvario diferente. Sem que esses infelizes pudessem ver, havia ali dois guardiões, subordinados a Samangelaf, que se comunicaram respeitosamente com Issa, sem que Vidarna – que não tinha vidência – percebesse.

O chefe dos guardiões pronunciou-se:

– São espíritos de homens que se perderam nas loucuras da existência. Aqueles que eles chamam de elementais são espíritos em princípio de evolução. São espíritos recém-individualizados, os quais superaram, recentemente, as fases animais. Já esses não são elementais, mas almas ainda endurecidas na prática do mal. A explicação que o nobre Vidarna lhe está dando está equivocada.

168 | A Saga dos Capelinos

Os elementais não devem ser manipulados, assim como não se deve chamar os espíritos endurecidos, os alucinados e os doentes. Querendo algo do mundo espiritual, como você bem sabe, deve-se chamar por Deus, nosso Amantíssimo Pai, pois Ele tudo provê.

Issa sabia que os elementais eram espíritos que se tinham individualizado, pelo que passaram a tomar consciência – mínima, é verdade – de si próprios. Eram utilizados como forças da natureza por espíritos mais evoluídos e eram levados de um lado para outro, como faz o boiadeiro com o gado. Os que Vidarna chamava de elementais perigosos, pelo fato de que eram inteligentes, não passavam dos próprios alambaques e, no tempo de Issa, de espíritos que haviam chafurdado na lama de si próprios, mas que seriam recuperados pela bondade divina, por meio de inúmeras existências purgatoriais. Ele entendeu a explicação e meneou a cabeça positivamente.

O chefe dos demônios notou que Issa era capaz de vê-lo e, enfurecido, partiu para cima dele, no que foi acompanhado por seus comparsas. Assim que alcançaram a esfera da aura de Issa cambalearam, pararam e recuaram. Issa observou-os partir e pensou:

"Que longo caminho esses infelizes terão que percorrer para chegar aos pés do Altíssimo!"

Vidarna apresentou Issa a um monge chamado Gaubaruva, especialista em deslocamentos pelo ar e levitação. Issa já ouvira falar em voar pelo ar, mas sempre duvidara de que um homem fosse capaz de fazer isso sem máquinas especiais. Gaubaruva era um homem de quase setenta anos, com uma compleição extremamente forte. Não parecia um monge. Quando contou sua história a Issa, revelou-lhe que nem sempre fora sacerdote, mas um guerreiro que descobrira suas aptidões espirituais após grande ferimento, que quase o levou à morte. Abandonara, assim, a vida na corte para dedicar-se a Ahura Mazda. Gaubaruva era primo, em algum grau próximo, de Spalirizes.

– O homem, quando está acordado, não é capaz de voar ou de se deslocar a distâncias colossais. No entanto, quando coloca o seu corpo para dormir, conseguindo sair consciente do seu corpo, é

JESUS, O DIVINO DISCÍPULO | 169

capaz de ir até onde os arcanjos estão. A técnica consiste em fazer o espírito sair do corpo e mantê-lo acordado.

– Ah, eu pensei que fosse aprender a levitar, a voar, com meu corpo físico.

– Para ser sincero, nunca fiz isso nem nunca vi. Disseram-me, entretanto, que em um lugar não muito distante daqui, há homens que são capazes de saírem do solo com seus corpos físicos e levitarem por alguns minutos.

Issa inquiriu-o:

– Onde estão estes homens santos?

– Ouvi falar que estão num lugar chamado Pataliputra, capital de uma região de nome Magadha, ao lado do rio Ganges.

Issa ficou interessado e guardou o nome; falaria com Vidarna sobre isto, assim que tivesse oportunidade.

Gaubaruva expôs a Issa a sua técnica, sem saber que Issa a conhecia de sobejo. Ele explicou como devia adormecer e sair de seu corpo com calma e consciência.

Vidarna, que já fizera algumas experiências neste sentido, comentou:

– Eu já usei esta técnica com sucesso e consegui sair do meu corpo, em pleno estado de vigília. Nunca imaginei que nosso corpo fosse tão feio – comentou Vidarna com Gaubaruva.

– Não veja o corpo por este prisma. Na realidade, o corpo humano é um templo sagrado onde o espírito – o eu – habita. Sem o corpo, não seria possível evoluir e ficaríamos eternamente paralisados no mundo espiritual. Somente quando a alma alcança um determinado estágio é que prescinde do corpo físico. Até lá, precisamos do corpo e devemos tratá-lo bem.

– Tem razão. Só que eu me assustei com seu aspecto e retornei num átimo. Não sabia que o corpo, visto por nossos olhos espirituais, apresentasse tantas nuances de cores, sombras e manchas, que a olho nu não se percebem.

Issa já fazia desdobramento astral desde os doze anos, indo conscientemente para planos espirituais de onde bebia paz e se

170 | A Saga dos Capelinos

nutria de energias para continuar sua missão. Essa informação não lhe era, pois, desconhecida.

O mestre explicou-lhe que o desdobramento astral era comandado pela mente críptica, ou mente subconsciente, e, por isso mesmo, a parte consciente devia dar comandos simples: se desejasse subir, devia ordenar que subisse; se quisesse descer, devia pensar firmemente em baixar. Informou ainda que os deslocamentos de um lugar para outro deviam ser feitos por impulsos e por etapas, havendo dois meios para tanto: ir instantaneamente, bastando, para tal, pensar no local desejado; ou ir lentamente, pensando em cada etapa da viagem.

Os meses se escoaram e as aldeias que haviam pago pela presença de Issa voltaram a insistir em sua ida para efetuar curas e aconselhar as pessoas. Issa acabou fazendo mais uma longa viagem de quase um ano com Vidarna. Isto só fez aumentar seu inegável prestígio entre as pessoas mais simples, porquanto fez curas consideradas milagrosas, e sua fama crescia a olhos vistos. Esta viagem foi mais uma vez importante, pois fazia parte de um extenso reaprendizado que ele mesmo se impusera. Ele pudera vencer a matéria pesada, usando sua mente, em estado de semiliberdade, e, com isto, dominar os elementos a seu favor, ajudando os desvalidos.

Na sua volta, antes mesmo de visitar os amigos em Hagmatana, Melchior o chamou para conversarem. Falaram da viagem, discutindo alguns assuntos, e, finalmente, Melchior perguntou-lhe:

– Como você veria a possibilidade de conhecer a cidade de Pataliputra, no reino de Magadha?

Issa respondeu-lhe que gostaria muito, mas que não poderia partir sem a aquiescência de seu amigo Yozheph e do próprio Spalirizes, já que se considerava um convidado do rei.

Melchior sorriu e expôs-lhe:

– Está tudo arranjado. Leia isto.

O sumo sacerdote entregou-lhe um manuscrito, onde estava escrito em aramaico que Yozheph de Arimateia desejava-lhe boa

JESUS, O DIVINO DISCÍPULO | 171

viagem e enviava cinco denários romanos – uma pequena fortuna – para suas despesas.

– Que situação inusitada! Mas como irei para este lugar?

Melchior chamou um monge de menor categoria e deu ordens para trazer o convidado. Alguns minutos depois, entrou na sala, trazido pelo sacerdote, um homem alto e levemente forte, de pele marrom-escuro, com olhos negros e cílios longos, e cabeça completamente tonsurada, vestindo uma túnica de cor de açafrão. Tinha um sorriso franco, onde se descortinava uma fileira impecável de dentes alvos.

– Prezado amigo, quero lhe apresentar nosso amigo Issa de que tanto falamos. Trata-se de um jovem judeu, proveniente da Galileia, uma região subordinada aos romanos. Demonstrou grande valor pessoal, e creio que seria uma boa aquisição para o mosteiro de Pataliputra.

O visitante curvou-se levemente, juntou as mãos e as levou até a cabeça, dizendo:

– Namastê, Issa.

Issa respondeu em aramaico, desejando saúde e paz ao desconhecido. Melchior explicou em parnis que Udayana era um monge itinerante e que já viera à Torre do Silêncio diversas vezes. Ele falava parni muito bem, pois, sendo uma língua indo-europeia, era parecida com o sânscrito. Udayana iria levá-lo até Pataliputra e seria seu guia e cicerone, se ele aceitasse. Os olhos de Issa brilharam de intenso júbilo, e ele aceitou, sorrindo com uma expressão calorosa, que muito cativou o indiano.

Conversaram algum tempo e combinaram partir em poucos dias. Issa ficara surpreso e, ao mesmo tempo, intrigado com as coincidências. Seria aquilo tudo um amoroso complô de Melchior? Resolveu perguntar-lhe com toda a franqueza e Melchior respondeu-lhe:

– Creio que os mazdas estão dirigindo sua vida. Udayana não aparece há mais de cinco anos e, quando o vi, lembrei-me de você. Quando falei com ele sobre a possibilidade de sua ida, ele concor-

172 | A Saga dos Capelinos

dou imediatamente. Achei a concordância dele estranha, pois saiba que, no passado, ele se recusara a levar um outro monge para um período curto, com uma desculpa qualquer. Já desta vez, ele parecia ansioso para que você chegasse logo, pois parecia que havia vindo só para isso.

Melchior fez uma pequena pausa e concluiu:

– Trata-se de uma viagem perigosa; por isso, o rei colocou uma pequena escolta para levá-los até as terras de seu primo. Será muito interessante para ambos conhecê-lo. Ele, por sua vez, lhe dará uma escolta até Maghada, ou região próxima. Para tal, apresente-lhe esta carta.

Assim falando, deu-lhe um rolo selado. Os dois abraçaram-se e Melchior, com os olhos rasos d'água, disse-lhe:

– Meu amado Issa, você confirmou para mim que é Xaosiante, e esta foi a maior alegria que um homem poderia ter. Vivi durante estes anos perto de você, como um adepto perto de um mestre, pois não é todo dia que um homem conhece um mazda.

Issa sabia das lendas do renascimento de Mithra como Xaosiante, mas ele não tinha lembrança precisa se ele realmente era ou não este grande deus. Sua humildade o fazia crer que não era, mas sua intuição, sua mente inconsciente, lhe dizia que ele tinha vindo de planos espirituais elevadíssimos.

Ambos se abraçaram e Issa agradeceu, osculando a mão do ancião Melchior, que retribuiu com um beijo em cada uma das suas faces. Melchior sabia que jamais iria rever o jovem mestre da Galileia naquela existência.

Issa tinha ficado três anos na Parthia e agora já estava com pouco menos de vinte e sete anos. Era o ano 21 d.C., e ele tinha se tornado uma lenda para os persas, mormente entre os pobres e desvalidos, e agora partia para uma terra ainda mais distante e estranha, cujos costumes desconhecia: a Índia.

CAPÍTULO 6

Issa e Udayana partiram montados no dorso de cavalos, pois a jornada até Pataliputra seria longa e cansativa. Teriam que atravessar terras estranhas, onde dominavam as tribos ferozes do Balusquistão, vencer serras geladas e atravessar vales calorentos, rios enormes e perigosos; finalmente, chegariam a Takshasila, mais tarde conhecida como Taxila, de onde teriam escolta até o vale do rio Ganges, no qual se localizava a cidade de Pataliputra.

Saíram de Pasargadae e tomaram o rumo sudeste em direção a Istakhr, conhecida pelos gregos como Persépolis, de onde pretendiam seguir em direção a Árya, região montanhosa, alcançando a cidade de Herat, e depois desceriam até o vale do Indo. Em Istakhr, Issa e Udayana, com a escolta de oito soldados do rei, associaram-se a uma caravana que ia na direção desejada. Atravessaram o deserto de Kerman. O chefe dos guardas deu outra sugestão de caminho, pois, indo para o lago Mashleil, podia-se descer o rio Arachotus até encontrar o Indo. No entanto, as cheias do rio os impediram de descer de balsa e tiveram que fazer o caminho original, indo até Herat.

Alcançaram Herat e lá se aliaram a mais uma caravana, dessa vez de soldados que vigiavam a famosa Estrada da Seda. Foram

174 | A Saga dos Capelinos

para a cidade de Mir e depois desceram as serras escarpadas do Hindu Kush, em direção a Takshasila.

Levaram quase um mês em cansativa viagem no lombo de cavalos. Um dos soldados com quem haviam feito amizade os levou até o chefe da guarnição, que se encarregou de introduzi-los na corte do rei Vindapharna. Esse rei indo-parto, recém-empossado, após a morte de seu pai, estava há apenas alguns meses na cidade de Takshasila. Ela tinha sido tomada pelo rei Azés, pai de Vindapharna, alguns meses antes de Issa ser levado para lá. Azés morrera de ferimentos de batalha poucos meses depois da tomada de Takshasila, e agora seu filho reinava. Aquela cidade ficava entre dois braços do rio Indo, bem ao norte, onde nasce das altas cordilheiras do Hindu Kush e do planalto de Pamir.

Vindapharna, sobrinho de Spalirizes, que fora o conquistador do Punjab e do vale do Indo, era um rei magnânimo, inteligente e profundamente religioso. Ele era um sakha, aparentado com os parnis, e ambos formavam um ramo dos citas. Os sakhas conquistaram aquele pedaço da Índia, o qual havia sido parte do grande império de Xandragupta Maurya, Bindusara e Asoka. Algumas décadas depois desta época, seus primos raciais, os kushanas, chamados pelos chineses de Yue-Tchi, derrotariam os sakhas e os parthos e constituiriam um império que duraria três séculos.

Os sakhas eram indo-iranianos, provenientes das estepes do rio Oxus e da Bactriana, tendo antes passado pelo planalto do Irã, onde se misciceraram com os persas da tribo dos Sagartianos. Eles haviam adotado nomes indianos, assim como a religião dos Brahmanes, pois não diferia muito da sua. Eles tinham, portanto, os mesmos deuses védicos, tais como Varuna, Mitra e Indra. Naquele período conturbado da história da Índia, os indianos haviam substituído os deuses védicos por Brahma, Vishnu e Shiva. Os deuses arianos, Varuna, Mitra e Indra, estavam relegados a segundo plano.

Vindapharna atendeu muito bem aos dois homens quando soube que um deles era judeu e o outro, monge budista. Mandou que se apresentassem à sua augusta presença e conversou com Issa, em perfeito aramaico, e com Udayana, em sânscrito – bhasha samskrta –, a língua perfeita. Issa deu-lhe o rolo que recebera de Melchior e o rei o leu com cuidado. Depois disso, olhou atônito para o belo homem à sua frente.

Vindapharna estava em sua sala real, rodeado de seus ministros e prepostos, e pediu que os dois homens se sentassem.

– Vou lhes contar uma história maravilhosa – disse o rei. E, com isso, toda a corte sentou-se para ouvir a história do monarca, que tinha fama de ser exímio narrador. Vindapharna havia sido um viajante quando seu pai ainda reinava e costumava fazer enormes caravanas para negociar com outros povos. Várias haviam sido as ocasiões em que sua vida correra perigo. Contava suas aventuras para deleite da corte e as narrava com gosto e perfeita entonação.

– Há pouco mais de vinte anos, eu, Balthazar, filho do príncipe Sartbozenai, khchathrapa (sátrapa) do rei partho, e Melchior, filho de Tirídate, o sumo sacerdote de Pasargadae, fizemos uma grande expedição de negócios, divertimentos e estudos a Heliópolis. Na realidade, Melchior, que era um grande magi, tinha visto traços do renascimento de Xaosiante nos astros. Uma nova estrela estava para surgir, e ele estava convencido de que aquele fenômeno marcaria o nascimento de um novo avatar e nos convidou a irmos procurá-lo.

As pessoas se acotovelavam para ouvir melhor a história do rei. Ele não se fazia de rogado e, usando de todo o seu poder histriônico, contava a história, criando uma atmosfera de mistério.

– Nosso projeto era cruzar a Parthia e a Síria, entrar na Judeia e atravessá-la até chegarmos ao Egito, com suas pirâmides que riscam o azul do céu com suas pontas rubras. Melchior era um estudioso dos céus e nos disse que seria maravilhoso viajarmos naquela época; dois grandes astros estariam em conjunção. Era esse o sinal esperado por Melchior.

A assistência, composta por uma dezena de ministros, nobres e convidados, escutava maravilhada a narrativa, contada com ênfase.

– Melchior e Balthazar, que também gostava de astrologia e era versado em magia natural como todo bom partho, disseram-me

176 | A Saga dos Capelinos

que aquilo era sinal de que um rei havia nascido no mundo. Um rei de importância capital, como um César, para os romanos, ou um faraó, para os egípcios. Nunca duvidei disso.

O rei fez uma pausa para criar ainda mais suspense.

– Chegamos a Ierushalaim, a capital daquele país, dominado pelos arrogantes romanos, pois tudo indicava que seria ali que o novo rei do mundo nasceria. Estranho, não é? Xaosiante renasceria para salvar o mundo do fim do milênio num lugar abominável como Ierushalaim! No entanto, quando montamos nossa tenda e Melchior começou a perscrutar o céu, viu que a luz da estrela brilhava mais forte sobre uma vila insignificante, que descobrimos chamar-se Beit Lechem. Por extraordinária coincidência, era lá que deveríamos descarregar uma grande partida de estanho, que nossos associados judeus haviam adquirido alguns meses antes.

O rei ajeitou-se melhor no trono e deu tempo para que os demais pudessem preparar-se para o desfecho. Vez por outra, muitos volviam o olhar para o jovem judeu, que acompanhava polidamente a história.

– Fomos à casa do nosso sócio judeu e descobrimos que ele havia ganhado dois belos netos, gêmeos. Qual dos dois seria Mithra renascido?

O rei pôs no rosto um semblante indagador e prosseguiu sua empolgante narrativa:

– Tínhamos chegado ao lugar certo. Pedimos para ver os meninos e, quando entraram na sala, era como se um sol houvesse entrado junto. Uma claridade ofuscante nos impediu de ver, de início, o belo menino. Um deles brilhava como se fosse um astro-rei, enquanto o outro era de igual feição, mas sem a luminosidade que aquele tinha.

A plateia já começava a discutir, e cada um dava sua opinião. Vindapharna continuou sua exposição.

– Melchior conversou com o menino, que não devia ter mais do que dois anos, e ficou espantado com suas respostas. Era um homem feito que lhe respondia, e não um tenro infante. Assim

JESUS, O DIVINO DISCÍPULO | 177

que saímos, Melchior voltou para sua tenda e fez diversas sessões de magia, pelo que invocou os mazdas fazendo acrimancia – adivinhação pelo fogo –, e, não contente com os resultados, fez todos os cálculos da actinomancia – adivinhação por meio das radiações estelares. Mais tarde, à noite, resolveu fazer outras adivinhações. Fez antracomancia – com o carvão em brasa –, aritmomancia – por números – e, finalmente, a mais poderosa de todas, a necromancia – por meio de espíritos. Todas as formas de adivinhação apontavam que se tratava de um dos gêmeos, aquele que brilhava como um sol, que respondia a perguntas cujo significado muitos adultos não poderiam sequer entender.

As pessoas estavam encantadas. Então, o tão esperado renascimento de Mithra como Xaosiante havia ocorrido, e numa terra distante. O rei não parou sua história.

– Ora, estávamos em terra estranha e tínhamos que pedir autorização para atravessá-la. Dessa forma, fomos pedir salvo-conduto ao rei, um homem estranho, meio grego, meio judeu, que obedecia cegamente aos romanos. Que Vishnu os consuma em azeite quente!

Dizendo isso, fingiu cuspir no chão, no que foi acompanhado pela maioria dos presentes, que odiava os romanos.

– Aquele homem estava velho e senil e acreditava que um rei surgiria para destroná-lo e matá-lo. Mal sabia ele que seriam seus próprios filhos os que disputariam aquela terra seca, após sua morte.

O rei parou um segundo para beber um gole de vinho misturado com água e, depois, prosseguiu sua narrativa:

– Esse rei, de nome Herodes, com sua voz quase sumida, carcomido por estranhas doenças, perguntou-nos aonde íamos, e Melchior, ao invés de falar que estávamos conduzindo uma caravana de bens, pois temia que tivéssemos que pagar alto imposto, disse que havíamos ido em missão religiosa. Estávamos peregrinando por todos os santuários conhecidos do mundo. Iríamos ao templo de Ierushalaim, de Amon-Rá, em Karnak; de Júpiter-Amon, no deserto líbio; e a vários outros.

O rei movimentou as mãos e falou, com grande encenação:

178 | A Saga dos Capelinos

– De repente, Herodes levantou sua voz rouquenha e perguntou-nos: "Vocês também estão procurando o Mashiah?". Olhei para Balthazar e Melchior e me perguntei quem era esse Mashiah de que ele falava. Eu falo aramaico e a palavra Mashiah havia sido dita em hebraico, língua que eu desconhecia. Herodes, não satisfeito com nossa cara de parvos, traduziu: "ungido". Mas quem era esse tal de ungido?

A assembleia ria junto com o rei, que fazia expressões fisionômicas para explicitar sua narrativa.

– Perguntei ao rei o que era ungido, e ele nos disse que nós sabíamos que se tratava de um rei, pois que havíamos sido levados pela estrela nova, que nascera no céu para louvá-lo. Melchior respondeu-lhe que isso realmente era verdade, que a estrela nos indicava o caminho, mas que não sabíamos quem era esse rei que havia nascido. Ninguém iria contar-lhe o fato de que Xaosiante já havia nascido em sua ímpia terra, pois o monarca judeu parecia alucinado. Melchior ainda tentou colocar um pouco de senso na cabeça do senil monarca e disse-lhe que não havia problema quanto ao nascimento daquele rei, porquanto, somente dentro de trinta ou mais anos, ele estaria apto para subir ao trono.

Vindapharna soltou forte e estrepitosa gargalhada, o que provocou uma onda de risadas dos presentes. Até mesmo Issa, que acompanhava o desenrolar da história com seriedade, não conseguiu deixar de rir; a risada do rei contagiava todos.

– Jamais ele deveria ter dito aquilo. Herodes, creio eu, devia achar que era eterno. Começou a falar que trinta anos passavam num dia e que, quando menos se esperasse, aquele rei infante poderia atacá-lo em seu leito, e que, antes que isso ocorresse, ele teria que tomar sérias medidas. Mandaria matar todos os que tivessem nascido e começou a desvairar, misturando o grego com o aramaico e o próprio latim, idioma que entendo pouco. Disse que mandaria seus soldados matarem todos os recém-nascidos e que, assim, poderia ficar livre dessa mortal ameaça. Fiquei estarrecido. O homem era um louco furioso e não devia estar reinando.

Vindapharna estampou seriedade no semblante, e todos pararam de achar graça. Vinha agora o desfecho da narrativa.

– Saímos da audiência completamente arrasados. O homem iria dar a ordem para que matassem todos os meninos com menos de dois anos de idade. Por isso, fomos até Beit Lechem, informamos isso ao nosso associado judeu e levamos os seus netos gêmeos, seu pai e sua mãe para o Egito, salvando-o de morte certa nas mãos daquele facínora delirante. Graças ao poder de Brahma!

E assim dizendo, todos repetiram: "Graças ao poder de Brahma!"

A história havia sido distorcida, mas, mesmo assim, ainda correspondia à verdade, em suas linhas gerais. Issa estava espantado, pois nunca lhe tinham contado nada parecido. Lembrou-se de que, em razão das arruaças que aconteceram na sucessão de Herodes, haviam dito que a família tinha fugido para Alexandria. Agora, o rei sakha lhe contava uma história diferente, mas que o fazia entender o motivo de tanto mistério, por ter sido proibido de revelar que era descendente da família de David, que tinha nascido em Beit Lechem e, principalmente, de falar do assassinato de seu avô Yacob ben Matan. Sempre lhe haviam dito que ele fora morto por assaltantes, que, aproveitando-se da guerra civil, haviam invadido sua casa de madrugada, quando as legiões romanas e os exércitos judeus combatiam os levantes populares. Se Herodes tentara matá-lo, era porque, de fato, ele era um legítimo herdeiro do trono de Israel. Foi esse, portanto, o motivo verdadeiro de ter sido mandado novamente de volta para Alexandria, quando a família se transferiu para Nazareth. Desejavam protegê-lo contra a sanha assassina dos herodianos.

O povo não se conteve. Que história maravilhosa! Mas Vindapharna deixara o melhor para o final.

– Querem saber por que contei a vocês essa história maravilhosa?

Todos meneavam a cabeça em assentimento.

– Porque, depois de mais de vinte anos, Xaosiante veio a nós. Mais uma vez nossos caminhos se cruzam.

180 | A Saga dos Capelinos

E, dizendo isso, Vindapharna levantou-se e dirigiu-se a Issa, que também se levantou rapidamente. Vindapharna abraçou-o e apresentou-o à corte.

– Meus amigos, este é Xaosiante, hoje conhecido como Issa.

As pessoas quase não acreditaram no que viam. Mithra renascido era aquele belo homem judeu, de bastos cabelos castanhos com laivos de dourado, caindo-lhe até os ombros, com barba bem aparada e vestido com roupas de cores neutras, sem luxo, comuns aos homens dos desertos. Mithra renascera como um homem belo, é verdade, com olhos cor de mel, mas sem luxo, ostentação, poder e riqueza? Seria crível que o grande guerreiro Mithra houvesse renascido como um homem de paz? Não obstante, os olhos marejados de lágrimas de emoção de Vindapharna não deixavam margem a dúvidas.

Imediatamente, Issa foi cercado pelos integrantes da corte. Foi intensamente abraçado e muitos beijavam suas mãos. Issa ficou consternado e comovido com tanto apreço beijava as mãos de todos que beijavam as suas.

O rei mandou aprontar dois quartos em seu palácio e os convidou a ficarem alguns dias descansando, até que providenciasse uma escolta que os levasse até Pataliputra. Os dois não tiveram opção senão aceitar.

Vindapharna era um rei justo e interessado em seu povo e tinha uma corte de pessoas sinceras, mas de grande limitação intelectual. Ele gostava de conversar com pessoas esclarecidas. Desejava, assim, que os dois convidados participassem de colóquios esclarecedores e estimulantes, já que sua entourage era muito rude e pouco instruída. Tinha viajado muito e aprendera muita coisa, de forma estimulante, pelo contato com culturas diferentes. Era partidário do hinduísmo, mas aceitava outras formas de culto.

Vindapharna conhecia o deus vingativo dos judeus, mas esse não o atraía. Vira os deuses romanos e gregos e os achara divertidos. Dizia que, se tivesse que escolher entre deuses bêbados e satíricos, preferia ficar com Indra, que já lhe era conhecido e o favorecera em várias ocasiões. De todos os deuses, o único com o

Jesus, o Divino Discípulo | 181

qual não gostava de brincar era Varuna, deus da ordem universal, senhor da justiça. Afirmava que a justiça era um ideal que devia ser preservado acima de qualquer outro. Dizia sabiamente que a justiça era a mais complexa das ciências, pois abrangia todas as relações humanas e divinas, conjugando a ética e o espírito humano.

Issa ouviu as belas lendas sobre Rhama e Krishna. Muitos falavam que Krishna era apenas uma lenda, mas Issa, com sua intuição aguçada, acreditava que, excetuando os fatos fabulosos que sempre cercam os homens santos, Krishna existira de fato.

Issa ficou encantado com as lendas sobre Krishna, de seu nascimento virginal pela maternidade da bela Dévaki, da perseguição de seu tio Kansa e de Nysumba, sua tia por afinidade. A lenda, contada em prosa e verso, falava do ancião Vasichta, dos anacoretas e da estranha morte de sua mãe, de como Krishna se transformara num poderoso guerreiro e de como matara a cobra de Kalayeni e de seus amores platônicos com Saravasti e Nichdali. Mas o que mais interessou a Issa foram os ensinamentos de Krishna dados aos brâmanes.

Krishna, após se isolar por longos anos no Himalaia, voltou com uma doutrina que encantou os indianos de então, vindo a gerar o hinduísmo, da forma como o conhecemos. Krishna falava de uma alma imortal que renascia e que o homem era dividido em três partes: a inteligência, a alma e o corpo. Quando o ser humano unia sua alma à inteligência, ele atingia o satwa – a sabedoria e a paz. Quando o homem ficava na incerteza, entre a inteligência e o corpo, ele era dominado pela raja – a paixão – e saltava de um objeto para outro, sem encontrar a satisfação. Se, por outro lado, ele se abandonava ao corpo, caía no tama – a falta de razão, a ignorância e a morte temporária.

Cada um desses estados iria gerar para a próxima existência carnal um determinado estado de espírito. Para os que haviam sabido atingir o satwa, lhes era destinada uma existência calma e plena de sabedoria e progresso. Para os que haviam desenvolvido a raja, uma vida de sofrimento moral, de incertezas e de consumação, pelo desejo de ter e ser. Por outro lado, os caídos

182 | A Saga dos Capelinos

no tama, encontrariam uma vida de miséria, sofrimento físico e desajustes psíquicos.

Perguntado por Arjuna, seu nobre guerreiro e futuro rei de Madura, quando o espírito finalmente fugia das rodas das encarnações, Khrisna respondeu que este estado de perfeição só era atingido quando o ser aprendia a ciência da unidade, tornando-se uno com toda a natureza e com Brahma. Khrisna enfatizava as características de Vishnu, sendo seu porta-voz e transmitindo suas mensagens.

As mensagens de Krishna encontraram forte eco em Issa, pois sua mensagem de amor, de perdão incondicional e de um rei supremo, que era Vishnu, também era partilhada pelo seu nobre espírito. Finalmente, Issa comoveu-se com a morte flechada de Krishna, que não reagiu, por conhecer antecipadamente seu fim e por saber que, com seu martírio, sua doutrina viveria para sempre. Issa sentiu que seu destino e o de Khrisna tinham pontos extremamente parecidos.

Outro deus que chamou a atenção de Issa foi Shiva, conhecido como o benevolente, o deus não-terrível – agorishvara. Os adoradores de Shiva diziam que, quando o deus estivera entre eles, ensinou-lhes que a alegria de viver era de vital importância, pois deixar-se cair no desânimo era meio caminho para a perdição da alma. Além disto, ele ensinou a importância da meditação e da respiração, para se atingir a perfeição. No entanto, o mais importante ensinamento do deus era sobre a violência e a destruição, mostrando que isto era processo natural, que deveria ser aceito pelos homens como uma forma de reconstrução. Assim como a natureza das coisas leva inevitavelmente à destruição e à dissolução, para depois renascer com maior pujança, o homem devia saber aproveitar estes exemplos e modificar seu interior, procurando a paz, a justiça, o amor e a fraternidade. No entanto, o homem por ser superior à natureza cega, devia procurar a destruição de seus defeitos por vontade própria, mas, se não o fizesse, Shiva, de acordo com a ordem natural das coisas estabelecidas por ele, o faria. Mas, neste

JESUS, O DIVINO DISCÍPULO | 183

caso, o sofrimento imposto ao homem seria maior do que quando ele mesmo se impôs esta transformação.

Shiva, no entanto, fora de suma importância para o entendimento da criação e manutenção divina, pois fora seu profeta Nandi, também chamado de Nandikeshvara, o senhor da alegria, quem primeiro falara em reencarnação. Nos dialógos com sua esposa Parvati, ela chamava sua atenção para o fato de que a destruição servia para um novo recomeço e, portanto, deveria acontecer o mesmo com o homem. Ele deveria morrer fisicamente, mas renasceria novamente até atingir a perfeição de Shiva, pelas rodas da reencarnação. Quando os arianos invadiram a Índia, eles assimilaram este conceito, que os antigos habitantes do Meluhha – vale do Indo – já haviam espalhado pelo mundo, com as rotas comerciais.

Nandikeshvara fora um asceta, um antigo sumério conhecido como Enki, o deus das águas subterrâneas, que desenvolvera várias formas de meditação transcendental, sendo considerado o pai de todos os rishis, os homens sábios. Ele tivera dois filhos, sendo o primeiro, Ganesha, o menino elefante, que viria, após sua morte, a divulgar a sua doutrina, enriquecendo-a com meditações aliadas a posturas e respiração, sendo, portanto, o pai da yoga. Nandikeshvara desenvolveu uma doutrina segundo a qual a alma – paçu – ia vencendo os obstáculos – paça, ou karma, para os arianos – até atingir o Senhor Shiva – Pati. Isto se processava não só pelas muitas existências, mas também pela utilização de técnicas de meditação, de respiração, de alegria, da música, da dança e de uma firma atitude de destruir, dentro de si, a própria destruição.

Vindapharna passou os dias de chuva das monções conversando com os dois monges. Issa escutava os dois homens mais velhos enquanto passavam horas discutindo teologia. As discussões eram-lhe esclarecedoras, já que eram debates entre o hinduísmo védico, defendido por Vindapharna, e o budismo demonstrado por Udayana. Vindapharna, assim como todos os homens cultos de seu tempo, não era idólatra e, ainda que politeísta, era monoteísta em essência. Para ele, só existia Brahma. Todavia, em alguns

184 | A SAGA DOS CAPELINOS

aspectos, ele usava a mesma denominação tanto para o Deus Supremo como para a criatura.

– Brahma vive em nós. Cada homem tem Brahma dentro de si.

Udayana concordava com isso em parte:

– Concordo com o nobre rei. Todos temos Budha dentro de nós. Basta praticarmos o caminho traçado pelo grande mestre Gautama para alcançarmos a iluminação. Pela moksha – libertação –, o homem alcança o nirvana – a felicidade absoluta.

Issa preferia manter-se calado diante de discussões teológicas, mas não pôde deixar de interferir nessa questão.

– Prezados mestres, permitam-me uma intromissão.

Ambos o fitaram com deferência. O rei meneou a cabeça positivamente, e Issa disse:

– Os conceitos que vocês tão sabiamente discutem realmente são os mesmos. Brahma, Ahura Mazda ou Yahveh são nomes diferentes para o mesmo magnífico ser. Ele é o Criador. O Incriado. O Sempiterno. No entanto, segundo entendo, Budha é um estágio da alma humana. Quando ela evolui a ponto de não necessitar mais renascer aqui na Terra, pelo que se eleva para outras paragens do universo espiritual, atinge o moksha – libertação – e, com o decorrer do tempo, se aproximará do nirvana – a felicidade absoluta – o próprio Deus. Por sua vez, Brahma, mesmo representando o Ser Suprassumo, que nos criou, neste caso, como dito pelo grande rei Vindapharna, é a essência espiritual, aquela que nós definimos como o espírito imortal. Contudo, Deus, o Inigualável, não está somente dentro de nós como essência de nosso espírito; nós é que estamos dentro dEle, como os peixes estão no oceano e os pássaros no ar. Pelo fato de sermos feitos da mesma essência divina, somos, em última instância, deuses. O Pai e nós, os filhos, somos um só.

Vindapharna tinha um carinho especial por Issa e achava-o muito inteligente e despido da tão comum arrogância dos homens de algum conhecimento. Gostava de vê-lo expor de maneira clara e objetiva seus pontos de vista e, por isso, inquiriu-lhe:

– Você crê que Deus é o universo?

De tanto falar que Deus era tudo, imenso e que todos nós estávamos dentro dEle como os peixes no mar, havia o perigo de confundir o universo com Deus.

Issa complementou o raciocínio com uma explicação curta:

– Eu creio que Deus é infinito e, portanto, tudo está contido nele, sem que seja Ele mesmo. Em minha opinião, os infinitos universos que existem, cada um com um número colossal de constelações, que, por sua vez, contêm incontáveis turbilhões de estrelas e mundos, estão dentro de Deus. Contudo, nosso espírito, como é uma fagulha, um ponto de energia, criado pela mente de Deus, está ligado a Ele, formando uma unidade. Podemos ter a impressão de que Deus está dentro de nós, e isso não deixa de ser verdade, mas o fato mais interessante e verdadeiro é que nós é que estamos dentro dEle.

Issa achou por bem complementar o seu raciocínio com uma revelação que deixou os dois homens surpresos.

– Há doutrinas que nos dizem que cada astro e corpo celeste estão diretamente associados a um deus, um logos. Deste modo, nossa Terra tem um logos que o vivifica e que, de certa forma, é o 'corpo' deste espírito divinizado. Como corolário, esta doutrina nos afirma que o universo é o 'corpo' de Deus e, como o cosmo está em constante mutação, o mesmo acontece com o Inefável, que também evolui junto com as mudanças que acontecem.

Issa, terminando a exposição da doutrina panteísta evolucionista, arrematou:

– Tenho, contudo, reservas quanto a esta forma de pensar, pois acho que, mesmo sendo uma doutrina muito correta em certos pontos, o universo não é a última etapa da criação. Para mim, o cosmo imenso está realmente ligado, se é que se pode usar este termo, a um logos, um espírito sublime e maravilhoso, mas que além dele, ainda existem muitas outras 'moradas na casa do Pai'. Assim, o logos do universo ainda não é o próprio Deus, mas está vinculado a Ele por laços de energia que o vivificam e aviventam o Cosmo. A infinita energia divina é recebida pelo logos do universo

186 | A Saga dos Capelinos

e é rebaixada para outros espíritos que a recebem e a transformam. Assim, de rebaixamento em rebaixamento, a energia divina chega até nós, vivificando tudo em seu longo caminho entre o Pai e suas criaturas ainda implumes.

Os dois homens se entreolharam e tiveram dificuldades em assimilar a doutrina que Issa lhes revelara.

As discussões teológicas prosseguiam por horas a fio para imenso gáudio de Vindapharna. Todavia, não era só a teologia que importava, mas também os usos e costumes. Vindapharna, certa feita, querendo defender a permanência da tradição, usou como argumento que os usos e costumes encontravam respaldo na ordem natural e na crença dos homens. Mais uma vez, viu Issa se opor com enorme gentileza, mas agudeza de espírito.

– Não é porque todos os homens acreditam num fato que ele, necessariamente, deve estar certo. Todos os homens usam escravos. Será que a escravidão é correta?

Os dois orientais ficaram escandalizados.

– Claro que a escravidão está correta! É usada há milhares de anos.

– Mais uma vez vocês querem fazer da tradição, que são os costumes herdados por seus pais, uma prova de correção. A escravidão é um costume errado. Imaginem se vocês fossem os escravos. Como reagiriam?

Vindapharna respondeu-lhe:

– Isto jamais poderá acontecer. Nasci rei e somente um sudra – um pária – pode ser escravizado.

– Nobre rei, reflita. Se você realmente acredita no renascimento do espírito, você poderá vir na próxima vida como um humilde sudra e ter que ser um escravo.

– Absolutamente grotesco e ridículo! Um rei jamais poderá renascer como um sudra.

– Poderá renascer como o quê? – perguntou-lhe Issa, incisivo.

– Claro está que reis renascem como reis ou príncipes.

– Então, em sua opinião, um sudra sempre renascerá como sudra.

– Realmente!

JESUS, O DIVINO DISCÍPULO | 187

– Quem determina esses fatos?

– Os senhores do karma e o grande Senhor da Justiça, Varuna e seus príncipes.

– Ora, meu amado rei, será que Varuna, em sua sapiência e sua equidade, preestabeleceria que os seres humanos só poderão nascer de uma única forma? Onde está a justiça que faz um sudra ser perpetuamente um sudra? Pergunto-lhe, nobre rei, o senhor distribui sua justiça dessa forma? Será que dá um castigo maior a um sudra do que a um vaixá – homem livre – ou a um xátria – proprietário de terra –, por um crime semelhante?

– Claro que não! Perante a lei, os homens devem ser tidos como iguais. Entretanto, nós não fazemos isso. Julgamos de acordo com a procedência do homem. Por um crime de morte, se é um nobre, repreendo-o e, no pior dos casos, puno-o com um degredo. A não ser que tenha matado alguém tão nobre quanto ele. Já para um sudra, a pena de morte é aplicada em vários casos, especialmente quando ele se revolta contra seu xátria.

– O senhor acha isso justo, meu nobre rei?

Vindapharna baixou a cabeça e disse em voz baixa.

– Os costumes precedem a justiça.

– Será que os deuses também têm esses costumes?

O rei e o monge entreolharam-se. Issa tinha razão. Os deuses tinham que ser mais perfeitos do que os homens. Era isso o que os caraterizava. Para os sakhas, os deuses, os anjos ou arcanjos eram todos iguais, mas eram mais corretos do que os homens. Portanto, a justiça de Varuna tinha que ser mais correta do que a de um simples mortal. Agora, Issa tinha causado dúvida em suas mentes.

– Em sua opinião, como devem ser as coisas? – perguntou Vindapharna.

Issa respondeu-lhe, sem falsa modéstia ou empáfia.

– Tenho pensado muito nisso, e cada dia concluo que não deveríamos separar o mundo dos homens do reino de Deus. Se Deus é infinito, nós estamos mergulhados nEle, em sua essência, em sua infinita irradiação. O mundo não é separado de Deus nem é

188 | A Saga dos Capelinos

um apêndice dEle. Não deveríamos fazer separações de forma que houvesse dois reinos. Isso nós leva a uma dualidade perigosa. De um lado, acreditamos num Deus e num reino divino, perfeito. Do outro lado, acreditamos num mundo material, terreno da luta entre Ahura Mazda e Arimã, do bem e do mal, do certo e do errado. Isto é que está errado. Construímos sociedades e civilizações dualistas. O rico e o pobre. O poderoso e o fraco. O senhor e o escravo. Esquecemos que o universo é multifacetado e que o próprio dia é constituído não só de luz e trevas, pois há também sombras e penumbras. Não há um reino de Deus e um de trevas. Só deveria existir um reino de Deus, e tudo que não estivesse de acordo com Sua justiça, Sua comiseração, Seu infinito amor deveria ser reconstruído.

Os dois homens olhavam para Issa com assombro. Durante sua curta preleção, Issa foi sendo tomado de um arrebatamento que transformou seu rosto, iluminando-o com uma luz estranha e sobrenatural. Vindapharna, que jamais havia visto um fenômeno de luminescência da aura, ficou aturdido, enquanto Udayana, que já conhecia o fenômeno, ficou mais confiante nas palavras que Melchior lhe falara a respeito de Issa, pelas quais os classificara como santo taumaturgo. Para Udayana, Issa era, por enquanto, um poderoso yogue.

Vindapharna modificou profundamente seu ponto de vista, não só pelas palavras candentes de Issa, como, principalmente, pelo fenômeno de iluminação, que o comovera muito. Daquele dia em diante, passou a tomar maior cuidado com a distribuição da justiça, embora ainda estivesse profundamente influenciado pela cultura indo-iraniana e brâmane.

No decorrer da agradável semana, Vindapharna comentou com Issa que havia uma colônia de pessoas do seu credo a alguns quilômetros de Takshasila, numa região chamada de Kashmir. Issa não pôde deixar de ficar intrigado. Como isso era possível?

– Sim, é verdade. Eles mesmos se chamam de Benei Israel – filhos de Israel – e dizem que fazem parte das doze tribos dessa nação.

– Mas, atualmente, só somos duas tribos. Só restam as tribos de Iehudá e Benjamim, já que a de Levi não era considerada tribo, por estar mesclada em todas. As demais se perderam no mundo, e há muitas lendas sobre esse assunto.

– Posso lhe afirmar que uma delas está lá. Vi com meus próprios olhos, na região de Kashmir, ao norte de Takshasila, parte do seu povo perdido. Conheço sua raça, pois já estive em sua terra. Ninguém precisaria me dizer, pois deu para reconhecer pelo nariz adunco, recurvado, a tez azeitonada e a linguagem gutural. São todos parecidos com seu povo.

– Fascinante, meu rei, absolutamente fascinante! Gostaria de receber sua permissão para ir àquela região e conhecê-los; seria de grande importância para meu povo saber que existem judeus espalhados pelo mundo.

O rei coçou o queixo. Ele não queria perder companhias tão preciosas, mas, depois de pensar um pouco, concluiu com um acordo que lhe pareceu ideal.

– Farei melhor! Eu vou enviá-lo com uma escolta enquanto Udayana permanecerá aqui, para me fazer companhia. Assim ele poderá me iluminar mais sobre a doutrina de Budha.

Alguns dias depois, Issa partia com uma pequena escolta de soldados em direção à região de Kashmir.

Passaram por áreas montanhosas e cavalgaram cuidadosamente entre escarpas, numa região extremamente alcantilada. Issa era um cavaleiro apenas razoável e não se aventurava em fazer as manobras que os demais sakhas faziam. Por isso, atrasava-se, e os cavaleiros tinham que esperá-lo. Riam-se de Issa e recebiam, como resposta, pilhérias sobre si próprio, o que o tornou simpático à tropa.

Depois de quatro dias de lentas andanças pelas montanhas do Hindu Kush e do Pamir, descortinou-se perante seus olhos extasiados uma das mais belas visões que Issa jamais teria na terra: Kashmir. O vale incrustrado nas franjas do Himalaia era regado por quatro rios, que se encontravam com o Indo alguns quilômetros mais ao sul, o que dava origem à região do Punjab.

O lugar era de uma beleza esplendorosa. Não era à toa que se chamava Kashmir – céu na Terra. Era um paraíso de fertilidade;

190 | A Saga dos Capelinos

além dos quatro rios, havia lagos de inexcedível beleza. Muitos acreditavam que o paraíso bíblico a que o Gênesis se referia era Kashmir.

Ao longe, Issa e os soldados puderam ver uma aldeia e se dirigiram para lá. Levaram ainda algum tempo para vencer as dificuldades do terreno até chegarem à planície. Duas horas depois, apearam na aldeia, na qual foram recebidos com extrema desconfiança pelas pessoas. Depois de apear, Issa levantou a mão num gesto de paz e saudação e falou em hebraico: Shalom aleichem, e depois repetiu o cumprimento em sânscrito.

Um dos homens mais velhos aproximou-se dele e devolveu a saudação em hebraico, dizendo-lhe: "Aleichem shalom", e logo entabularam confabulação no mais puro hebraico. O ancião tinha sotaque menos gutural e intercalava algumas palavras levemente diferentes, mas era hebraico arcaico, o qual Issa dominava. Era o hebraico das Escrituras, com uma ou outra palavra desconhecida, que, pelo sentido da frase, era perfeitamente inteligível.

Issa foi levado, ainda com certa desconfiança por parte dos aldeões, para o interior de uma das casas, e lá conversou longamente com o seu hospedeiro, de nome Zabulon, enquanto os soldados, que tinham ordem de guardá-lo e levá-lo de volta são e salvo, montavam improvisado acampamento ao lado da aldeia. Issa explicou quem era e de onde viera, qual a razão de estar acompanhado por soldados sakhas e o motivo de sua longa viagem. Zabulon e mais alguns homens da aldeia estavam simplesmente extasiados com toda aquela novidade. Então, as antigas lendas estavam certas. Havia uma terra prometida e havia uma nação estabelecida pelos filhos de Israel.

Zabulon contou-lhe que as antigas histórias falavam da partida de Avraham para uma terra prometida. A narrativa seguiu de forma muito parecida com as histórias da Torah, até chegar no capítulo relativo à invasão de Nabucodonosor. Disseram que o famoso rei os deportou para a Babilônia. Não obstante, eram muitos, e seria impossível assentar todos no mesmo lugar. Dessa forma, foram espalhados aos poucos pelo grande império assírio e usados para povoar as terras distantes do monarca.

Esse grupo era da tribo de Dan e fixou-se no planalto do Irã, na região do Baluquistão e lá permaneceu por muitos anos. Quando os persas invadiram a Babilônia e as demais cidades, eles se movimentaram em direção ao paraíso perdido e atravessaram vários lugares até chegarem a Kashmir. Portanto, ainda eram Benei Israel – filhos de Israel –, e mantinham os costumes tribais intactos. Usavam apenas óleo para cozinhar e recusavam qualquer gordura animal ou vegetal. Gostavam de um peixe de água doce cozido, o qual chamavam de phari – uma lembrança do peixe que comiam no cativeiro do Egito. Issa observou que os homens usavam o característico solidéu dos judeus. As sepulturas eram voltadas para o oeste, e eles faziam as mesmas preces que os antigos hebreus. Issa havia encontrado uma das dez tribos perdidas de Israel.

Issa ficou um mês inteiro com Zabulon, que o levou em visita às demais aldeias, onde participaram de festas e tiveram que contar as histórias fabulosas do seu povo. Muitos achavam melhor estarem onde estavam; ali eles eram livres e ficavam longe do tacão dos conquistadores. Eram subordinados aos sakhas, que permitiam que todas as crenças fossem professadas desde que não fossem praticadas imoralidades e assassinatos ritualísticos. O rei cobrava impostos baixos e os deixava relativamente em paz.

Zabulon levou Issa a vários lugares de culto judeu: entre eles, o suposto túmulo de Moisés – obviamente uma simples lenda – e também a um mosteiro budista de Hemis, na região vizinha de Ladakh, onde Issa teve permissão para passar a noite.

O monge superior conversou com Issa, Zabulon e Vitraphana, o chefe dos guardas que os acompanhava. Issa conversou com grande dificuldade com o monge, pois falava uma língua estranha e conhecia muito pouco o sânscrito.

O monge ofereceu-lhes um repasto frugal, mas com um tempero delicado e apetitoso. Após o jantar, recolheram-se em quartos simples, oferecidos pelo monge. Issa ficou quase dez dias no

192 | A Saga dos Capelinos

mosteiro de Hermis e conheceu tudo o que os monges podiam oferecer-lhe. Fez grande amizade com o principal dos monges e ceava diariamente com ele. Durante os dias em que ficaram juntos, ambos aprimoraram sua língua comum e puderam trocar conhecimentos. No final do período, partiram, após agradecer sua generosidade.

A partida de Issa de Kashmir deu-se depois de passados quase dois meses, e Zabulon, que já o considerava um pouco seu filho, despediu-se dele comovidamente. Um dos sakhas pediu licença para ficar, pois havia se apaixonado por uma das moças do lugar e desejava desposá-la. Issa serviu de intermediário no estranho ajuste, visto que os habitantes de Bijbihara queriam que o jovem sakha passasse pela circuncisão antes de realizar o matrimônio.

Assim foi feito, mas o jovem quase morreu. Só não lhe ocorreu algo mais grave devido aos poderes taumatúrgicos de Issa. Diante disso, Issa se convenceu de que os conversos não deviam passar por uma agressão física dessa natureza. A conversão deveria ser um ato íntimo do coração, e não do pênis.

O retorno a Takshasila foi lento e cuidadoso; as montanhas não eram lugares apropriados para cavalos. Na capital dos sakhas, Vindapharna o aguardava ansioso, pois cria que algo de mais sério poderia ter-lhes ocorrido. Rejubilaram-se com o retorno do jovem Issa, e o monarca deu uma festa, para a qual convidou toda a nobreza rural. Udayana estava satisfeito com o retorno dos exploradores e insistiu em pôr-se a caminho para a sua terra o mais brevemente possível.

Vindapharna, contrariado, pois, por ele, manteria Issa docemente cativo para sempre perto de si, permitiu que partissem na semana seguinte e ainda lhes deu escolta até o Punjab, de onde seus soldados voltariam. Issa e Udayana haviam passado quase três meses no palácio do rei Vindapharna e estavam agora indo para Pataliputra, capital de Magadha.

Em razão das chuvas, a viagem até Pataliputra não foi fácil. Os caminhos estavam enlameados, o que fazia os cavalos atolarem e obrigava os homens a andarem a pé, ao lado dos animais. Os soldados sakhas os acompanharam até a saída do Punjab, passando pelas cidades de Indraprastha e Mathura, de onde desceram o rio Yamuna, afluente do Ganges, até Kanauj, no Ganges, na região de Panchala. Prosseguiram pela beira do rio, com comida suficiente e três cavalos deixados pelos soldados, a mando de Vindapharna.

Chegaram à cidade de Kasi, que mais tarde seria conhecida como Benares, e lá descansaram por dois dias. Conheceram um grande retiro de monges budistas construído no local em que Budha havia feito seu primeiro grande sermão. Depois, prosseguiram viagem, atravessaram o rio de balsa e, em seu lado ocidental, margearam-no por vários quilômetros até chegarem a Pataliputra. A viagem de Takshasila até o destino levou um mês e meio. Por fim, após quase seis meses de peripécias, desde que deixaram Pasargadae, Udayana reviu sua adorada Pataliputra.

A cidade era pomposa, com construções magníficas, palácios gigantescos, templos de diversas religiões brilhando ao sol, com cor de cobre devido aos tijolos aparentes, e seus domos de inspiração tipicamente persa. A cidade, cercada por altas muralhas de troncos de madeira com mais de quatorze quilômetros de extensão, transpirava luxo e beleza, mas o olhar de Issa deparou muitos miseráveis em atividades subalternas enquanto cavalgavam cidade adentro.

Nos arrabaldes da cidade, havia um ou outro pobre, mas perto do centro, onde existia um grande mercado público, o número de miseráveis, doentes, aleijados, pedintes e deformados era consideravelmente maior. Issa os via em todas as partes, porquanto a miséria escurecia a suntuosidade das construções, a beleza das roupas estampadas dos homens proeminentes e a graça e feminilidade das mulheres ricas. A pobreza o incomodava, não porque a achasse asquerosa, mas por compaixão. Em sua opinião, não deveria haver pobres. Todos deveriam ter alguma prosperidade, o suficiente para viverem com conforto e de forma industriosa.

Udayana levou Issa direto para sua casa, um palacete de brilho incomparável e de beleza ímpar. Abraçou sua mulher e seus filhos,

194 | A Saga dos Capelinos

o velho pai e a madrasta; a mãe falecera há muito tempo. Apresentou Issa a todos e referiu-se a ele como grande taumaturgo e amigo fiel. Era seu irmão de aventuras, o que normalmente estreita os laços de amizade.

Naquela noite, após os banhos rituais a que Udayana e Issa se submeteram, para expulsar os maus fluidos, um repasto foi servido. Issa começaria uma nova fase em sua vida. Estava com mais de vinte e sete anos e, até aquele momento, era celibatário. Udayana sabia do fato e achava que um homem que não conhecesse uma mulher era estéril. Em sua opinião masculina, achava que, para que um ser humano pudesse ser chamado de homem, era preciso conviver com as mulheres, seres de pensamento tão diverso, tão intuitivo e, muitas vezes, tão brilhante. Caso contrário, deveria ser considerado eunuco, tanto física como mentalmente, porquanto só teria a visão obliterada por um único ponto de vista, o seu próprio. Foi essa ideia de Udayana que fez com que, nos dias seguintes, Issa mantivesse uma longa conversa sobre sexo, casamento e castidade.

Issa explicou-lhe, em poucas palavras, que achava o casamento um ato santificador. Não o rejeitava, mas argumentou que não lhe havia aparecido a oportunidade de casar-se com uma bela e virtuosa jovem. Achava o sexo um caminho para Deus, pois liberava energias criadoras e que, como tudo o que criava era fruto do amor, o sexo, portanto, era divino. Achava, entretanto, que o sexo levado ao exagero liberava energias deletérias, pois tudo levado às últimas consequências era nocivo, até mesmo o amor, o mais belo dos sentimentos. Disse-lhe também que, cada dia que passava, mais tinha a certeza de que não iria dedicar-se ao matrimônio, pois sentia que seu tempo seria tomado por uma paixão maior: a humanidade.

Udayana apresentou-o a diversos monges budistas e também a alguns de outras seitas. Notara como Issa era atencioso com todos, minucioso em suas atividades, sem afetação. À menor coisa que Issa fazia, havia a procura do bem feito, do ato perfeito, do aprimoramento. Sua mente concentrava-se naquilo que estudava, nas pessoas com quem conversava e, até mesmo, nos animais que en-

Jesus, o Divino Discípulo | 195

contrava. Todas as suas atividades, por menores que fossem, eram permeadas de grande concentração e de amor, pois Issa fazia tudo com grande arte.

Issa estranhou ser apresentado a um homem completamente nu, que tinha um pequeno galho nas mãos e que varria tudo o que estava à sua frente. Udayana apresentara Issa ao idoso Vikramaditya, que lhe explicou o sentido de sua nudez.

– Há quinhentos anos, nasceu um homem maravilhoso, um xátria, do clã dos Licchavi. Seu pai chamava-se Sidarta e seu nome era Vardhamana. Casou-se segundo os costumes de sua tribo e era obediente ao pai. Porém, seu espírito foi atraído por uma velha ordem ascética, a dos Nirgrantas, que fora fundada em tempos imemoriais pelo sagrado Parsvanatha. Ele abandonou tudo, ingressou nessa ordem e adotou integralmente suas práticas.

Issa prestava atenção no velho com extremo respeito. Ainda não entendia por que razão ele devia andar completamente nu. O velho, após ter cuidadosamente varrido o local em que pretendia assentar-se, acomodou-se ali tal como estivera. Para Issa, era evidente que o homem não era louco; devia ter uma razão especial para comportar-se de forma tão incomum.

– Os Nirgrantas tinham desprezo pelos cuidados do corpo e adotavam a mendicância e a vida errante. Nosso mestre era maltratado pelas tribos bárbaras, mas era recebido com honras pelos príncipes, até que, num dia de meditação, com a cabeça ao sol, acocorado, calcanhares juntos, joelhos elevados e cabeça baixa, adquiriu a onisciência e tornou-se o Jina – o vitorioso –, o Mahavira – o grande homem.

Uma bela história. Mais uma lenda de um homem santo que, pela meditação, alcançava a sabedoria. No entanto, Issa continuava a não entender por que o conhecimento levava à nudez.

Vikramaditya continuou sua exposição em sânscrito, língua tão próxima ao parnis, que Issa pôde compreender quase tudo. Uma palavra ou outra que não entendia, interpretava-a pelo contexto. Os termos mais específicos, Udayana traduzia discretamente.

196 | A Saga dos Capelinos

O ancião prosseguiu sua narrativa.

– A partir dali, Jina passou a pregar e a converter milhares de pessoas. Deslocou-se por Magadha, Videha, Anga e vários outros lugares. Durante a estação das chuvas, ele ia para as cidades de Sravasti, Vaisali e Rajagriha, onde os reis daqueles lugares o recebiam com honras, já que eram aparentados. Durante trinta anos, converteu pessoas, instituiu monges e monjas e fundou mosteiros com a ajuda de reis e príncipes.

Issa aceitava o fato de que Jina, também chamado Mahavira, havia fundado uma nova religião – que seria chamada de jainismo –, mas ainda não entendia o motivo daquela nudez, que, embora não o perturbasse, o intrigava. Feito o introito, o velho monge entrou, finalmente, na essência de sua religião.

– E o que o Mahavira nos ensinou? Em sua sapiência, ele nos disse que tudo, por menor que fosse, por mais insignificante que pudesse ser, tinha um princípio anímico. Tudo tinha um jiva – alma.

O que Jina, o Mahavira, pregava era o panpsiquismo. Todas as coisas, desde os átomos, pedras, vegetais, animais e o ser humano, eram constituídas de uma energia espiritual, que moldava a forma material. As almas estavam inseridas no universo por Deus e evoluíam, passando por vários estágios e adotando inúmeras formas. Passavam por fases energéticas, minerais e vegetais e desabrochavam na fase animal. No fim desse longo processo, a alma se individualizava – tomava consciência de si própria – e ingressava na fase humana.

– A jiva pode ser ferida, e o aspecto mais importante de nossa doutrina é a ahimsa, a proibição de prejudicar, seja como for, a vida, por menos evoluída que seja.

Issa entendera agora o motivo da nudez do homem, que se dava ao cuidado de varrer tudo à sua frente com extremado cuidado. Ele evitava ferir ou matar insetos. Para ele, a formiga tinha uma alma e sofreria com o esmagamento. Além disso, o homem andava nu porque não queria usar nada de origem vegetal ou animal.

Temia ferir a natureza e, com isso, ofender o princípio de ahimsa. Issa entendeu que a nudez era um gesto, e não uma obrigação.

Issa era um homem que via Deus atrás de todos os atos e fatos. Onde entrava Deus no jainismo? Questionou o monge a respeito disso.

– Para Jina, onde está Deus? Ele crê numa alma universal, como os vedas?

– Não há a pressuposição de uma alma universal, e Deus para nós é a mais alta manifestação de todos os poderes latentes na alma humana. Os homens tornam-se deuses quando conseguem transformar todas as qualidades de suas almas.

Issa, então, complementou o raciocínio:

– Dessa forma, virtualmente, todos os seres, desde a mais simples pedra até o ser humano mais evoluído, podem se transformar em Deus, pela longa roda das reencarnações.

– Sim, é isso mesmo.

– Mas, na sua religião, será que existe um único Deus, um ser criador, um mantenedor do universo e da criação?

– Quem sabe e quem pode afirmar se existe realmente uma criação? Será que a criação não é um processo permanente? Terá havido realmente um início? E por que deve haver um fim? Será que não é igual aos processos das águas, que nascem dos grotões, correm para o mar pelos rios, sobem para as nuvens e voltam à terra como chuva? Será que Deus é a soma de todas as coisas que existem ou será um Ser separado do mundo? Ou será que o universo está em Deus? Quem saberá dar respostas a isso?

Issa sabia que tais questões haviam sido elaboradas em sua mente e que ele tinha as respostas. No entanto, não desejava discutir com Vikramaditya, pois o que procurava era conhecer o ponto de vista dos outros. Ele sabia que havia verdades em todos os lugares. Os vedas falavam de almas que governavam os planetas, os sistemas estelares e o universo. Diziam que as almas estão presas na roda das encarnações e que há várias explicações para seu escape do mundo material, a fim de alcançarem o nirvana.

198 | A Saga dos Capelinos

Havia várias darsanas – escolas filosóficas – que se classificavam, em geral, em ortodoxas e heterodoxas, conforme aceitassem ou não a autoridade do Veda. Eram seis as ortodoxas: niaia, vaisesica, sanquia, ioga, mimansa e vedanta; e duas heterodoxas principais: o budismo e o jainismo. Cada uma delas tinha suas verdades, que, ademais, se haviam poluído com noções estranhas à doutrina original. Issa as compreendia e delas tentava extrair o máximo de pontos positivos; assim, podia compreender melhor o mundo que o cercava.

O jainismo oferecia alguns pontos positivos, os quais Issa aceitou bem. O primeiro era o de que todos os seres tinham uma jiva – uma alma. Só assim era possível entender a evolução. Se isso fosse um fato, realmente não deveríamos ferir os animais. Mas seu pensamento também era crítico relativamente a isso. Se Deus havia determinado que houvesse uma cadeia alimentar, em que um se alimentava do outro, então, o jainismo não deveria ser levado ao exagero.

Por outro lado, Deus usava sempre o mal para atingir o bem. Se um hexápode era pisado e morto por um homem, o princípio psíquico – um protoespírito – daquele inseto evoluiria com o sofrimento momentâneo e adquiriria maior nível vibratório. Por conta, o mais importante não era o inseto que havia sido morto, mas a atitude do homem que o matou. Se o tivesse feito involuntariamente, não perceberia isso nem minimamente. Todavia, se o tivesse feito por perversidade, a sua própria mente o recriminaria, mais cedo ou mais tarde, em algum lugar do futuro. Portanto, para evitar complexos de culpa, o ahimsa era importante, desde que não fosse levado ao cúmulo do exagero, como o fora por Vikramaditya, que andava nu.

Issa ficara bem impressionado com a história de Gautama. Nascido no jardim Lumbini, perto de Kapilavastu, filho do rajá Suddhodana Gautama, portanto um xátria, Sidarta – todos os desejos atendidos –, Gautama foi criado no fausto e na riqueza da corte de seu pai. Como todo homem santo oriental, seu nascimento foi coroado de fatos extraordinários, a que Issa não deu a menor importância. A lenda contava como Gautama fora criado numa redoma de vidro, sem saber que existia a morte, o sofrimento e a miséria. É óbvio que Issa considerou essa fábula uma figura de retórica. Não é que Gautama não soubesse da existência das agruras da vida, mas, ainda sendo criança, suas preocupações manifestavam-se de outro modo. Quando atingiu a maioridade, próximo dos vinte anos, foi convenientemente casado pelo pai com a princesa Yashodhara, filha de Suprabuddha, rajá de Devadaha e irmão da falecida Maya, mãe de Gautama. A partir de então Sidarta Gautama começou a se preocupar com a miséria humana.

Seus mestres, todos brâmanes, explicaram que os homens estavam na roda de reencarnações e como tal estavam sujeitos ao carma. Cada nova vida os levava a se aprimorarem. Os brâmanes ensinavam que os sudras – os párias – assim o eram por terem merecido tal fato em outra vida, e deviam sujeitar-se passivamente ao carma, para não agravá-lo. O final da roda das reencarnações era o fundir-se com Brahma, o grande todo.

Gautama, atormentado, já com mais de trinta anos, abandonou tudo e partiu para tornar-se asceta. Viveu em profundas meditações. Mendigou como um monge. Poucos panos cobriam seu corpo. Dormiu ao relento. Passou o tempo todo meditando sobre os problemas existenciais. Por que razão existia o sofrimento? Por que existia a dor? As antigas lendas estariam certas? Sofríamos porque teríamos praticado terrível mal e, por isso, havíamos sido isolados aqui na Terra e, sob o jugo de Varuna, seríamos perpetuamente castigados? Gautama lembrava-se das antigas preces ao grande deus ariano presentes nos Vedas:

"É sábia e grande a natureza daquele que susteve, ao separá-los, estes dois mundos tão vastos. Separou o céu alto e grande; sim, afastou o astro e alargou a terra. – E pergunto-me a mim mesmo: quando encontrarei refúgio em Varuna? Que oferenda minha apreciará ele e apaziguará sua cólera? Quando poderei, tendo o coração puro, ver os efeitos de sua compaixão? – Esclareça-me sobre o meu peca-

200 | A Saga dos Capelinos

do, ó Varuna, para o conhecer. Todos eles me deram a mesma resposta: Varuna está irritado contigo. – Qual foi, ó Varuna, esse grande pecado, para que queiras castigar o cantor teu amigo? Diga-me, ó infalível, que conservas tua natureza impecável? Possa eu, purificado, ó deus colérico, escapar-te, graças a esta homenagem."

Os capelinos – os antigos – haviam deixado a noção de um grande pecado – O Pecado Original – que os havia lançado no inferno. Para eles, que haviam vindo de Ahtilantê, a Terra era o inferno, o lugar de sofrimentos infindáveis e que nada os podia fazer sair deste lugar, a não ser as oferendas aos deuses que, julgados por si próprios, deviam ser também venais e corruptíveis.

Gautama meditou por longos anos, depois de ter visitardo eremitas famosos, como Bhagava, Arada Kalama e Udraka Ramaputra, e concluiu que o ascetismo só salvava o asceta. Era preciso mais. Era fundamental salvar todos. Abandonou a vida ascética e procurou as respostas de suas dúvidas entre os homens. Finalmente, após muito viajar e conversar com os homens, conta a lenda que Gautama colocou-se sob o pipal – a figueira sagrada –, em Gaya, no reino de Magadha. Travou-se gigantesca luta mental entre ele e os demônios, que lhe diziam para abandonar aquela busca incessante e ir gozar as delícias do seu reino. Venceu a pugna espiritual e recebeu a iluminação. Levantou-se do pipal e saiu pelo mundo pregando sua verdade, o dharma – o caminho da iluminação. Tornou-se, pois, ele mesmo, um iluminado, um Budha.

Gautama ensinou em língua pali, deixando o sânscrito para os brâmanes cultos. Ele falava ao povo em termos simples, para que o entendesse. Inicialmente, foi a Mrigadava, na região de Varanasi, e reencontrou os cinco companheiros de meditação e ascetismo, que o haviam repudiado por ter aceitado um xícara de leite de uma mulher chamada Sujata. Eles o evitaram, mas ele, insistente, os convenceu de sua verdade, fazendo-os seus discípulos. A seguir, visitou o castelo Rajagriha e ganhou a simpatia do rei Bimbisara. Em Kasi, a futura Benares, fez seu primeiro sermão público, tornando-se conhecido e admirado por todos.

Durante mais de quarenta e cinco anos, pregou seus ensinamentos. Aos oitenta anos de idade, em Vaisali, em seu caminho para Shravasti, vindo de Rajagriha, adoeceu e predisse que iria morrer em três meses. Continuou sua viagem para Pava e, finalmente, morreu em Kusinagara, onde seu corpo foi cremado por seus amigos, sob a orientação de seu discípulo favorito Ananda.

Quais eram os ensinamentos deste mestre?

Para ele, a ignorância, que consistia em confundir o aparente com o real, devia ser combatida. A existência trouxe o sofrimento em seu bojo, que nascia do desejo sempre impossível de ser satisfeito e que só podia cessar no momento em que o anseio fosse aniquilado. Para tal, era fundamental que o ser praticasse a 'boa lei', que conduziria o seguidor ao nirvana, a integração com o todo.

Para Budha, para atingir o estado de tranquilidade, em que não há desejo e, por isso mesmo, não há sofrimento, devia-se percorrer o 'nobre caminho', transpondo as oito etapas: percepção correta, pensamento correto, fala correta, comportamento correto, meio de vida correto, esforço correto, atenção correta e concentração correta. Assim, o ser conseguiria extinguir o desejo e com ele todo o sofrimento, iluminando-se, tornando-se, portanto, um Budha. Para complementar, Sakyamuni – o sábio do clã dos Sakyas – dizia que devíamos evitar a indulgência para com os desejos do corpo e também o outro extremo, o total desprezo ao corpo, como predisse Mahavira, portanto combatendo os excessos do jainismo. O caminho correto era o do meio, o do equilíbrio. Era a senda revelada pelo 'nobre caminho', as oito etapas que o homem devia cumprir.

Issa estudou com Dushyanta, um monge amigo de Udayana, os caminhos que Budha havia estabelecido e viu neles sabedoria e iluminação. Não obstante, sentiu que eles alcançavam apenas o homem, o indivíduo, e não a coletividade. Seguir os caminhos do Budha não traria o fim da miséria, o término da pobreza e das doenças. Só faria com que o ser humano conseguisse superar suas fraquezas individualmente. Não reuniria os doentes, os párias, os

202 | A Saga dos Capelinos

deserdados da terra num único bloco fraterno e amoroso. Issa conhecia o coração dos homens e sabia que isso só seria possível quando todos eles alcançassem graus de evolução muito acima dos níveis de então.

Udayana levou Issa para um local que era considerado a abominação: a cidade dos leprosos. Havia, num vale mais abaixo de Pataliputra, uma pequena aldeia onde eram colocados todos aqueles que sofriam de algum mal. Ali estavam os que apresentavam manchas no corpo, hanseníase verdadeira e outras doenças infectocontagiosas. Havia desde crianças recém-nascidas até velhos decrépitos que, encarquilhados e alquebrados, eram jogados naquele lugar, à espera da morte.

Issa entrou na aldeia dos leprosos e visitou demoradamente cada uma das choças. Junto com Udayana, fez alguns curativos, pensou alguns doentes e impôs as mãos em meia dúzia de outros. Um deles era particularmente interessante. Tratava-se de uma moça com sintomas de alguma grave doença de pele. Em alguns locais de seu corpo, de tanto coçar, a pele estava em carne viva, mas não era lepra.

Foi Issa quem notara a moça, que devia ter, no máximo, uns vinte e cinco anos, mas que, em razão da doença e, principalmente, de seu estado psíquico degradado, aparentava ter mais. Os dois homens se aproximaram da infeliz jovem e conversaram com ela.

A moça falava tâmil e era de origem dravídica. Seus ascendentes haviam sido capturados perto de Kaverippattinam, no sul da Índia, pelos exércitos de Bindusara, há mais de cem anos. Ela era uma pareiyar – pária, na língua tâmil ou tâmul. Sentia profunda melancolia desde que fora colocada naquela cidade pelos seus xátrias há cerca de dois anos, ocasião em que as primeiras coceiras apareceram. Issa, intuitivamente, sabia que aquilo era uma alergia, uma urticária, ou seja, uma simples reação vascular cutânea, caracterizada pela presença transitória de placas lisas e pouco salientes, mais vermelhas ou mais pálidas que a pele adjacente e, muitas vezes, acompanhadas de intenso prurido.

Issa aguçou sua vista e viu que toda aquela colônia de doentes estava invadida por centenas de espíritos de variegada estirpe. Havia médicos espirituais, obsessores, sofredores e dementados, assim como espíritos escarnecedores, que riam da situação penosa dos doentes. Alguns dos espíritos que estavam literalmente colados aos doentes eram sofredores que não tinham sequer a ideia do que estavam fazendo. Esses precisariam de grande dose de amor e prece para que se despregassem dos renascidos e para que pudessem obter um mínimo de consciência a fim de progredirem.

Em volta de Rati, nome da doente, havia um espírito de uma moça que se apresentava com aparência jovem, ricamente vestida, com excesso de maquilagem e joias. Olhava para Issa com certo desdém e cara de deboche, e, mentalmente, lhe disse:

– Nada e ninguém poderão tirá-la de mim. Ela é minha e posso fazer dela o que bem entendo. Ela me deve muito!

Issa nada disse e impôs as mãos sobre o corpo doente da moça. Mesmo sem tocar a doente, podia-se ver que era pele e osso. Issa ligou-se mentalmente ao consciente da moça e viu-lhe os pensamentos superficiais:

"Quem será esse lindo moço que coloca as mãos longe de mim? Será que tem nojo de mim? Que vergonha, estou tão feia, tão repulsiva. Preferia estar morta!"

Issa falou-lhe em voz alta, com um belo sorriso nos lábios e um ar doce nos olhos. Udayana traduziu o que ele disse:

– Você não está repulsiva nem está feia, apenas doente. Mas a cura está em você. Descanse sua mente e aproveite as forças que lhe envio.

A moça ficou surpresa ao ver que o jovem podia ler seus pensamentos. Issa concentrou-se mais profundamente na mente críptica da jovem e, subitamente, houve um contato com um nódulo – um complexo de culpa profundo no campo espiritual. Como se fosse um filme rodando a velocidade vertiginosa, captou a história da moça, num átimo.

204 | A Saga dos Capelinos

Ela fora um homem, um guerreiro, conquistador e arrogante, e fizera um ataque, no sul da Índia, à terra dos Chola, e tomara famílias inteiras para vender como escravos. Uma moça em particular o atraíra pela beleza e juventude. Ele a tomara como sua serva e fizera dela sua escrava. Obrigara a moça a satisfazer seus inacreditáveis desejos sexuais. Ele tinha sérios desvios psíquicos; era dado a coprofagia – um estado mórbido que leva a pessoa a comer fezes.

Ele ingeria excrementos principalmente de suas escravas sexuais. Além disso, obrigava a moça cativa a beber sua urina, lambuzava-a com suas próprias fezes e divertia-se enquanto a moça vomitava. Tanto fez que levou a pobre moça à loucura. Ela ficava trancada num quarto, à espera do coprófago. Essa simples espera a levava ao paroxismo da ansiedade. Já não havia mais banhos que a pudessem fazer sentir-se limpa. A cada dia, ficava mais e mais aturdida com a nojeira que o homem a obrigava a fazer. Finalmente, teve um ataque de nervos e tentou fugir. Na luta que se seguiu, o homem quebrou, involuntariamente, seu pescoço, matando-a instantaneamente.

O coprófago renasceu algumas décadas depois como a jovem Rati. A terrível urticária que a levava à loucura era decorrente do abominável hábito de ingerir excrementos, que ficara gravado em seu corpo astral. Além disso, costumava ingerir pouquíssimo alimento, desde a infância, como se tudo que entrasse em sua boca gerasse imediato fastio. Sentia uma aversão enorme pelas próprias fezes e pelas dos outros e, por ironia do destino, fora posta num lugar de doentes, os quais, muitas vezes, ficavam dias com fezes coladas ao corpo, sem força para levantar e ninguém para limpá--los. Essa aversão a fezes fora-lhe inculcada pelos 'demônios' que a haviam aprisionado por quase trinta anos, que a torturavam até o extremo da dor e da loucura. O espírito feminino, que lhe fazia companhia, obsidiando-a, era a jovem que ele levara à loucura e, depois, à morte.

Issa ficou amargurado com o drama que se desenrolava sob seus olhos e, como não poderia deixar de ser, seu coração compas-

Jesus, o Divino Discípulo | 205

sivo confrangeu-se. Ele queria ajudar a moça e o espírito obsessor a livrarem-se daquela prisão mental em que se haviam enredado. Uma, por seus desvios mentais, e o outro, por não ter tido a nobreza de perdoar a insanidade daquele homem e ter se aferrado a uma perseguição vingativa. Só havia um caminho para Rati: ela precisava trabalhar para ajudar os outros.

Issa sabia que a caridade era uma faca de dois gumes. Se, por um lado, desenvolvia o amor naquele que praticava o ato, podia levar o que o recebe à posição de um cômodo mendicante. Nesse caso, Rati deveria acostumar-se à obra benemerente em que tivesse contato com o que menos gostava: as fezes dos outros. Deveria, pela limpeza e o contato com excrementos e pelo trabalho insano de cuidar de outros doentes, levantar-se de sua própria imundície.

Todos os dias, Issa e Udayana iam àquele desolado lugar e ajudavam os outros. Issa formou um pequeno batalhão de limpeza, com Rati à frente, que dava também banho em todos os doentes. Os que podiam locomover-se ajudavam os que não podiam.

Quando Issa chegara àquele lugar, tudo recendia a nojeira e doença, mas agora haviam capinado a aldeia, enterrado os detritos, queimado algumas cabanas infectadas e construído outras mais arejadas. Udayana, sob a inspiração de Issa, conseguiu, de seus ricos pares, roupas velhas, que serviram magnificamente aos deserdados. Alguns monges budistas, amigos de Udayana, resolveram aventurar-se com eles e ficaram fortemente impressionados com tudo o que viram e começaram a divulgar o que aquele belo homem havia feito, o que tornou a fama de Issa perene.

Alguns meses depois, Rati apresentava melhoras impressivas, pois se alimentava de forma bem melhor e seu estado psíquico tornou-se bem mais jovial. Trabalhava com grande alegria. O espírito feminino que a obsidiava já não estava tão colado a ela, o que demonstrava que a alteração do estado anímico de um influenciava o outro. O obsessor também pode ser um prisioneiro da mente do obsidiado e, quando um se altera, o outro sofre uma modificação similar.

206 | A Saga dos Capelinos

A imposição de mãos que Issa fazia três vezes por semana em grupos de cinco a seis pessoas era a parte de que todos mais gostavam. A energia emanada por Issa fazia com que se sentissem quentes e calmos, e aliviava as dores, os temores da morte e a incerteza do amanhã. Somente um espírito de estirpe sideral tão elevada poderia desgastar-se de tal forma com um grupo diário acima de seiscentos indivíduos absolutamente adoentados. Mesmo os moribundos agradeciam; a imposição de mãos lhes dava a tranquilidade para superar a morte iminente.

Num dos dias mais movimentados, quando vários sacerdotes foram ver as obras assistenciais de Udayana e Issa, um dos homens, que sofria de uma paralisia dos membros inferiores, causada por um pequeno derrame no cérebro, recebeu uma carga poderosa de fluidos do taumaturgo, que os havia dirigido diretamente sobre a parte lesionada. O bombardeio teve efeito fulminante, visto que, além de dissolver o coágulo que bloqueava a circulação de sangue, permitiu a passagem das correntes elétricas entre os neurônios, o que determinou o restabelecimento do homem. Ele deu um leve estrebucho e, subitamente, levantou-se e começou a andar.

Inicialmente, ele andava de forma vacilante, mas logo depois começou a adquirir confiança e, aos gritos de "estou curado, estou curado", saiu andando por todos os lados e mostrou-se aos demais, que riam, aplaudiam, choravam e, até mesmo, desmaiavam de emoção. Grande comoção havia tomado conta do local, e Issa começou a ser visto como um avatar, o próprio Vishnu reencarnado. Em poucos dias, Pataliputra só falava disso e todos queriam conhecer o mais novo taumaturgo da região. Issa havia se tornado um homem santo.

A pequena aldeia passou a ser visitada por outras pessoas, que ajudavam os infelizes com mantimentos e instrumentos de cultura. Algumas cabras foram levadas por senhoras compassivas para fornecer leite aos doentes. Os portadores de doenças mais contagiosas não se aproximavam dos sadios, mas agora já não ficavam largados à espera da morte. Issa fizera um grande milagre; tirara as pessoas de seu estupor e conseguira mostrar que pequenos gestos podiam gerar grandes obras. Os enfermos que podiam trabalhar eram incentivados por Issa a plantar uma horta comunitária e a cuidar de ovelhas, doadas pelo rajá de Pataliputra.

Muita gente ia vê-lo trabalhar e impor as mãos sobre os doentes. Não havia nenhum milagre na acepção da palavra, ou seja, as sábias leis da natureza não eram derrogadas a bel-prazer, para satisfazer a vontade de alguém. O que havia eram as leis espirituais em ação. No entanto, como corpo astral, fluidos e centros de força, chamados pelos indianos de chakras, são elementos que os olhos físicos humanos não podem ver, os atos de Issa se revestiam de excepcionalidade. As melhoras dos doentes se davam a olhos vistos. Em que pese isso, o milagre não era processado por Issa, mas no íntimo de cada um. Melhores condições de higiene, melhor alimentação, atividades e carinho ajudavam cada um a encontrar as forças necessárias para soerguer-se. Até mesmo os doentes terminais morriam em condições mais dignas do que as do tenebroso pardieiro que Issa encontrara inicialmente.

Rati melhorara a olhos vistos, embora sofresse recaída imediata quando parava de trabalhar ou quando começava a queixar-se da vida. As coceiras voltavam de forma superlativa e exigiam mais imposições de mãos de Issa. Ele, sempre amorável, recriminou-a docemente:

– Rati, você já observou que todas as vezes que reclama da existência, ou para de trabalhar, as suas coceiras retornam?

– Mas, mestre Issa, será que eu não tenho direito a ter um companheiro que me ajude a passar por esta vida de tormentos? Será que eu não tenho direito a embalar nos braços um filho que possa ser a luz dos meus olhos?

– Direito é algo que se adquire. Se suas dívidas ainda não foram saldadas, como você pode cobrar dos outros o que você mesma não pagou? Issa lhe respondeu com extrema doçura, sem repreendê-la.

A moça fez cara de quem ia cair em longo e angustioso pranto. Issa pôs-lhe a mão no ombro e repreendeu-a, com muita paciência e amor:

208 | A Saga dos Capelinos

– Nesta vida, doce Rati, você aprenderá, por bem ou por mal, que dar é mais importante do que receber, tornar-se útil é mais meritório do que esperar benesses dos outros e que, para ter direitos, é necessário primeiramente cumprir suas obrigações. Dedique-se a cuidar dos outros e, por acréscimo de misericórdia divina, você ficará curada e poderá vir a ter um companheiro e, quem sabe, um filho.

Issa observara que o espírito obsessor que acompanhara Rati não aparecia fazia muitos meses. Rati havia se tornado mais maleável e dócil aos conselhos do belo homem, que agora tinha vinte e oito anos. Alguns anos mais tarde, Rati conheceria um doente ao qual dedicaria intensos cuidados e pelo qual se apaixonaria, tendo com ele uma filha bela e saudável – o mesmo espírito feminino que a perseguira durante a existência física por mais de vinte anos –, que receberia os mimos e a educação materna somente até os oito anos. Rati morreria relativamente cedo, com quarenta anos, e sua filha seria educada por uma família de ricos vaixás, reavendo a riqueza que lhe havia sido tirada no passado.

CAPÍTULO 7

Issa foi visitar a cidade vizinha de Mithila, porquanto lá existia um homem sábio, um guru – venerável –, que costumava realizar grandes feitos e que era muito procurado pelo povo. Udayana e Dushyanta o levaram para a cidade vizinha, que não ficava muito longe de Pataliputra. Muitos dos seus cidadãos visitavam o homem santo.

No caminho, após atravessar o Ganges de barca, Dushyanta contou-lhe a parábola do filho pródigo.

– Havia um homem rico com muitos filhos. Um deles, rebelando-se contra o pai, requisitou a parte da fortuna que lhe cabia e, após recebê-la do generoso pai, partiu a para outras terras. O pai, sempre amoroso, mandou que um dos seus servos o seguisse para que, assim, pudesse ajudá-lo e protegê-lo em segredo.

Dushyanta prosseguiu com a fábula:

– O filho caiu em profundo desregramento e conheceu todos os vícios e todas as maldades dos homens. Passou a desconhecer totalmente o pai. Este conhecia, porém, todas as vicissitudes que o filho atravessava. Os anos de descomedimento foram passando e o homem cansou-se daquela vida de fatuidades e, arruinado, foi procurar um emprego.

210 | A Saga dos Capelinos   Os Patriarcas de Yahveh | 210

Dushyanta falava de forma pausada, apreciando cada palavra, como se estivesse formando imagens ao contar cada passagem.

– O servo relatou a situação do rapaz ao pai, que determinou que lhe dessem um emprego nas baias de porco das quais ele era proprietário. O filho passou a trabalhar para o pai, sem saber. Dedicou-se ao trabalho de forma integral, e o genitor, mesmo a distância, seguia os passos do filho, pelos relatórios de seu servo. A certa altura da vida, ele foi promovido, em razão de seus méritos. Tornou-se supervisor de porcos e, depois, chefe da fazenda. O filho, tendo criado juízo e casado, recebeu filhos tenros em seus braços e cuidou deles com desvelo. O pai, sabedor de todos esses fatos, cumulava o filho, em segredo, com benesses. Havia galgado um novo cargo, de superintendente das fazendas do rei. Nessa posição, teve que prestar contas um dia ao próprio monarca, do qual não sabia que era filho, pois imaginava que o dono do negócio era um soberano de uma terra distante.

Dushyanta preparou a parte final de sua história e arrematou, criando um ar de drama, próprio de quem conta uma parábola:

– Qual não foi a surpresa do filho quando descobriu que, durante todos aqueles anos, trabalhara para o seu próprio pai e que ele, mesmo tendo sido insultado e desprezado, nunca o havia abandonado! O pai não lhe negara as oportunidades de reconstrução. Só exigia que a fizesse por si próprio, com esforço e denodo.

Udayana fez uma pequena pausa e arrematou a parábola com certo ar de vitória:

– Budha é como o pai que vela pelo filho, o qual, por pior que seja, poderá reabilitar-se na roda das encarnações, até tornar-se igual a Budha e uno com ele.

Issa concluiu que Dushyanta confundia a noção de atingir a perfeição com a própria divindade. Para Issa, Deus era a perfeição e os demais seres aproximavam-se dEle e integravam-se cada vez mais nEle. Contudo, jamais se tornavam iguais ao Pai. Para ele, Budha era um ser ou dos seres que haviam atingido um grau de pureza muito elevado. Issa sabia, porém, que a condição humana não era o ponto final do caminho, mas apenas uma etapa – importante, é verdade – e que, definitivamente, além da fase humana, existiam novas formas de consciência tão fascinantes que os homens não podiam nem sequer imaginar.

Havia uma fábula judia do filho pródigo, proveniente dos tempos babilônicos, que falava de um filho que partira e que dissipara a fortuna que o pai lhe dera. Não obstante, quando ficou na miséria, o filho voltara humilhado para o pai, que o recebeu de coração aberto e fez uma grande festa. Os outros filhos, ao se queixarem que nunca haviam sido recebidos com festas, ouviram o pai dizer-lhes que eles nunca se haviam perdido e que sempre estiveram em sua companhia. Já o filho que retornara ao seguro aprisco paterno havia sido aquele que se perdera, mas que, finalmente, fora recuperado, o que valia muito.

Issa contou sua versão da lenda e ele mesmo complementou, dizendo:

– Podem parecer iguais, mas são diferentes. A versão da minha terra é a do filho que se arrepende e volta para o caminho do bem e, assim, festeja-se a vitória do bem contra o mal. A história que você me contou fala do caminho que o homem deve percorrer para fazer jus ao nirvana. Nesse caso, o pai – Budha – está sempre atento. No caso da história judia, o pai é compassivo e perdoador, mas não vela pelo filho recalcitrante. Porém, eu acredito que um verdadeiro pai jamais abandonaria o filho, especialmente o desviado do bom caminho, pois é aquele que mais precisa de seu amor. Além disso, ele encontrará sempre uma forma de encaminhá-lo ao mundo, pois é um pai providente.

Todos concordaram com o fato de que isso era uma grande verdade. Deus era providente, pois a análise da realidade demonstrava que havia sempre formas de prover todos os seres do universo, de acordo com suas necessidades. Havia modos e leis que interagiam para o aprovisionamento de alimentos, vidas, experiências, conhecimentos, apoio e muitas outras coisas a todos os seres, a todas as criaturas. Issa falara do conceito da providência divina.

Mithila era uma cidade bem mais pobre do que Pataliputra, mas, mesmo assim, bela e bem tratada, com jardins floridos e uma quantidade de gente na rua bem superior à da capital da Magadha. O guru Ajatasatru – com o mesmo nome do rei de Magadha, que dividira as cinzas de Sidarta Gautama quando de sua cremação – era um homem esquálido, que ficava na entrada da cidade e morava numa gruta, aonde milhares de pessoas levavam alimentos e oferendas para que ele lhes predissesse o futuro, curasse doenças e fizesse coisas maravilhosas, que ninguém jamais tinha visto alguém fazer. Certa época, ele foi enterrado vivo e ficou sepultado durante uma semana, mas saiu da sepultura sem nenhum problema, no final do período previsto. Ele tinha uma fama ímpar em toda a região.

Dushyanta apresentou Issa a Ajatasatru e conversaram durante alguns minutos. No fim da entrevista, o ermitão sugeriu que ficassem juntos naquela noite. Issa manteve-se ao lado do ermitão para observar suas curas e viu que o processo que usavam era similar: ambos dependiam de suas próprias forças e da ajuda de elevados espíritos, pois, no caso de Issa, ele também tinha uma maravilhosa equipe de almas, que o ajudava desde Alexandria.

À noite, sentaram-se em volta de uma pequena fogueira dentro da gruta e começaram a alimentar-se daquilo que era o cardápio usual do ermitão. O velho, além de ser magérrimo, também era desdentado, e alimentava-se de raízes cozidas em água até que se dissolvessem, o que formava uma espécie de mingau ou infusão de cheiro acre e gosto amargo. Do grupo, o único que tomou a sopa sem pestanejar e fazer caretas foi Issa, pois até mesmo o guru não apreciava sua dieta forçada.

– Então, este belo jovem vem de uma terra distante? Onde é esse lugar? É muito longe? Chega-se lá em dias ou meses? – perguntou Ajatasatru, tentando ser cortês.

Issa sorriu e disse-lhe num pali sofrível:

– Sim, guru Ajatasatru. Para chegar à minha terra, levam-se meses.

O velho entrou em transe e começou a falar com enorme rapidez. Durante mais de dez minutos, o guia espiritual de Ajatasatru falou por seus lábios e, à medida que vaticinava, ele, que estava sentado sobre suas próprias pernas na posição do lótus, começou a levitar e elevou-se, para espanto de todos os presentes, a mais de um palmo acima da terra nua em que estivera repousando. A situação era fantasmagórica. Issa aguçou sua percepção e viu que o guru estava totalmente circundado por uma luz alaranjada, com raios violetas, que chispavam em torno do ancião.

Olhando para os outros dois, ele perguntou:

– Vocês conhecem a história da lua negra e do planeta dourado?

Os dois indianos olharam-no com surpresa. Que história seria aquela? Issa conhecia a história, mas, por uma questão de gentileza, quis ouvir a versão do velho ermitão. Ajatasatru, vendo que ninguém a conhecia, contou a mais fascinante história que os três homens tinham ouvido.

– Há milhares de anos, no planeta dourado, existia uma humanidade feliz, atazanada por homens ruins e terríveis bandidos, que dificultavam os que desejavam progredir. Naqueles dias tormentosos, os devas daquele planeta reuniram-se e decidiram banir os desordeiros para outra terra. Escolheram, entre todos, o deus Varuna, que reuniu os demônios e os arcanjos e trouxe-os atravessando grandes planícies do espaço, numa imensa lua negra.

Issa ouvira uma história parecida em Alexandria. Os egípcios falavam de homens degredados de Atlântida, os quais haviam cruzado os oceanos primordiais na barca de Rá. Algumas dessas barcas eram identificadas como pirâmides colossais, e, agora, Ajatasatru falava de uma lua negra, da qual Issa também já ouvira falar.

Issa sabia que os capelinos haviam sido trazidos em dezenas de equipamentos diferentes e que alguns pareciam gigantescas pirâmides. Outros eram redondos, semelhantes ao que se poderia chamar de enormes luas negras. Essas luas gravitaram alguns meses em volta do planeta, até que foram trazidas à superfície para o desembarque de sua carga de degredados. Elas tinham raios tratores e, com eles, varreram o astral inferior do planeta dourado, dissiparam as trevas e atraíram magneticamente os espíritos recalcitrantes, que se haviam escondido em furnas infernais.

Ajatasatru prosseguiu sua narrativa:

– Começaram a renascer em vários lugares da Terra, não mais se lembrando de quem eram, mas com uma vaga reminiscência a atormentá-los. Os grandes 'dragões' da sabedoria os guiaram pelos vales, montanhas e rios, até que haviam se espalhado por todos os lugares.

Ajatasatru havia capturado a atenção dos presentes.

– No entanto, aqueles seres eram perversos e cheios de vícios. Em todos os lugares a que chegaram, logo contaminaram os seres pobres e humildes, que já estavam aqui. Se, por um lado, trouxeram a civilização, também introduziram a maldade e a perfídia.

Udayana, que já ouvira parte desta história, perguntou:

– Venerável Ajatasatru, será que não há salvação para a Terra?

Estranhamente, o ancião virou-se para Issa e, apontando-o com ambos os braços, falou com uma voz embargada de emoção:

– Pergunte ao jovem avatar aqui. Peça a ele para revelar os desígnios dos devas.

Issa, que sabia que vinha de elevada esfera, não queria ainda revelar sua missão, pois acreditava ser ainda cedo para tal fato. Desta forma, retrucou, quase rindo.

– Quem? Eu?! Não passo de simples humano que procura caminhos para ajudar os homens e, quem sabe, a si próprio.

– Pois esta é a verdade. Você deve encontrar os caminhos e propô-los aos homens. Seja você mesmo um paradigma, um estalão – uma medida – para que os outros possam mirar-se em você e, desta forma, oferecer um caminho para a redenção. O homem deve ser o redentor de si próprio. Desta forma, quando você oferecer o caminho para a luz, você também irá iluminar-se ainda mais. O mesmo acontecerá com todos os homens que trilharem este espinhoso caminho da procura pela perfeição.

Ajatasatru levantou-se e colocou as duas mãos na cabeça de Issa, em forma de bênção, e ele, respeitosamente, sentado na posição do lótus, curvou-se, até que sua fronte encontrou o chão. Logo após, Issa tomou as mãos do ancião e beijou-as, carinhosamente.

Ajatasatru voltou a si e, tomando um longo hausto, esfregou as mãos no rosto e sorriu. Logo depois, ele disse que mostraria alguns truques que os divertiriam.

O velho sentou-se novamente na posição da flor do lótus e concentrou-se. Após alguns segundos, abriu a mão e exibiu um botão de rosa, do qual ainda pingava um pouco de orvalho. Issa olhou bem para a flor e viu que era a mais perfeita imitação de rosa que já vira. Porém, com seu olhar arguto e espiritualizado, pôde ver que o botão não tinha essência física. O velho materializara, por meio de seus fluidos vitais, uma perfeita imitação de rosa, que tinha, até mesmo, a doce fragrância da flor.

Issa sorriu e nada disse. O velho não tinha a intenção de ludibriá-los, mas de tornar-se agradável, após toda aquela conversa séria. Durante o resto da noite, o velho fez vários truques, sempre pelo uso de seus fluidos vitais e de vontade férrea. Materializou um ou outro objeto e fez com que uma pedra de pequeno tamanho levitasse. Podiam ser truques mentais, mas não tinham nada de prestidigitação. Não se tratava de alguma forma de ilusionismo, porquanto as materializações e as levitações eram bem reais. Ajatasatru voltou-se para os presentes e disse:

– Concentrem suas vontades e conseguirão fazer o que quiserem. Façam um esforço.

Os três homens fecharam os olhos e tentaram focar seus pensamentos num alvo simples, que pudessem materializar. Segundos depois, Issa materializou um cravo, que todos puderam ver. Ele o fez circular de mão em mão, até que seu pensamento desviou-se para outra coisa e a flor foi dissolvendo lentamente, como bruma ao contato com os raios do sol.

– A ideia – disse o velho – é imaginar uma forma-pensamento e vivificá-la com sua própria força mental, até que se materialize. É assim que Deus cria os universos e os devas constroem os mundos.

Terminou com uma frase de efeito:

216 | A Saga dos Capelinos

– Nós todos somos deuses. Temos a obrigação de procurar ser perfeitos como Deus o é.

A viagem de volta para Pataliputra fez-se no outro dia, após uma noite de repouso na gruta do ermitão. Issa estava pensativo e calado; a visita a Ajatasatru fora marcante. Ele vira como o poder da mente podia ser manipulado por meio de técnicas especiais.

Concluíra que eram poderes inerentes a todos os seres humanos e que podiam ser desenvolvidos com técnicas especiais. Mas será que valeria a pena ter esses poderes? A resposta, a princípio, parecia ser positiva, mas, com um pouco de reflexão, ele inferiu que, sem o desenvolvimento da moral, da justiça e dos princípios de humanidade e fraternidade, tais poderes podiam ser muito perigosos. Se o homem já era capaz de vilanias caliginosas somente com o uso de sua força bruta, imagine se pudesse usar as técnicas espirituais! Imagine se, com a força de sua vontade, ele pudesse concretizar as piores ameaças! O mundo terminaria em fogo, mortes e destruição.

O tempo foi passando e as suas atividades na aldeia dos leprosos passaram a atrair pessoas de muitos lugares que iam ver o mestre Issa, e muitas receberam as benesses de suas imposições de mão. O trabalho era extremamente cansativo; o desgaste de energias astrais, em cada uma dessas imposições, era muito grande. Issa começou a sentir, no final de cada longa sessão, sudorese fria, taquicardia, que teimava em não ir embora, e pequenas sangraduras no nariz. Ele precisava deitar; davam-lhe leite quente de cabra, que o fazia cochilar por alguns minutos. Recobrava a saúde com rapidez e, no dia seguinte, já estava pronto para mais imposições de mão, auscultações espirituais para descobrir as causas do sofrimento de cada um e intermináveis sessões de exorcismo. O número de loucos e dementados que eram levados para que os espíritos perturbadores fossem retirados era muito grande, exigindo grande esforço psíquico e físico por parte de Issa e de seus amigos espirituais, que não abandonavam um instante sequer.

Udayana era um monge itinerante. Seu trabalho era visitar os vários mosteiros e lugares sagrados. No passado, o rei Asoka tinha

JESUS, O DIVINO DISCÍPULO | 217

mandado monges itinerantes por todo o mundo conhecido a fim de que estabelecessem mosteiros e difundissem a fé budista. Os monges de Asoka estabeleceram um mosteiro budista até mesmo na Judeia. Como Udayana vivia viajando, Issa ia com ele para todos os lados. Um dos lugares de maior interesse foi a cidade de Puri, que ficava a sudoeste de Pataliputra, na região que seria chamada no futuro de Orissa.

Em Puri, viu os pescadores usarem técnicas que ele não conhecia, pelo que conseguiam pegar grandes quantidades de peixe em suas redes de arrastão. Issa os observou com cuidado. Reproduziu em sua mente o tipo de embarcação e as redes que eles usavam. Aliás, isso era típico dele. Em todos os lugares aonde ia, observava com extremado cuidado e atenção, as técnicas diferentes e seus resultados. Ele não era apenas um homem voltado para as coisas de Deus, mas também para as coisas dos homens. Não fazia distinções entre o mundo de Deus e o dos homens. Achava que tudo era importante. Todas as técnicas inovadoras podiam ser usadas para favorecer a humanidade e todo progresso aproximava o homem de Deus.

Em Puri, existia um mosteiro importante, e Udayana teve que ir lá várias vezes. Sempre levava Issa com ele. Porém, o budismo ainda era uma religião incipiente e encontrava barreiras para ser aceita. Os indianos preferiam aferrar-se às antigas doutrinas de hegemonia racial. Issa logo sentiu que Udayana tinha dificuldades de ensinar aos seus próprios monges que esses conceitos raciais eram concepções antigas e superadas.

Certa feita, houve uma séria discussão em Puri, que seria de reveladora utilidade para que Issa conhecesse o coração de homens tacanhos, algo marcante para a sua concepção do mundo. Tudo começou quando Udayana começou a explicar que Sakyamuni, o Budha, havia repudiado as ideias de castas e que esclarecera que todos haviam sido criados iguais. Um dos discípulos do mosteiro de Puri retrucou:

– Mestre, creio que Budha falou em tese, pois, na realidade, os homens são profundamente diferentes. Todos podem ter saído de

218 | A SAGA DOS CAPELINOS

Brahma, mas cada um saiu de um lugar diferente. Uns saíram da cabeça e outros dos pés.

– Esqueçam essas concepções védicas. A verdade está nas palavras de Sidarta Gautama, e não nas de povos antigos.

– Ora, mestre, todo o conhecimento do mundo foi revelado aos antigos. Tudo o que eles falaram e escreveram foi bebido diretamente das fontes de Brahma.

– Em nenhum momento, o conhecimento foi revelado aos antigos. Tudo isso não passa de histórias que visam a entorpecer a procura da verdade. Todos os conhecimentos devem ser adquiridos por meio da pesquisa, do uso do pensamento e da meditação. Não a meditação passiva, mas aquela em que usamos nossas mentes e todo nosso conhecimento para rasgar o passado e reescrever o futuro.

– Ora, mestre – retrucou um outro aluno – mesmo que tudo seja verdade, não se pode negar a força da evidência. Observe como os sudras são bovinos, suas expressões imbecilizadas e seus atos inconsequentes. Não existe responsabilidade em suas atitudes. Não distinguem uma coisa da outra.

– Creio que o que vocês têm em relação aos homens de cor é um grande preconceito. São homens de uma cultura diferente da nossa. Nós somos frutos da cultura dos nossos antepassados, os árias, enquanto eles provêm dos dravídicos. No entanto, eles nos influenciaram muito com sua língua, seus costumes, e impregnaram a cor branca de nossas peles com o escuro das suas, tornando-nos uma raça híbrida e, por isso mesmo, bela e variada. Mas o que os incomoda é que outras pessoas pensam de forma diferente da nossa. Prontamente, nós os classificamos de inúteis, idiotas e preguiçosos. Mas será que outros povos não nos têm também em baixo conceito, já que somos diferentes deles?

– Obviamente, todos sabem que os habitantes desta região do mundo são os mais cultos e mais inteligentes.

Udayana, que vivera em vários lugares, interpôs de chofre:

– O mesmo dizem os chineses, os egípcios, os romanos, os judeus. Perguntem ao meu amigo Issa se sua raça não crê ter sido

Jesus, o Divino Discípulo | 219

escolhida por Brahma como o povo eleito; aquele que irá propagar a verdade de um Deus único.

As pessoas se viraram para Issa à procura da resposta, e ela não tardou. Issa, com voz forte, mas com sotaque intolerável e um pali sofrível, respondeu:

– Consta de nossas tradições que Deus fez uma aliança com nosso povo.

Todos riram. Como era possível que Brahma fizesse um pacto com um povo tão estranho, sujo, feio, inferior como aquele, quando tinha os povos da Índia para fazer um pacto muito mais fácil de ser levado a cabo? Era óbvio que o judeu estava sendo enganado por demônios.

Issa nada comentou sobre a risada; sabia que cada povo se acha melhor do que os outros. Nenhum deles conseguia enxergar que cada um tinha um ponto alto e que somente a mistura de todas as culturas e o expurgo dos preconceitos poderiam fazer os homens tornarem-se iguais.

A discussão continuaria por horas, sem que se chegasse a consenso. Os monges de Puri eram os mais misturados com os dravídicos e, por isso mesmo, os que apresentavam os maiores preconceitos contra seus próprios antepassados e preferiam crer na cultura de estranhos – os arianos –, que os havia relegado à condição de rebotalho humano.

Rati tornara-se devotada a Issa. Não o desejava como homem, pois o via mais como um deus, um ser celestial, que os devas haviam enviado para apaniguar os deserdados da Terra. Ela tinha adoração pela bondade, serenidade e inteligência de Issa. Sabia que não se tratava de um ingênuo ou um idealista divorciado da realidade, já que conhecia as vilanias dos homens e as suas astúcias e sabia proteger-se contra elas com discrição, franqueza e argumentação peremptória.

Isso ficou bem evidenciado quando um brâmane de olhar embaçado, cabeça tonsurada e postura arrogante tentou, certa vez, impedi-lo de atuar junto aos pobres. O homem chegara com uma *entourage* de pedantes da mesma estirpe e ele e seus sequazes se puseram ao lado de Issa. Disseram-lhe que não podia tratar os doentes, pois aquela era a condição deles, já que haviam pecado e mereciam plenamente o severo castigo. Somente Brahma podia perdoá-los, e ele – um simples mortal – não devia intrometer-se naquilo.

Issa recebeu os protestos do brâmane com tolerância. Afinal de contas, ele era um estranho em terras alheias e devia saber respeitar os costumes locais. Todavia, Udayana e outros budistas não o impediam de tratar os doentes. Ao contrário, não só o apoiavam como também falavam dele com respeito. Já aquele sacerdote parecia não desejar sua presença. Issa respondeu-lhe com tranquilidade.

– Se for desejo de Brahma, poderei dar lenitivo aos doentes. Não os curo nem perdoo suas dívidas para com a justiça eterna.

– Então, afaste-se e deixe-os à sua própria sorte.

– Meu caro amigo, não faço nada demais. Apenas os limpo, os ajudo com boas palavras e imponho-lhes as mãos para doar-lhes um pouco de amor, o que traz algum lenitivo às suas agruras.

O monge retrucou:

– Trata-se apenas de feitiçaria. Isso não extinguirá o carma que cada um traz.

– Concordo com o nobre monge. As responsabilidades individuais geram enormes complexos de culpa quando nós mesmos aviltamos nosso patrimônio espiritual e o dos outros com vilanias e crimes. Isso que você chama de carma é indissolúvel e intransferível, mas, por amor ou por necessidade, um outro ser humano pode partilhar do carma de alguém ajudando-o a vencer obstáculos, impelindo-o para o resgate.

– Isso é impossível!

– Sem querer discutir com seus conhecimentos, permita que lhe dê um exemplo. Imagine uma mãe que teve um filho com problemas mentais. Educar essa criança é seu carma. Contudo, o marido morre e ela fica ao abandono. Um outro homem, por amor e piedade, casa-se com ela e, com seu carinho, apoio, ajuda a criar a infeliz criança. Não era seu carma, mas ele a ajudou a carregar a canga, pois ela se tornara excessivamente pesada para a pobre viúva. Consta que Brahma não exige nada além do esforço que cada um pode suportar.

– Mas isso não eliminou o carma da criança.

– Realmente, mas sem a interferência do padrasto, que ofereceu seus recursos, seu amor, sua ajuda, o peso teria sido insuportavelmente aumentado. Provavelmente, a criança teria morrido de fome, já que a mãe seria incapaz de sustentar-se. Ela não teria podido cumprir todo o seu carma, o que a obrigaria a retornar à sua situação de penúria. Com a ajuda do padrasto amoroso, a criança pôde saldar suas dívidas para com a justiça divina e com sua própria consciência abrasada.

– E o que tem essa sua história a ver com suas supostas curas e estranhas imposições de mão sobre estes infelizes?

– Eu sou como o padrasto amoroso, o irmão condoído dos sofrimentos destas pessoas, que procura aliviar-lhes o fardo excessivamente pesado, para que possam pagar seu carma com um mínimo de conforto e humanidade. Não é porque elas geraram carma no passado que devem ser tratadas como lixo e jogadas em depósitos de loucos ou de doentes, para que a fome, a dor, indizível sofrimento as levem ao paroxismo da loucura, da desesperança e, quem sabe, do agravamento do carma pelo suicídio. Isto que faço é um ato de amor, de solidariedade e de compaixão. Se você estivesse doente, em fase terminal, não gostaria de receber o benefício de um bálsamo medicinal ou espiritual?

O que fora dito com respeito e civilidade por Issa foi visto como um insulto pelo monge, que, revoltado, retrucou:

– Um homem na minha posição jamais geraria um carma tão aviltante. Sou um brâmane!

E, assim falando, retirou-se com sua trupe de seguidores, crendo-se superior aos demais e isento de culpa. Com um triste pensamento absorvendo-lhe a mente, Issa observou-o partir.

"Infelizes daqueles que são guiados pela soberba e não abrigam um pouco de amor em seu coração. Espinhenta e pedregosa será sua estrada até o Senhor!"

222 | A Saga dos Capelinos

Pushyamitra, o monge, era um dos mais importantes homens do clã do rei e foi queixar-se, imediatamente, ao monarca. Homem de caráter vil e repulsivo, contou uma versão em que pintava Issa como pessoa possuída por demônios, que, como tal, era um feiticeiro detestável. O rajá de Pataliputra já conhecia a fama de Issa por intermédio dos budistas e sabia que deveria manter-se neutro nessa disputa. Entretanto, havia mais em jogo do que simplesmente um taumaturgo a fazer suas curas. Uma luta surda e intestina fermentava entre os budistas, os jainistas e os brâmanes, especialmente os da seita sanquia. Estes estavam perdendo terreno junto aos seus fiéis, e isso representava perda de prestígio, poder e fortuna. Os budistas usavam o argumento de que a aldeia dos leprosos se havia tornado uma colônia budista com um taumaturgo de excepcional qualidade, um novo Budha, o que lhes proporcionaria a atração de novos adeptos, enquanto Pushyamitra, chefe dos sanquias, desejava ver restabelecida a ditadura social ariana.

O rei escutou as ácidas recriminações de Pushyamitra e sabia que teria que, mais cedo ou mais tarde, tomar uma decisão sobre a estada do estrangeiro naquele lugar. Após a saída do monge, ele chamou seus dois ministros de confiança e confidenciou-lhes a situação. Um deles teve a ideia de que o rei deveria enviar um convite a Udayana e Issa para que fossem a Stupa de Sanchi ver onde as cinzas de Sidarta Gautama estavam enterradas. Assim, ele afastaria Issa por um tempo e poderia convencer Udayana a enviá-lo de volta para sua terra, já que fazia muitos anos que estavam juntos.

Udayana foi convidado à presença do rajá, que lhe explicou tudo em seus mínimos detalhes. Contou-lhe que não desejava indispor-se com seu primo, pois o miserável – palavras textuais do rei – ainda tinha muita força entre a população, especialmente entre os nobres. Udayana deveria levar Issa para conhecer a Stupa de Sanchi e, de lá, partir para outras terras, ao invés de retornar para Pataliputra. Nada o impedia de instalar-se na região de Magadha, desde que fosse longe da capital. Udayana entendeu a mensagem e

JESUS, O DIVINO DISCÍPULO | 223

conversou longamente com Issa que, para sua surpresa, lhe disse que já estava preparado para isso.

Udayana contou-lhe a entrevista que tivera com o rajá e contou-lhe as intrigas do monge Pushyamitra. Falou também do convite do monarca para que fossem conhecer a Stupa de Sanchi. Issa ficou grato e, como o grande túmulo ficava no caminho de uma visita que Udayana tinha que fazer à região, aceitou a companhia de Udayana a Sanchi, de onde então deveria seguir caminho de volta para casa.

As despedidas de Issa duraram quase uma semana. Rati chorou como se houvesse perdido sua própria vida. Issa partiria e nunca mais poderia voltar a Pataliputra.

No caminho para Sanchi, Issa, calado, meditou sobre tudo o que vira naquela bela região. Ele acreditava em reencarnação. Sabia que os seres humanos tinham muitas existências, pois ele mesmo havia sido surpreendido com tais revelações em várias ocasiões. Mas os hinduístas acreditavam em metempsicose, doutrina diferente daquilo em que Issa acreditava. Eles achavam que o espírito do homem poderia transmigrar para o corpo de animais, pedras, peixes, aves e, eventualmente, outros homens. Já Issa achava que tal fato não era possível. Ele acreditava que tudo tinha um princípio anímico, que evoluía lentamente, mas que nunca retrocedia. Aquilo que havia sido conquistado não se perdia: ficaria para sempre amalgamado na intimidade do espírito.

Por outro lado, ele ficou preocupado em divulgar essa doutrina, pois achava que isso geraria distorções perigosas. Somente os mais sábios a entenderiam, pois a população era simples e ignorava os mais comezinhos princípios de espiritualidade. Os mais poderosos poderiam utilizar-se desta doutrina para escravizar ainda mais os infelizes. Eles se aproveitariam para chumbar os pobres às condições de nascimento e impedir qualquer ascensão social, qualquer progresso material e espiritual, com a escusa de não mexer no carma. Se um homem nascia pobre, devia morrer pobre. Isso era muito conveniente para os poderosos, pois lhes daria escravos por toda a

224 | A Saga dos Capelinos

vida. Qualquer movimento de aprimoramento social seria encarado como uma revolta às injunções cármicas, agravando-as ainda mais.

O budismo era a única religião daquela época que previa um aperfeiçoamento pessoal pelo dharma, mas era uma doutrina estranha aos judeus e seria difícil explicar-lhes detalhadamente a roda das encarnações, o carma e o dharma – caminho do meio. Não obstante, Issa via que aquela forma era boa, pois incutia no homem uma nova atitude perante a vida. Uma atitude de procurar a perfeição, e não submeter-se passivamente ao seu infeliz destino. Mas ele teria que procurar adaptar o que aprendera de Budha e também o que entendera no masdeísmo, para que o seu próprio povo entendesse que havia esperança e um caminho que levava ao Senhor.

Sanchi era uma vila com várias construções; entre elas, templos, um monastério e escolas religiosas. Todo o conjunto fora construído pelo rei Asoka e tornou-se um dos lugares de peregrinação do povo, que para ali ia para orar e pedir favores a Budha. O Stupa era um monumento com um grande domo, assentado num plinto pouco elevado, cuja saliência formava o deambulatório. O acesso ao Stupa era protegido por uma balaustrada circular, que se abria nos quatro pontos cardeais por meio de pórticos elevados – as toranas.

Issa achou o lugar encantador. Mas estava triste desde que partira. Fizera amigos e já sentia falta deles. Ficou alguns dias em Sanchi fazendo visitas ao monastério, onde foi apresentado ao sumo sacerdote do lugar, que praticava o budismo mahayama – grande veículo –, e discutiram filosofias orientais.

No quinto dia, Udayana conseguiu reserva numa caravana que ia de Sanchi para Lothal, de onde Issa poderia pegar um barco para Barbaricum e, dali, ir para a cidade de Charax, no Golfo Pérsico. Issa queria passar antes em Hagmatana, para ver se seu patrono e amigo Yozheph de Arimateia ainda continuava casado e feliz com sua esposa partha. De lá, voltaria para a Galileia.

A despedida de Udayana foi comovente. Issa se apegara ao indiano e via nele um irmão e bom amigo. O indiano estava convicto de que Sidarta Gautama havia renascido e visitado novamente a

Índia, para verificar se tudo o que pregara estava sendo levado a cabo. Não era possível ver alguém tão budista como Issa, mesmo sem que tivesse apregoado que o era de fato, já que Issa cumpria o caminho do meio, de Budha, senhor de uma conduta tão perfeita que Udayana jamais encontrara nele motivo de reproche.

A caravana era composta de fiéis que voltavam de Sanchi para Lothal. Issa misturou-se em meio a quinhentos peregrinos, mas ninguém se deu conta de sua pessoa. Havia, no entanto, dois rapazes que faziam todo tipo de serviço. Issa, por um desses acasos da fortuna, ficou ao lado do dois moços e fez boa amizade com eles.

A viagem levaria quase uma semana, retardada que fora pela quantidade de mulheres e crianças. Numa das noites, Issa sonhou com seu pai, que lhe aparecia mais velho, alquebrado e triste. Dizia estar doente e à beira da morte. Issa se assustou com isso e acordou com o desejo de revê-lo. Aquele homem de serenidade imperturbável sempre fora seu esteio. Graças ao pai, que enfrentara a mãe, ele pôde viajar pelo mundo. Se não fosse pelo denodo com que o pai o defendera, sua mãe haveria de ter-lhe gentilmente aprisionado perto dela. Não que ela fosse má ou desejasse torná--lo seu escravo, mas em razão de puro amor maternal e medo das vilanias dos homens. As mães nem sempre criam seus filhos para o mundo, e Míriam tinha uma blandícia toda sua. Mas havia sido determinado pelos espíritos superiores que Issa precisava conhecer o mundo, e não ficar preso nos limitados horizontes galileus, com o que ele seria um am-ha-arez – camponês simplório – para sempre. Ter-se-ia tornado uma águia enjaulada.

Havia um grande número de peregrinos doentes, acompanhados de seus familiares e entes queridos, que iam a Sanchi orar para pedir que Budha os curasse. E, como em todos os lugares de peregrinação, havia ali coortes de espíritos elevados, especializados nas mais diversas formas de patologias possíveis, que procuravam ajudar as pessoas. Muitas eram curadas, ao passo que outras se consolavam com preces, e outras tinham suas dores mitigadas por bálsamos espirituais.

226 | A Saga dos Capelinos

Issa ajudava várias pessoas da caravana, auxiliado pelos dois rapazes. Observou que o mais velho sentia grande prazer em servir os doentes e que de sua mão saíam chispas douradas, que revitalizavam as pessoas. Issa observou-o durante os quatro dias que faltavam para chegar a Lothal e notou que o outro, o mais moço, não tinha o mesmo dom, embora fosse um ajudante incansável, que jamais se queixava de qualquer tarefa que lhe davam.

Quando chegaram a Lothal, Issa chamou os dois infatigáveis ajudantes e perguntou-lhes:

– Vocês têm família viva?

Os dois responderam negativamente com a cabeça. Issa disse--lhes, então:

– Venham comigo então, pois é possível que o destino lhes sorria.

Os três homens partiram em direção ao porto com o intuito de encontrar um barco que fosse para Barbaricum.

O cais do porto era um amontoado de caixas, ânforas, cestas repletas de especiarias e de drogas aromáticas. Havia cravo, canela, pimenta, noz-moscada, usados como condimentos de iguarias. Além dos carregamentos de pimenta e de arroz, chegavam ali inúmeras especiarias, tais como nozes e gengibre. As fragrâncias que impregnavam o ar lembravam a comida indiana, de gosto tão próprio e de sabor ativo. Issa gostava daquela comida, e havia engordado desde que chegara à Índia, o que o fez parecer um homem ainda mais forte e de aparência viril.

Encontraram um barco carregado prestes a partir para Barbaricum, cujo dono aceitou levar os três, desde que pagassem pelo transporte. Issa, que tinha algum dinheiro – Udayana providenciara tudo –, pagou as passagens e todos subiram a bordo. A viagem até o porto de Barbaricum foi uma aventura e tanto. O mar da Arábia era violento e, naquele período do ano, apresentava ondas de até três metros, o que molhava o convés e os que nele estavam. Os dois moços enjoaram e vomitaram bastante, enquanto Issa manteve-se calmo e impassível.

JESUS, O DIVINO DISCÍPULO | 227

O barco não perdia a vista da terra e circundava a grande península de Surastra, saído do golfo de Cambay. Pararam em Dvaraka por dois dias, para carregar mais especiarias, e Issa e os seus amigos ajudaram a trazer a bordo os vários quilos de mercadorias, que viajariam quilômetros até chegar à mesa de algum potentado romano, em plena cidade imperial.

Partiram de Dvaraka no segundo dia, cruzaram o mar ao largo do golfo de Kutch, passaram pelo delta do rio Indo e, finalmente, três dias depois, chegaram a Barbaricum.

A cidade pululava de vida e de gente. Havia ali camelos peludos vindos da Estrada da Seda, da distante China; cavalos pequenos das estepes asiáticas; cavalos persas, mais altos e fortes, vindos da Bactriana; dromedários que tinham sido levados para Samarkand, Bokhara e Merv e que voltavam todos carregados de mercadorias raras e de grande procura.

A gritaria no porto era animada, com os carregadores oferecendo seus préstimos, os atacadistas comprando e vendendo grandes lotes de mercadorias e os banqueiros oferecendo dinheiro a juros extorsivos. Issa achou o ambiente extremamente cosmopolita. Sentiu-se atraído por um enorme barco, o qual, segundo lhe haviam informado, tinha circundado toda a costa chinesa desde Cantão e estava repleto de seda colorida de jaez belíssimo.

Barbaricum era um lugar perigoso, já que, por uma moeda, um dipôndio ou algo parecido, podiam contratar-se sicários da pior espécie, capazes de matar uma pessoa no meio da multidão sem que ninguém notasse o crime. Os romanos não dominavam aquela área, mas compravam quase tudo dali e embarcavam os bens para o porto de Charax, na Mesopotâmia, de onde os levavam para Esmirna, na Ásia Menor, passando por Ctesifonte, Palmira e Antioquia. Portanto, pegar um navio para Charax devia ser coisa fácil. Mas, nem sempre, em realidade, as coisas são o que aparentam ser.

Os navios estavam abarrotados e com sua equipagem completa. Na época não havia naus de passageiros. Issa teria que esperar um navio que pudesse navegar mais vazio e, desta forma, oferecer

228 | A Saga dos Capelinos

seus serviços como tripulante. Em breve, viriam as monções e as viagens seriam feitas só por naves maiores, que pudessem navegar por alto-mar, e não mais por cabotagem.

Após terem tentado embarcar, sem sucesso, em alguns dos navios que estavam atracados no cais, Issa e seus amigos começaram a perambular pela cidade. O dinheiro que Issa tinha estava praticamente no fim, o que os obrigava a encontrar emprego rapidamente, para poderem subsistir.

A fome é sempre má conselheira e não se deve deixá-la crescer. Comeram bem, naquela noite, numa das tavernas do lugar, que estava repleta de pessoas estranhas e diferentes. Havia ali chineses, mongóis, gregos, persas, egípcios, indianos e um judeu desconhecido, chamado pelos indianos e persas de Issa.

Numa das mesas, sentava-se um grupo de chineses, os quais estavam tendo enorme dificuldade de comunicar-se com o atendente. Issa notou-os e acabou oferecendo-se como intérprete, já que um dos chineses falara algo em tosco latim. Os chineses ficaram encantados com sua ajuda e convidaram-nos para sentar-se à mesa. Todos acabaram integrando feliz ágape.

Zhang Qian era um nobre da restauração Han. A China fora governada por Wang Mang, da família Wang. Ascendeu ao poder no ano 1 d.C. como regente e era o sobrinho da antiga imperatriz-mãe. Entretanto, aproveitando-se de maus presságios e outras circunstâncias, assumiu o poder completo no ano 9 d.C.

Wang Mang, assim que subiu ao poder, deu início a grandes reformas na China. Pretendia remediar as grandes injustiças que haviam sido cometidas contra o povo, por centenas de anos. Decretou uma nova divisão dos latifúndios, redistribuiu as terras entre os pobres, aboliu a escravatura, proibiu a venda de terras e de escravos, estabilizou os preços por meio de um congelamento e protegeu os agricultores dos mercadores, que pagavam preços insignificantes pelas safras e vendiam os produtos por valores escorchantes. Ofereceu empréstimos a juros baixos a vários empreendimentos, rebaixou os nobres Han a plebeus e cortou os salários da burocracia, extremamente altos. Com o intuito de reduzir o poder econômico dos ricos, deu ordens para que todo ouro fosse entregue e trocado por bronze. Obviamente, entrou em choque com quase todos os poderosos.

Sob intensa pressão, Wang foi obrigado a revogar suas leis de escravidão e de compra de terras apenas três anos depois. Todavia, sua queda foi arte da natureza, e não dos ricos. Durante oito anos, duas catastróficas enchentes destruíram o vale do rio Amarelo, o que causou a morte de centenas de milhares de pessoas e desabrigou milhões de almas famélicas, que, em hordas descomunais, saquearam o país, num movimento conhecido como 'sobrancelhas vermelhas'.

No ano 18 d.C., esse movimento tornou-se uma rebelião em alta escala e os oportunistas mongóis, conhecidos como Xiong--Nu, e mais tarde chamados pelos europeus de hunos, aproveitaram o levante geral para invadir o país. Após vários anos de luta fratricida e contra o invasor mongol, os descendentes da família Liu, provenientes do clã Han, uniram-se aos rebeldes e, no ano 23 d.C., os exércitos unidos dos Hans e dos 'sobrancelhas vermelhas' marcharam sobre Chang'an, tomaram a cidade e decapitaram o infeliz e bem-intencionado Wang. Os Hans voltaram ao poder, e o primeiro imperador Huang-wu Di expulsou os invasores mongóis.

Era o ano 26 d.C. e Issa estava com pouco mais de trinta e dois anos. Havia ficado na Índia por cinco frutíferos anos.

Zhang Qian fez imediata amizade com Issa e o convidou a conhecer sua embarcação. Issa nunca vira nada tão colossal. O capitão Chi Huang-ti falava latim de forma razoável e, mesmo não sendo rico como Zhang Qian, era o suficiente para ser um sócio menor no empreendimento. Ofereceram a Issa e aos dois amigos uma cabine confortável e uma boa noite de sono.

Nos dias seguintes, Issa faria boa amizade com Chi, o capitão, já que a compreensão da língua os ajudou muito. Issa falava bem o latim, com um sotaque levemente egípcio, enquanto o chinês falava algumas palavras sem pronunciar algumas consoantes.

230 | A SAGA DOS CAPELINOS

Chi era um erudito; os longos períodos de permanência no mar lhe proporcionaram tempo para ler sobre quase tudo. Aproveitou a natureza inquisitiva de Issa e sumariou a portentosa história da China. Por último, contou-lhe sobre o grande filósofo Kon-fuzi.

Esse homem de notável saber, que seria conhecido no ocidente como Confúcio, nasceu em 552 a.C., em Lu, um pequeno estado no centro da China, e conseguiu a duras penas sobreviver a violentas lutas. Os governantes de Lu se haviam mantido fiéis à dinastia Tsou, que reinava havia alguns séculos na China. Quando o império romano chegou ao auge, com sete milhões de súditos, a China já alcançava os cinquenta e sete milhões de habitantes, pelo que e por outras razões nada devia aos ocidentais. Era a maior potência do mundo na época.

A influência capelina fora extremamente pesada na China. No início, os renascidos de Capela moldaram os antigos chineses. Também lá, foram de extrema crueza. Escravizaram os menos favorecidos e criaram uma estrutura social rígida e imutável, que levaria milênios para ser derrubada.

Kon-fuzi era um capelino em fase final de regeneração e crescera circundado pela veneração da era dourada da dinastia dos Tsou, um pálido reflexo da pujança de Ahtilantê. Pertencia a uma família de aristocratas falidos. Foi criado sem pai, que morreu quando ele tinha apenas cinco anos.

A mãe decidiu dar-lhe uma educação formal, o que lhe possibilitou tornar-se alguém importante. Naquela época, ser educado significava conhecer os milhares de caracteres da língua chinesa. Havia milhares de ideogramas e a criança levava alguns bons anos para aprender a desenhá-los, repetindo a tarefa à exaustão, assim como o significado filosófico de todos os símbolos.

Kon-fuzi estudou a literatura de sua terra, inclusive os dois livros das canções e dos escritos: Chi-djin e Chu-djin. Consta também que Kon-fuzi, quando alcançou a maioridade, compilou os Anais da Primavera e do Outono, chamados, em chinês, de Tshun-quiu.

Kon-fuzi iniciou sua carreira numa função subalterna do governo de Lu. Ele era administrador de terras pertencentes ao soberano local e desincumbiu-se tão bem de suas obrigações que foi logo promovido a tutor dos filhos da família real. Casou-se e teve filhos, sobre os quais a história nada revela em especial. Sua mãe morreu quando ele tinha vinte e cinco anos. Ele manteve luto, sincero e real, por três longos anos. Nessa altura de sua vida, abandonou a carreira junto aos monarcas de Lu e passou a receber alunos em sua casa. Tornou-se diligente mestre.

O uso lento e gradual da razão, à custa de muito esforço e determinação, trouxe-lhe a iluminação e a notoriedade. Havia se tornado um mestre, que ensinava aos alunos as técnicas da imensa burocracia chinesa de governo. Como não havia institutos especializados, os mestres independentes pululavam, e Kon-fuzi era o melhor de todos.

Aos cinquenta anos de idade, Kon-fuzi aceitou um alto cargo como governador-regente de sua província. As lendas contam que seu governo foi tão virtuoso e benéfico ao povo que a criminalidade praticamente desapareceu, a pobreza diminuiu e a província ficou famosa em toda a China. Seu nome era pronunciado com reverência, e isso atraiu os invejosos, que conspiraram para sua queda e afastamento do poder.

Kon-fuzi, no entanto, só se tornaria uma figura de renome nacional após a sua morte, aos setenta anos. Seus analetos – coleção de frases reunidas após sua morte – tornar-se-iam lendários. Foi conselheiro de muitos governantes. Conseguiu, contudo, conquistar poucos, mas devotados discípulos, que preservariam e difundiriam seus ensinamentos.

Era um homem com mentalidade simultaneamente avançada e retrógrada em relação ao seu tempo. Sua preocupação com o passado o levou a celebrar virtudes que os soberanos de então haviam conquistado com autoridade genuína. Havia um certo conservadorismo em Kon-fuzi, o que o prendia ao passado, e nele estava o li – o ritual. Tudo estava ligado à forma como deveriam ser feitas as coisas. Havia um grande respeito às hierarquias sociais e ao culto dos ancestrais.

232 | A Saga dos Capelinos

O que havia de avançado em Kon-fuzi era a sua moral em relação ao governante. O que era válido para o governante também o era para todo tipo de administrador e chefe. Este deveria ser imaculado e, por suas ações, beneficiar unicamente o povo. O governante deveria alcançar essa posição pelo estudo e pela autodisciplina. Além disso, o governante deveria guiar-se pelos rituais do cargo, bem como ser benevolente, generoso, ter sincero interesse por seu povo e garantir as necessidades de seus servos. Quanto ao aspecto moral, tinha uma máxima que Issa achou perfeita: "Nunca faça aos outros o que não gostaria que fizessem a você".

Issa meditou longamente sobre os ensinamentos de Kon-fuzi e viu que havia neles aspectos importantes. Era preciso instituir um Reino Forte – um Reino de Deus – na Terra, com um governante puro e generoso, que seguisse as máximas da justiça e soubesse dirigir seu povo para o desenvolvimento pleno de suas potencialidades e esperanças. Entretanto, era preciso modificar a cultura do povo. Sabia que uma sociedade podia crescer, tornar-se forte e ter um povo determinado, cruel e egoísta, mas que não poderia manter-se para sempre nesse estado de vilania, em detrimento de boas oportunidades para todos, abundância e justiça pessoal e social. Era preciso, pois, que as pessoas soubessem modificar-se a fim de desenvolver o rûach qodsô – espírito de santidade – e transformar o mundo num paraíso.

Chi Huang-ti era velho conhecido de um dos capitães cujo navio fazia a rota entre Barbaricum e Charax, e não lhe foi difícil pôr Issa como seu convidado a bordo do seu navio quando ele atracou no porto. Os dois jovens amigos de Issa ficaram em Barbaricum, na casa de um velho amigo de Chi Huang-ti, como empregados. Os rapazes choraram de emoção com a partida de Issa.

O barco, abarrotado, levantou âncora numa bela manhã de outono e avançou em direção a mar aberto. Três semanas depois, após alguns percalços de pequena monta, aportaram em Charax, na foz do rio Chat-el Arab, nascido da união dos rios Tigre e Eufrates.

Issa, que fizera boa amizade com todos a bordo, não teve problema de ser apresentado a um chefe de caravana, que o levou para

Hagmatana. A viagem até a capital partha levou mais duas semanas. Assim que chegou, dirigiu-se ao palacete de Ismael bar Canaan para saber notícias de Yozheph de Arimateia, seu amigo particular.

As notícias eram acabrunhantes. Ismael o recebeu com fidalguia e o levou para um átrio, onde lhe foi servido vinho com água, bolos e doces. Assim que o viu acomodado, passou a contar-lhe a história de tudo o que acontecera durante os últimos quase sete anos em que Issa estivera afastado.

– Meu caro Yeshua, Adonai não sorriu com a união entre meu dileto amigo Yozheph e a jovem Asmina. Ela ficou grávida pela primeira vez e, quando você foi embora, já estava com uma filha em seus braços. A felicidade estava estampada na face de Yozheph. No ano seguinte, Asmina ficaria grávida novamente, mas, dessa vez, o Senhor não a abençoou. O menino morreu no interior da mãe e levou-a consigo. Yozheph quase perdeu a razão e rasgou as vestes e cobriu a cabeça de cinzas. Somente depois de quase dois meses, saiu de seu estupor e resolveu voltar para Ierushalaim.

Issa estava desconcertado. Queria ter podido estar ali para ajudar o amigo a passar por aquele doloroso transe.

– Então, meu amigo Yozheph voltou para Ierushalaim?

– Voltou, e sua filha com Asmina mora atualmente com parentes de sua mulher. É malvista e irá sofrer muito. Será criada como uma partha. Deus a proteja!

– E o rei Spalirizes?

– Está à beira da morte. Aliás, já faz algum tempo que vive entre a vida e a morte. Mas você sabe que vaso ruim não quebra fácil.

– Preciso visitá-lo e devolver seu anel, que tenho comigo até hoje.

– Então, corra logo. O rei é pele e osso, e esperam sua morte para qualquer momento.

No mesmo dia, Issa entrou, sem embargo, no palácio real, apenas tendo mostrado o magnífico anel. O rei ainda vivia e, quando soube de sua visita, mandou que fosse conduzido à sua presença.

Issa, ao ingressar na câmara do rei, quase não o reconheceu. Estava velho, cheio de rugas, desdentado, com pequenas pústulas

234 | A Saga dos Capelinos

cobrindo-lhe o corpo e o rosto. Estava ainda mais magro e translúcido. Estava deitado, levemente reclinado, e sorriu com enorme dificuldade. Era nítido que se agarrava à vida com unhas e dentes. Fez um gesto para que Issa se aproximasse e perguntou-lhe, em voz quase sumida.

– Issa, meu amigo Issa, você veio para salvar-me?

– Sim, Majestade. A salvação de sua vida agora é entregar-se ao seio de Ahura Mazda e desfrutar o paraíso.

Spalirizes sorriu – muito mais um esgar – e retrucou com humor:

– Não há paraíso para Spalirizes.

– Existe, sim, meu senhor. Abandone-se e não tenha medo. Por mais que seu governo tenha sido cruento, você foi mais um produto da cultura de sua época. São tempos abomináveis, em que a vida de um homem vale menos do que a de um cavalo.

– Verdade, verdade, meu caro Issa. Um cavalo vale mais do que um homem, vale mais do que um escravo. Mas eu tenho medo, muito medo da morte.

– A morte amedronta qualquer um, meu rei, mas a vida é ainda mais assustadora do que a morte; é aqui que determinamos o que seremos do outro lado.

Spalirizes, sempre jocoso, retrucou, quase sem força:

– Então, estou perdido.

– Nem tanto, meu senhor, vejo alguns arcanjos à sua volta. Estão aqui para levá-lo e isso significa que terá assistência e não morrerá só, como um coelho numa pradaria.

Realmente Issa via espíritos especializados começando seu trabalho de desatar os nós que amarravam a alma do monarca ao corpo. Não eram arcanjos; apenas obreiros especializados nesse tipo de tarefa, mas Spalirizes não entenderia outra linguagem. O monarca olhou-o com interesse e perguntou-lhe:

– Diga-me a verdade. Você realmente os vê?

– Sim, Majestade. Pode tranquilizar sua mente, pois os arcanjos estão aqui para levá-lo.

– Então, hoje é o dia de minha morte?

JESUS, O DIVINO DISCÍPULO | 235

– Sim, se o senhor se entregar sem lutas inúteis. Contudo, poderá ficar fenecendo nesse leito por mais alguns meses, se assim desejar.

– Quero paz! Você tinha razão. Eu deveria ter me afastado e vivido tranquilamente. Atraquei-me ao poder como um possuído. Ele, como um sanguessuga, exauriu-me. Levou-me até a última gota de sangue, e agora, no fim, me fez ver o horror do poder. Meu filho conspira pela minha morte, minhas mulheres já tripudiam sobre meu cadáver, almejando meus tesouros, e meus ministros oram para que eu morra logo e os deixe em paz. Mas quem quer a paz, agora, sou eu. Eu desejo a paz. Você me entende, Issa. Você quer o poder ou a paz? Você quer os dois? Não são compatíveis. Um elimina o outro.

Issa o olhava com uma certa tristeza no olhar. Será que não era possível ter os dois? Será que um realmente suprime o outro? Issa acalmou-o, pois o rei já estava destrambelhando. A frieza da morte invadia os membros entorpecidos. Issa pôs a mão sobre sua fronte, e o monarca descansou, voltando a ficar mais lúcido. A injeção de fluidos que Issa lhe dera ampliou sua mente, e Spalirizes, subitamente, viu o espírito de sua mãe, morta há mais de trinta anos. Ela estava bela e reluzente, e Spalirizes, já se encaminhando para a morte, disse:

– Minha mãe, ela está aqui. Veio buscar-me. Então, é verdade que irei para o paridaeza. Já posso ir em paz.

Dizendo isso, seu corpo entrou em pequenas convulsões e, com cinco a seis espasmos, o rei expirou. Issa fechou-lhe os olhos, e o ministro, que acompanhara tudo, falou baixinho:

– Repouse na paz de Ahura Mazda, ó grande rei Spalirizes. Que seu filho saiba ser um bom rei, sem nos conduzir às guerras e à destruição.

Issa saiu de Hagmatana no dia seguinte às exéquias do rei, quando se iniciavam as celebrações pela entronização do novo rei Vologese. O rei Spalirizes fora pranteado por seus súditos, por uma semana inteira. Havia sido um bom rei. Não os conduzira à derrota da guerra nem os havia saqueado com impostos pesados e injustos.

A caravana dirigiu-se para Ierushalaim, mas teve que passar por Kermanshah, Seleucia, Palmira e Damasco para atingir seu destino. Antes de chegar à cidade santa e, ao aproximar-se de Nazareth, Issa abandonou a caravana e dirigiu-se para casa. Os sonhos com o pai se haviam intensificado a ponto de vê-lo quase todas as noites. Estava angustiado; desejava reencontrá-lo vivo. O tempo que se demorara em Barbaricum – dois meses – deixara-o um tanto agastado.

A caravana serpenteara lentamente por desertos e vales, vadeara rios e parara longamente para reabastecer-se e comercializar víveres. Quase um mês e meio depois, os vales e montanhas da Galileia surgiram diante de suas vistas. Issa estivera fora de sua terra havia quase nove longos anos. Agora, estava prestes a completar trinta e três anos.

Após caminhada de algumas horas, avistou, finalmente, os tetos e as casas de Nazareth. Certa emoção tomou conta dele. Queria rever o pai, a mãe e os irmãos.

Desceu rapidamente certo declive e entrou celeremente na aldeia. Os aldeões não o reconheceram: ele os saudava com a cabeça, e eles respondiam desconfiados. Que roupas estranhas daquele persa! Que estaria fazendo ali? Um pequeno grupo de meninos e rapazotes começou a segui-lo. Achou engraçado o modo pelo qual o olhavam e riam de suas roupas parthas. Havia muito que suas roupas judaicas tinham puído e desaparecido aos ventos quentes do deserto, às areias escaldantes e às altas cordilheiras que transpusera. Fazia tempo que Nazareth não via um homem tão alto e forte, vestido com culotes parthos e sapatos de bicos revirados persas. Issa ainda não voltara a ser totalmente Yeshua.

A certa distância de casa, viu que nada tinha mudado. A casa, de pequenas proporções, fora ampliada sucessivamente com o aumento da família e a oficina de carpintaria na frente. Havia um pequeno poço nos fundos, o qual sempre fizera a felicidade da casa, pois poucas residências do local tinham tal regalia. Yeshua entrou em casa sem se deter para chamar alguém: a ansiedade o fez prosseguir com passo firme. Shymon, que estava de costas para a entrada, assustou-se com a figura partha entrando em casa, virou-

JESUS, O DIVINO DISCÍPULO | 237

-se subitamente e esticou o braço para pegar um pequeno porrete que estava atrás da porta. Issa esticou os braços e disse:

– Meu irmão!

O barulho atraíra as pessoas que estavam no fundo da casa, enquanto num relance Shymon não sabia o que fazer. Não sabia se tentava pegar o porrete para defender-se ou se gritava por socorro. Nesse ínterim, uma voz feminina, maviosamente familiar aos ouvidos de Yeshua, verberou no ambiente:

– Meu filho. Meu filho Yeshua! Adonai seja louvado! Adonai seja louvado, meu filho Yeshua voltou!

E assim dizendo, a mãe de Yeshua, Míriam, que nem sempre o apoiara no passado, mas que sempre o amara superlativamente, disparou do fundo da sala e abraçou o filho. Por mais que tivesse mudado, Yeshua sempre seria o seu primogênito.

Logo após muitos abraços e choros, reconhecimentos e novos conhecimentos, nova muda de roupa foi providenciada para Yeshua, aquele que estivera tanto tempo longe, em terra de gentios, fazendo sabe-se lá o quê. Yehudá era o único que estava fora. Yeshua reconheceu seus outros irmãos e irmãs e, finalmente, soube o que de pior estivera imaginando: o pai havia morrido; ele não chegara a tempo. Yeshua sentiu fundamente a notícia da morte do pai. Pelo que deduziu, no mesmo instante em que entregava o rei Spalirizes ao amparo de Deus, seu pai morria em Nazareth. Preferia ter estado ao lado de Yozheph, seu doce e gentil pai, a ter estado ao lado de Spalirizes, ainda que esse também lhe tivesse sido um generoso tutor, que lhe houvesse aberto muitas portas, as quais, sozinho, jamais teria conseguido abrir. Mas seu progenitor sempre o incentivara e sempre o apoiara a ser verdadeiro com seus sonhos. O destino – sempre ele – decidira, contudo, que ele seria mais útil ao lado de Spalirizes do que na cabeceira do leito de morte de seu pai Yozheph, que morrera sob o desvelo e o carinho da família. Então, Yeshua compreendeu que era necessário deixar que os mortos enterrassem seus próprios mortos. Aos vivos, cabia viver e continuar seu caminho da melhor forma possível.

238 | A Saga dos Capelinos

Naquela noite, Yeshua sentou-se com sua família em volta de uma mesa simples, mas generosamente posta, e ouviu as notícias de sua terra. Herodes Antipas continuava a ser o 'lambe-botas' dos romanos, os senhores latifundiários continuavam a exigir cada vez mais e os impostos romanos eram escorchantes. A noite já ia alta, quando Yozheph, agora mais maduro e menos invejoso, lhe disse:

– Você sabia, Yeshua, que Israel já tem seu salvador?

– Como assim? – perguntou Yeshua.

– Sim! Israel já tem seu Mashiah – o Messias –, o seu ungido – disse excitado o rapaz.

Yeshua estava espantado. Ele conhecia as lendas sobre a vinda do Messias. Seria o rei dos reis, aquele que livraria Israel da tutela estrangeira. Todos os povos que Yeshua visitara tinham lendas parecidas. Uns falavam de um deus, outros de um homem deificado. Os persas aguardavam Xaosiante, a reencarnação de Mithra. Até mesmo os indianos esperavam a vinda do último avatar de Vishnu – Kalki –, o qual estabeleceria a era dourada na Terra.

– Quem é ele? – perguntou Yeshua, curioso.

Míriam, que participava da conversa desde o início, respondeu-lhe calmamente:

– É o seu primo Yochanan.

CAPÍTULO 8

Yochanan, o filho de Isabel, prima-irmã de Míriam, e Zechariá, um sacerdote descendente da tribo de Levi, tinha partido para Engadi a fim de se tornar essênio. Yochanan contrariou as recomendações do pai, que o queria ver instituir-se sacerdote como ele próprio, e abandonou a casa paterna, enfurnando-se numa comunidade de reclusos. A recusa do templo em aceitá-lo o havia transformado, pois viu que sua atitude perante a vida estava errada e era preciso rever todo o seu comportamento. Algumas vezes, um duro castigo desperta o que há de melhor em nós, desde que tenhamos boas qualidades. Caso contrário, o que há de pior, pela falta do melhor, recrudesce e torna-se dominante.

Os três primeiros anos entre os essênios correram a contento e Yochanan se esforçava cada vez mais para ser digno de tornar-se membro pleno. No final do período, ingressou como membro pleno dos essênios e tornou-se cada vez mais fanático pelas coisas divinas. Cada ano que passava, ele acreditava que lhe estava destinada, por Deus em pessoa, uma grande missão, e que tudo o que estava fazendo naquele lugar era apenas uma preparação. Só não sabia ainda que missão era aquela, mas, quando Deus lhe desse o sinal, queria estar pronto.

240 | A Saga dos Capelinos

Os essênios tinham várias etapas pelas quais o iniciado deveria passar. No primeiro ano, ele era apenas um noviço. Depois, passava dois anos como postulante, pelo que tinha contato mais íntimo com os outros membros. Depois dessa etapa, tornava-se um associado ou membro completo da irmandade e passava a partilhar da refeição comum. A partir do noviciado, havia oito estágios a que o candidato teria que se submeter.

O primeiro estágio tinha como objetivo a pureza exterior, ou corporal, por meio de vários batismos. O segundo estágio visava à pureza sexual, em que o noviciado devia impor-se abstinência sexual permanente. No terceiro estágio, também chamado de espiritual, devia procurar a pureza interior e dedicar-se aos estudos das coisas divinas. A partir deste, passava para o quarto estágio, em que se exigia o banimento de toda ira e malícia e o cultivo da humildade e da modéstia. Com o cumprimento dessa etapa, atingia o quinto estágio, ponto culminante de santidade. No sexto estágio, tornava-se o templo do Espírito Santo e podia profetizar. No sétimo estágio, habilitava-se a fazer curas e ressuscitar os mortos. Finalmente, no último e oitavo estágio, assumia a posição de Eliahu – Elias –, o precursor do Messias. A partir deste ponto, o essênio podia pregar a chegada do Messias e aplainar o caminho do eleito.

Os anos foram muito interessantes para Yochanan, especialmente depois de tornar-se membro pleno, pois estudavam sobre os anjos e a forma pela qual Deus agia no mundo por meio de seus mensageiros. Estudavam também história, geografia, economia e filosofia, o que lhes proporcionava a abertura da mente integralmente. Conheceu as doutrinas mais fascinantes sobre demônios, arcanjos, elementais e os tratados, os quais viriam mais tarde a dar origem às várias cabalas.

Yochanan não tinha vidência nem era dado a incorporações espirituais. A incorporação espiritual se dava quando um espírito chamado de Espírito Santo manifestava-se, dominando a mente do intermediário, e por ela usava as suas faculdades, tais como a palavra, podendo caminhar e gesticular à vontade, sempre deixando o intermediário em estado de consciência, pois a inconsciência plena só se dava em casos muito raros de possessão. Tratava-se do sexto e sétimo estágio de pureza. No entanto, para os essênios, não eram os espíritos dos mortos que se manifestavam, pois isto era formalmente proibido pela Tenach, mas o Rûach Ha-Kodesh – Espírito Santo –, que se manifestava por intermédio de uma pessoa que se havia santificado por rituais, atitudes e sacrifícios pessoais, levando-a a ficar sob as asas da Shechiná – imanência de Deus.

Yochanan chegou humilde e se sujeitou a todas as regras da irmandade. A recusa do templo lhe tinha amainado os ânimos, e ele estava disposto a qualquer sacrifício para tornar-se membro pleno. Chegara ali aos dezesseis anos e fora aceito como noviço, para o que passara por todas as etapas a fim de alcançar seu noviciado. Com o decorrer dos anos, contudo, Yochanan foi mudando sua opinião a respeito de muitas coisas. Inicialmente, foi se dando conta de que a salvação devia estender-se aos demais homens, pois concluíra que a santidade era formidável, mas que seria inútil se ele fosse o único a entrar nos céus. A verdadeira santidade consistia em possibilitar que o maior número de pessoas pudesse se congregar com o Amantíssimo Pai. Caso contrário, não seria santidade, mas sim egoísmo e soberba.

Yochanan não acreditava que todos pudessem seguir a seita dos essênios, pois eles eram muito zelosos. Seus rituais de purificação eram excessivamente rígidos e a menor falha invalidava todo o processo. Ele havia se tornado um homem pragmático e começou a querer modificar o seu povo. Via nos rituais essênios um excesso impróprio para as pessoas comuns.

O que viria a modificar de forma definitva a mentalidade de Yochanan seria um sonho que tivera. Fora um sonho tão vívido, tão cheio de detalhes, tão claro, que, no início, o transtornou mas, com o passar do tempo, o norteou pelo resto da vida.

Certa noite, sonhou que lhe aparecera um anjo enorme, vestido de roupas diáfanas e prateadas, intensamente brilhantes. Não conseguia ver as pernas; sua túnica parecia desaparecer completamen-

242 | A Saga dos Capelinos

te sob nuvens que o rodeavam. Luzes irradiavam-se de seu corpo espiritual, especialmente na altura da cabeça, de onde também saíam como que chispas de fogo. Seu rosto era viril e seus olhos eram terríveis, como se abrigassem toda a cólera de Adonai.

Era óbvio que aquela aparição estava misturada com a imaginação viva e emocionada de Yochanan. Está claro que nenhum anjo teria o olhar cheio de ódio e cólera. Isso era resultado dos sentimentos de Yochanan.

O anjo disse que seu nome era Samangelaf e que ele deveria acompanhá-lo. Naquele instante, sentiu sua mão, suave como a de uma donzela e forte como uma tenaz em brasa, levantá-lo sem o menor esforço. Olhou para trás, viu seu corpo deitado na tenda e assustou-se com sua feiura. O anjo alçou voo de modo tão rápido, que Yochanan quase perdeu os sentidos. Viu a Terra, uma imensa bola azul suspensa no céu, afastar-se.

Chegou a um lugar de beleza assombrosa. Sentiu-se como que sobrepujado por tão inusitada beleza. A maviosidade das construções e dos jardins era de embevecer qualquer mortal. Havia um dulçor na atmosfera que o levava ao êxtase. Enquanto Samangelaf o levava para o interior de um templo, ele viu que as pessoas que ali passeavam eram tão inebriantemente lindas que ficou deslumbrado.

Estavam no limiar do astral superior com o mundo mental, e realmente a beleza do lugar e das pessoas era espantosa. No interior do templo, puseram-no sentado diante de um enorme aquário, onde insólita fumaça parecia estar em processo de condensação. A cadeira em que estava sentado era tão confortável e macia, que logo lhe pareceu estar flutuando dentro do próprio aquário. Um sensação agradável e também assustadora.

Naquele momento, ele começou a ver imagens se formando no aquário. Ao mesmo tempo em que estava do lado de fora das imagens e as via, via-se também no interior delas e as sentia. Subitamente, viu-se com uma forma totalmente diferente. Não era um homem tal qual hoje. Era imensamente maior. Um verdadeiro gigante, com pele azul. Era um azul tão forte, tão belo, tão esticado,

JESUS, O DIVINO DISCÍPULO | 243

que não se via uma ruga sequer. Não havia um pelo em todo o seu corpo e sua cabeça era absolutamente calva. A testa era alta e pronunciada, e seus olhos, azuis e próximos, como os de uma águia. Com seu nariz levemente recurvo, tinha mais ainda a sensação de que era um grande pássaro. Ele tinha um nome estranho, que soava algo como Katlach. Via-se como um chefe de alguma coisa importante; todos o bajulavam. Era um corrupto, um homem de uma mesquinhez tenebrosa. Mandava matar seus desafetos e enriquecia ilicitamente.

Subitamente, o quadro mudou e ele viu sua morte. Morte horrível. Nada podia ser pior. Viu chover fogo e enxofre do céu, e nada sobrou do lugar onde morava. Sentiu um calor invadi-lo e pronto: morrera fisicamente. Mas parecia que ainda estava vivo e sentia dores atrozes. Mesmo sentado naquela poltrona confortável, pôde rememorar aquelas aflições, e a tortura levou-o a uma forma de loucura que jamais sentira. Durante centenas de anos, pôde ver um desfile de si próprio, cada vez mais horrorizado. Renascera no planeta incendiado com doenças que não podiam sequer ser descritas. Renasceu tantas vezes que perdeu a conta. Passaram-se séculos nessa tormenta e, finalmente, um objeto enorme transportou-o para longe daquele lugar belo, no qual sofria indefinidamente.

Fora morto pelas explosões nucleares da guerra em Tchepuat, capital do Império Hurukyan, durante a fase inicial do grande êxodo. Renascera em Ahtilantê até expurgar todos os seus recalques psíquicos, depois do que fora, finalmente, deportado para a Terra.

As imagens corriam velozmente em sua mente e, simultaneamente, no grande aquário. Viu quando renasceu em vários lugares. Foi mulher e depois voltou a ser homem e, novamente, tornou a ser mulher. No início, quando começou a renascer na Terra, tinha o olhar embrutecido, sua compreensão das coisas era mínima e seus modos, terríveis. Mas, a cada novo renascimento, ele se tornava mais humano.

Num determinado instante das visões, sentiu uma mão amigável no ombro. Virou-se e viu uma mulher de beleza extraordinária.

244 | A Saga dos Capelinos

Ela transpirava bondade. O simples fato de estar perto dela deixava-o emocionado. Lágrimas vieram-lhe aos olhos.

Naquele momento, aquela senhora de inefável beleza começou a contar-lhe que aquilo que ele via eram lembranças profundas, captadas por uma máquina especial, que as transformava em imagens. Ele, além de lembrar-se de tudo aquilo, também se via dentro da máquina em forma de aquário.

O rei Acab era filho de Amri e havia se tornado monarca em Israel. Era um homem de rara beleza e veio a fazer aliança com o rei dos sidônios, Etbaal. Esse rei era um homem pervertido e tinha uma filha de beleza ímpar, chamada Jezebel, que, mesmo jovem, ainda virgem, já praticava atos libidinosos com os garotos de sua idade, bem como com suas primas e irmãs.

Etbaal, o rei dos sidônios, da cidade de Sidom, era um fenício de riqueza inimaginável e morava num palácio que não traduzia a sua verdadeira abundância. Acab fez uma aliança com ele e, para certificar-se de sua legitimidade, prostrou-se perante o deus Baal e imolou-o não só com carneiros como também com um prisioneiro sírio, inimigo dos dois reis. Etbaal, para ter certeza de que o israelita não iria ataca-lo na calada da noite, fê-lo casar com sua filha devassa.

Houve um fulminante *coup de foudre* entre o rei Acab e a jovem Jezebel. As núpcias foram completas, com dádivas aos deuses cananeus e fenícios, inclusive a Ascherah, deus da vegetação, e Astarté, deusa do amor. No aquário, desenrolavam-se os fatos de forma nua e crua, e contar o que aconteceu entre aqueles dois seres pode ser por si só motivo de escândalo e vergonha. Acab ficou totalmente subjugado por essa mulher impudica, que o dominava com sexo ardente e desbragado e com a solicitação da prática de atos de licenciosidade extrema.

Quando a jovem Jezebel foi morar na capital de Israel, a cidade de Samária, com seu marido Acab, levou um jovem intendente, que também era adorador de Baal. Era eunuco de nascença e fora castrado para melhor servir aos haréns dos reis e poderosos. O jovem rapaz conseguiu convencer a rainha Jezebel a afastar os sacerdotes de Adonai, já que eles foram contrários ao casamento do rei com ela. Utilizando ardis feminis, aquela víbora conseguiu que o rei destacasse uma guarnição e mandasse matar ou expulsar os profetas do Senhor.

Naquele momento, um homem fervoroso, chamado Avodiá, que era intendente do rei, escondeu muitos dos sacerdotes em cavernas e providenciou comida e fuga para outros tantos. No entanto, Adonai ficou enfurecido com Acab e enviou-lhe uma seca, que durou três anos.

Havia, naqueles tempos, um homem que fora convocado por Deus para chamar o rei à razão. Esse homem tinha o nome de Eliahu. Ele havia vaticinado em todos os lugares do reino que viria uma seca enviada por Yahveh para castigar o monarca pelos crimes de ter matado os profetas de Adonai e aberto as portas da idolatria, além do fato de ter se casado com uma fenícia estrangeira e devassa, da qual Eliahu falava mal sem cessar.

O rei Acab mandou que os soldados o encontrassem e o levassem à sua presença. Eliahu fugiu para as bandas da torrente de Carit. Passou-se um certo tempo, e a seca havia devastado a terra, quando Eliahu recebeu uma nova mensagem de um anjo do Senhor, e foi até a presença de Acab. O rei estava morto de medo dele, mas Jezebel não tinha receio de pessoas que não cultuassem seu deus.

Entretanto, Eliahu não era apenas um profeta que ouvia as ordens emanadas dos espíritos. Ele era também um líder e conseguira arregimentar mais de mil e duzentos homens armados, dispostos a morrer por Adonai. Acab sabia que não poderia atacá-lo nas montanhas em que estava homiziado. Era um lugar propício para emboscadas e as tropas monarquistas poderiam ser derrotadas.

Tudo isso estava sendo revelado a Yochanan naquele lugar em que estivera em espírito. Eliahu tinha, dentro do palácio, um forte aliado, Ovadiá, o intendente real. Esse homem não detestava Acab, mas achava que tudo o que o rei fazia era mal conduzido pela tenebrosa Jezebel. Em parte, era verdade e, em parte, era exagero. Acab não era tão pusilânime, ao ponto de que Jezebel pudesse fazer tudo

246 | A SAGA DOS CAPELINOS

dele nem aquela víbora era tão poderosa quanto apregoava. Havia interesses mais altos por trás daquela queda de braços. Os impostos que Acab cobrava da população eram, em grande parte, recolhidos pelos sacerdotes de Adonai. Eles tinham direito a um dízimo e o rei tentava conseguir outro tanto para si. O povo, escorchado e vilipendiado, tanto pelo rei como pelos sacerdotes, preferia pagar um pouco aos clérigos, já que temiam que, se não o fizessem, irritariam Adonai, que os poderia fulminar com desgraças, doenças e mortes. Quanto ao rei, procuravam roubá-lo. Desse modo, ao eliminar os sacerdotes de Adonai, Acab arrecadou mais impostos, pelo que se tornou mais forte e mais rico. Fortaleceu seus exércitos. Jezebel, agora uma mulher feita, matreira e astuciosa, aproveitou o enfraquecimento dos sacerdotes de Adonai para substituí-los por seus próprios sacerdotes, os profetas de Baal, todos vindos de Sidom, coordenados pelo eunuco, intendente particular da rainha.

Eliahu foi visitar Acab, mas, inteligentemente, não entrou em seu palácio, mantendo-se a certa distância. Naquele instante, ele jogou um repto aos profetas de Baal e ao rei Acab, perante as muralhas de sua fortaleza, às vistas de uma grande quantidade de pessoas do povo, que acorrera ao local para ver o que iria acontecer. Ele desafiou-os a um duelo espiritual no monte Carmelo. Disse que fossem para lá e que, perante todo o povo, clamassem aos seus respectivos deuses para demonstrar o poder de cada um.

O rei Acab não teve escolha a não ser aceitar o desafio, e enviou vários de seus novos sacerdotes. Nas semanas que antecederam o encontro, o povo foi avisado por arautos de ambas as partes. O acesso ao monte Carmelo era íngreme e inadequado para uma batalha campal e uma trégua foi, aparentemente, feita. Lá chegando, Eliahu determinou que se fizessem dois altares. Um seria para Baal e outro para Adonai. Em ambos, seriam colocados os retalhos de um novilho. Os sacerdotes do deus Baal deveriam invocar seu deus para que acendesse a pira, sem nela tocar, com fogo.

Os sacerdotes de Baal cansaram-se de tanto clamar, mas a pira não se incendiou. Eliahu era, porém, um homem de grande as-

JESUS, O DIVINO DISCÍPULO | 247

túcia e sabia que Adonai jamais entraria numa competição desse tipo. Logo, mandou trazer várias talhas cheias de al-kuhul, conseguido por meio da destilação do vinho, e que, em tudo, se parecia com água. Mandou seus asseclas lançarem, sobre seu lado, várias ânforas cheias de álcool. O povo, de longe, via o profeta derramar o que supunha ser água sobre as partes do novilho e, em gesticulações teatrais, orar a Adonai. Subitamente, sem que ninguém visse como, o fogo lambeu vorazmente a oblação. Claro está que o álcool, obtido com os árabes, aceso por um dos rapazes de Eliahu, ardeu com fúria e consumiu tudo o que estava por perto.

Nesse instante, a tropa de Eliahu atacou os profetas de Baal, pois os soldados do rei, bem como ele mesmo, estavam pasmos e paralisados. Numa ação fulminante, o ataque se dirigiu especificamente contra os sacerdotes e, mesmo quando eles tentaram fugir pelo vale de Cison, foram abatidos e degolados. A ação fora muito bem engendrada, pois, enquanto as tropas do rei tentavam defender os sacerdotes de Baal, uma chuva de flechas os deixou plantados no solo ou sob seus escudos. Acabaram preocupando-se em defender-se e se esqueceram dos sacerdotes de Baal, que, bem ou mal, eram estrangeiros.

Quando o rei voltou à sua fortaleza e contou a Jezebel como Eliahu passara no fio da espada todos os profetas de Baal, inclusive o seu eunuco, a rainha ficou enfurecida e mandou um mensageiro informá-lo de que traria as tropas do reino de Sidon, Tyro e de toda a Fenícia para o prender e trazer sua cabeça numa bandeja de ouro.

Eliahu juntou sua tropa e partiu em direção a Iehudá e dali, deixando sua tropa com Elisha, seu lugar-tenente, dirigiu-se, com um grupo reduzido de adeptos, para perto do monte Horeb, onde havia um grande oráculo. Uma pitonisa, cega e desdentada, que vivia aos pés do monte, recebeu-o e vaticinou-lhe o caminho a seguir. Ele voltou pelo caminho das planícies de Moab e visitou o rei da Síria para maquinar a perdição de ambos. Lançou, dessa vez, o rei Ben-Hadad contra o rei Acab.

248 | A Saga dos Capelinos

Eliahu conseguiu convencer o monarca da Síria de que o povo de Israel detestava Acab e que aquele rei era rico em joias, ouro e belos rapazes. O rei Ben-Hadad era um depravado e gostava de belos mancebos, bom vinho e ouro. Concordou em atacar Acab. Houve uma grande luta, mas o rei sírio era lerdo, perdeu a batalha e foi perseguido até quase perto de Damasco, capital de seu reino. Apesar do êxito na batalha, Acab perdeu muitos bons homens e se enfraqueceu. Acabou voltando para Samaria sem cercar e tomar a capital síria.

No ano seguinte, Eliahu conseguiu convencer novamente Ben--Hadad a atacar Acab, e não apenas a ir a Israel em excursão. Os generais sírios, que se retiraram com grande desonra, queriam uma revanche, mesmo que Ben-Hadad preferisse ficar em seu palácio saboreando tâmaras, vinhos raros e rapazes musculosos. Os generais, sob orientação de Eliahu, reuniram uma força incomparável e, com a aquiescência do rei, partiram para uma expedição punitiva. Entretanto, o rei Ben-Hadad estava cheio de preocupações e receios e deixou escapar o momento da vitória. Acab, um rei valente e guerreiro, destruiu seu exército com excelentes movimentos de carros de combate e cortou sua retirada com chuvas de flechas. Os sírios refugiaram-se numa cidade, mas foram cercados, mortos ou feitos prisioneiros, inclusive o rei Ben-Hadad, que comprou sua liberdade dando enormes áreas de sua cidade a Acab, além de ouro, escravos e cavalos.

Eliahu era um homem obstinado e não ficou satisfeito. Havia nele muito ódio por Acab, por Jezebel e pelos sacerdotes de Baal, que ultrapassava em muito a sua aversão aos idólatras. Havia se tornado um fato pessoal. Parecia um possuído. Parou, pensou muito e desenvolveu um plano ardiloso para levar o rei Acab à morte. Com sua influência e, especialmente, sua taumaturgia maldirecionada, havia posto Elisha como profeta em seu lugar, junto a um pequeno e mal equipado exército. Em Damasco, ele já havia coroado um títere chamado Jeú como rei de Israel, apenas para criar discórdia no reino. Ben-Hadad, ao retornar para casa, foi degolado

JESUS, O DIVINO DISCÍPULO | 249

por um soldado, que recebera ordens diretas de Eliahu para fazer isso, pois o infortunado monarca havia perdido duas batalhas contra Acab e se havia tornado um estorvo, por sua fraqueza e inépcia. Pôs, portanto, no lugar de Ben-Hadad, Hazael, homem bem mais viril e forte, como rei da Síria, usando sua influência como profeta.

Restava agora induzir Acab a lutar contra Hazael. Mas o rei estava ficando velho e não lhe aprazia mais envolver-se em pugnas e guerras. Além disso, Eliahu descobriu que Hazael não era tão facilmente maleável como ele imaginara. Tornara-se extremamente forte e fez alianças com Shalmanaser, rei dos assírios. Com isso, fortaleceu sua tropa, assegurou que os assírios não descessem sobre ele como gafanhotos e conseguiu alguns comandantes de tropa assírios, que começaram a treinar os sírios de forma regular, o que os tornou bons combatentes. Hazael, portanto, não queria guerrear contra Israel antes de ter um bom exército e de se haver firmado internamente. Teve que ser duro e feroz e mandar matar alguns dissidentes, partidários de Ben-Hadad, que queriam parte do poder. Eliahu sentiu que não era o momento de agir e teve que esperar.

Passaram-se três anos e Eliahu fortaleceu sua posição também no reino de Iehudá e conseguiu convencer o rei Josafá de que Deus o havia escolhido para uma grande missão: derrotar os idólatras sírios, assim como levar novamente a Lei ao reino separado de Israel. Eliahu sabia que Josafá desejava que o reino de Israel não fosse tão poderoso, pois o rei de Iehudá sofria séria oposição em seu próprio território. Havia muitos judeus que desejavam a reunificação de Israel e Iehudá num único reino. Josafá sabia que, se houvesse essa reunificação, provavelmente Acab tornar-se-ia o rei geral, já que, com suas duas vitórias sobre os sírios, ele se havia tornado um mito entre os hebreus.

Nesse caso, o feitiço havia se virado contra o feiticeiro. Eliahu forçara tanto Ben-Hadad à guerra, que acabou conseguindo com isso apenas enaltecer seu adversário e proporcionar duas retumbantes vitórias a Acab. Não era que Eliahu fosse perverso ou egoísta. Tratava-se de um homem de seu tempo, adaptado às exigências

250 | A Saga dos Capelinos

de então. Os homens eram cruéis, e quem não o fosse seria esmagado e morto pelas forças políticas atuantes.

Havia uma cidade chamada Ramat-Galaad, tomada pelos sírios e em litígio fazia muitos anos. Eliahu convenceu Josafá a armar um exército e marchar contra Hazael, rei dos sírios, e, para fortalecer-se, convenceu o rei judeu a aliar-se ao rei de Israel, Acab, e marcharem juntos contra os sírios.

E assim foi feito. Os dois reis uniram-se e marcharam contra Ramat-Galaad. O rei Acab havia sido advertido, por sua mulher Jezebel, de que não fosse à guerra; ela desconfiava de que se tratava de um estratagema urdido por Eliahu. Os espiões da rainha lhe haviam avisado dos movimentos do profeta e ela ficou preocupada com suas constantes viagens entre Ierushalaim, capital da Judeia, e Damasco, capital da Síria. Porém, o rei tinha dado sua palavra e não podia voltar atrás. Marcharia, então, para a morte.

O rei Acab enfrentou Hazael numa batalha encarniçada e foi atingido durante o combate por uma flecha, que atravessou a armadura logo abaixo do braço esquerdo. O rei arriou-se em seu carro de combate e lá ficou até completa exaustão, com sangue escorrendo em abundância. Havia sido atingido pela flecha de um soldado sírio chamado Naaman, que se tornaria general muitos anos depois. Finalmente, após duas horas, caiu prostrado, morto, no fundo de seu carro, com a espada a seu lado, banhado em seu próprio sangue.

A batalha terminou com a vitória dos sírios e a retirada dos israelitas e judeus. Todavia, Josafá conseguiu o que desejava. Com a morte de Acab, não corria mais o risco de ver seus povos reunidos novamente. Levaram o corpo do rei morto para Samária, onde Jezebel, que verdadeiramente o amava tanto como homem como esposo, dilacerou suas vestes, cobriu-se de cinzas e tomou luto. Seu filho Ocozias assumiu o trono assim que enterraram o infortunado rei, e ele também, sob influência de sua bela mãe, adorou Baal.

Eliahu envelheceu e disse a Elisha, seu lugar-tenente, que não queria que seu túmulo se tornasse um lugar de idolatria; senão, tudo o que ele sempre combatera estaria arruinado. Sentindo a

JESUS, O DIVINO DISCÍPULO | 251

morte aproximar-se – debilitara-se grandemente e tornara-se pessoa achacadiça –, Eliahu retirou-se para as bandas do rio Jordão e, após algumas semanas de intenso sofrimento físico, morreu. Elisha, que o acompanhava sempre, seguiu o que lhe fora recomendado e o enterrou em lugar desconhecido. Depois, retornou aos seus com a história de que Eliahu fora levado para o céu num carro de fogo.

Após ter presenciado tudo isso, Yochanan pôde ver no aquário o momento em que Jezebel, velha e alquebrada, morreu, depois de ter enterrado seu amado filho Ocozias, que caíra bêbedo da varanda de seu quarto. Quase completamente paralítico, o infeliz continuara vivo por alguns meses antes de morrer. Seu outro filho, Jorão, tomou o lugar do falecido irmão e governou por uma década; nesse período morreu a bela rainha dos israelitas.

Ao fim desse repassar de olhos na história, Yochanan já tinha certeza de que ele era Eliahu. Sua missão apareceu-lhe clara e límpida. Ele devia tornar-se o arauto das boas novas, da chegada do messias. Devia aplainar os caminhos para que o príncipe da paz, o rei dos exércitos, o imaculado pudesse apresentar-se ao mundo. Logo depois, acordou em seu leito com a nítida impressão de tudo que vira. Era chegada a hora da voz que clamava nos desertos.

Depois desse sonho, sua atitude para com os essênios mudou. De um homem acomodado, seguidor das normas e obediente aos chefes, tornou-se, novamente, arrogante, prepotente e despótico. Já não tolerava bem os rituais essênios, achando-os insípidos e sem profundidade. De que valia a pena banhar o homem, se ele continuava imundo por dentro?

Ele desejava uma mudança radical. Era preciso que o homem se arrependesse, primeiramente, de sua vida de ignomínias, para depois, então, já purificado pelo fogo da contrição, poder se banhar nas águas cristalinas da pureza. Com esta nova postura, ele entrou sucessivamente em choque com seus superiores, transformando a paz do local e sendo constantemente admoestado.

Yochanan decidiu, seis meses após ter tido o sonho, que não poderia ficar com os essênios, e partiu, levando consigo apenas a

252 | A SAGA DOS CAPELINOS

roupa do corpo. Além de não mais concordar com os rituais essênios, ele havia concluído algo de sobejamente mais importante do que simples cerimônias. Ele tinha, agora, a certeza de que havia várias existências, pois o sonho fora categórico, já que ele se vira em várias personalidades. Os essênios acreditavam na eternidade da alma, mas numa única existência. Por si só, esse detalhe dogmático era impossível de conciliar. Ele havia tomado consciência de que Deus não poderia ser tão impiedoso, cruel e radical para condenar seus filhos ao fogo eterno apenas pelos erros de uma única existência. Rompeu com os essênios e partiu. Seus superiores ficaram aliviados com sua partida um tanto extemporânea, porquanto, ultimamente, ele vinha se constituindo num estorvo com seu gênio irascível à mostra.

Yochanan havia ficado quatorze anos entre os essênios. Chegara à instituição aos dezesseis anos e partira aos trinta. Era o ano 23 d.C. e, enquanto Yochanan abandonava a vida monástica dos essênios, Yeshua estava em Pataliputra curando doentes e desenvolvendo, cada dia mais, sua fabulosa taumaturgia.

Yochanan perambulou pelas estradas da Judeia e, ao fim de cinco meses, encontrou umas grutas nas franjas do deserto de Iehudá e lá se estabeleceu. Cingiu uma pele de camelo presa por um cinto largo na cintura e fixou residência ali. A princípio, os vilarejos vizinhos ouviram falar de um louco, que morava nas grutas do deserto e que, quando saía de lá, ia às cidades pregar sobre a vinda do Messias, o arrependimento e a mudança interior.

Yochanan saiu de Engadi com um discurso pronto, o qual, com o tempo, foi aprimorando, mas jamais saiu de sua linha mestra. Desejava que o povo se preparasse para a chegada do Messias, que se arrependesse de seus pecados e procurasse observar a lei mosaica em todos os seus pontos.

Iniciou sua pregação indo de cidade em cidade. Acomodando--se em praça pública ou no lugar mais amplo possível, iniciava sua pregação. No início, as pessoas acreditaram estar perante um desvairado, mas, com o acontecimento de algumas curas, ele começou a ser notado, respeitado e ouvido. Essas curas se davam sem a sua direta atuação, pois, sem saber, ele estava sob a influência benfazeja dos espíritos comandados por Samangelaf, conforme o plano preparado pelos maiores.

Em cada um desses lugares, arregimentava jovens, que largavam seus afazeres e o seguiam. Alguns tornaram-se discípulos permanentes e outros, apenas temporários, sem abandonar suas obrigações.

Desde o início, Yochanan pregava a ideia do batismo, pois era uma prática essênia comum. Havia, entre a comunidade de Engadi, os banhos rituais de purificação diários e também o batismo propriamente dito, que só era ministrado aos que ingressavam como membros plenos, depois de estágio de três anos. Yochanan misturou os dois rituais e criou uma nova forma de batismo, simples, com água que purificava, representando um marco da nova vida que a pessoa batizada se propunha a seguir.

Sua arenga era também simples e direta, sem grandes discursos ou explicações complicadas. Ele sabia que falava a um povo simples, e que simples ele tinha que ser. Assim, atingia o seu objetivo, pois suas palavras eram fogo puro; sua impostação de voz era feroz; e sua atuação, magnética.

Ao fim de um ano, sua mensagem chegava a Caná e Cafarnaum, e seus primos Yacob ben Cleophas, Yehudá, apelidado de Tadde, Yehudá, apelidado de Tauma, Yacob e Yochanan, ambos filhos de Zebedeu, Shymon e André, sobrinhos de Zebedeu, decidiram ir ao seu encontro, após terem ouvido maravilhas a seu respeito. Um a um, reuniram-se em seu redor e foram muito bem aceitos por ele, pelo que se tornaram seus principais ajudantes.

Yochanan, no ano 25 d.C., aos trinta e dois anos, dois anos após se haver desiludido com os essênios, tinha se tornado um líder perigoso, pois agora acrescentava, ao seu discurso inicial, sérias admoestações ao templo de Ierushalaim, aos romanos, a Herodes Antipas e a Herodes Felipe, para ele usurpadores do trono de Israel. Nessa época, Yeshua andava pela Índia, em companhia de Udayana.

254 | A Saga dos Capelinos

Os romanos haviam infiltrado dois de seus espiões em seu grupo e o vigiavam de perto. Por outro lado, Yochanan sentiu que suas andanças eram cansativas e, muitas vezes, improfícuas. Resolveu, pois, estabelecer-se à beira do rio Jordão, não só porque era um rio sagrado e prático, em razão existência de água em abundância, mas, principalmente, porque era central, o que permitia que todos os povos das tetrarquias o alcançassem com facilidade.

A notícia espalhou-se como rastilho de pólvora: um homem santo estava batizando as pessoas no rio Jordão e muitos que haviam sido abençoados por suas mãos tinham sido purificados. Milagres estavam acontecendo: aleijados andavam; cegos viam; leprosos ficavam limpos; e os endemoninhados ficavam calmos e tranquilos. Portanto, a cada dia, mais e mais pessoas vinham em caravanas para serem batizadas. Muitas vinham só para ver o novo profeta de Israel e ouvir suas palavras de fogo.

Foi às margens do Jordão que o seu discurso foi-se consolidando e ele passou a falar cada vez mais do Messias. Como todo bom judeu, conhecia as Escrituras do livro de Ishaiá e gostava de recitá-lo de forma fervorosa. Apregoava que o Escolhido estava prestes a manifestar-se. Contudo, angustiava-se com a ausência do Ungido. Onde estava este homem cuja chegada era iminente? Ele estava certo deste fato; sua missão repousava sobre esta assertiva. Entretanto, seus seguidores criam que ele era o próprio e tão esperado ungido, e discutiam o assunto abertamente entre eles, propagando a ideia entre as aldeias da Galileia e países vizinhos.

• • •

Yeshua ficou estarrecido com a notícia que sua mãe lhe dera. Como era possível que seu primo tivesse se tornado o Messias? Esperava-se um guerreiro formidável, um homem que reuniria em torno de si toda Israel e que reencontraria as dez tribos perdidas.

– Será possível que meu primo seja o novo Messias?

JESUS, O DIVINO DISCÍPULO | 255

– Não tenho dúvidas disso – disse Shymon. – Eu o vi batizando pessoas no rio Jordão. Muitos doentes ficaram bons e muitos milagres foram feitos.

– Isso não é prova de que Yochanan é o Messias – retrucou Yeshua calmamente, mas intimamente em ebulição. Aquilo era realmente possível? O tão esperado Messias tinha realmente chegado?

Yeshua sabia que tinha uma missão entre os judeus, pois intuía isso claramente desde a infância, mas não acreditava ser o Messias, pois era esperado um guerreiro, um homem de armas, o qual Yeshua definitivamente não era nem desejava ser.

– Eu vi, nas minhas viagens, homens capazes de atos tão formidáveis e de curas tão sensacionais, mas nem por isso eram o Messias esperado.

– Eram feiticeiros e bruxos, que não podem ser comparados com Yochanan – respondeu Shymon.

– Ora, Shymon, quando se trata de estrangeiros, eles são feiticeiros e bruxos, mas você não é tão ligeiro assim na hora de julgar nossos parentes. Por que Yochanan também não é chamado de feiticeiro e bruxo? Por que apenas os outros devem sê-lo?

– Porque são goyim!

Yeshua riu-se do preconceito de Shymon e expressou-se, pondo-lhe fraternalmente a mão no ombro:

– Meu irmão haverá de aprender que nem sempre aquilo que os olhos veem é verdadeiro. Há muita impostura no mundo material e, mais ainda, no mundo espiritual. Somos cercados por espíritos de toda espécie, desde os mais tenebrosos até os mais elevados. Entre os primeiros, estão os brincalhões, os falsos sábios e aqueles que se arrogam missões para as quais não foram sequer preparados.

Fazendo uma pequena pausa, Yeshua mudou de assunto e de tom de voz.

– Preciso ir a Ierushalaim ver meu velho amigo Yozheph de Arimateia. Depois, pretendo passar pelo acampamento de Yochanan para vê-lo e saudá-lo.

Yeshua ficou alguns dias em Nazareth e pôs as novidades da Galileia e do local em dia. Numa noite em que mãe e filho puderam ficar sozinhos, ela o questionou quanto às suas viagens e escutou, pacientemente, sucinta crônica de suas aventuras. Ela não demonstrou nenhuma emoção especial por todas aquelas andanças e experiências. Por fim, após cortar bruscamente a narrativa da morte de Spalirizes, foi contundente em sua opinião quanto a todas aquelas aventuras.

– Acho ótimo que você tenha se divertido durante todos estes anos, mas você esquece que tem obrigações com a família. Você, no afã de conhecer o mundo, abandonou seu pai na oficina de carpintaria, e o pobre morreu de tanto trabalhar.

Um óbvio exagero, pois Yozheph tinha ajudantes e não se esfalfava ao ponto que Míriam apregoara.

– Eu não o abandonei. Apenas dediquei minha vida a outros afazeres, e tenho certeza de que meu pai jamais sentiu falta de meu trabalho, pois ele tinha meus irmãos e outros ajudantes, que supriram a contento minha ausência.

– Não é isso que importa, Yeshua. Você é o meu primogênito e deveria ter ficado aqui, perto de nós, em vez de em terras estranhas, aprendendo magias e artes proibidas.

– Ora, minha mãe, eu não fiz nada de errado.

– Claro que fez. Pelo que me contou, esteve metido com magos persas, louvando seus estranhos deuses. Você esteve em outros lugares, cujos nomes minha língua não consegue pronunciar, e lá, novamente, louvou deuses alheios, de nomes impronunciáveis. Você se deixou levar pela procura do nefasto conhecimento, quando tinha tudo aqui em casa.

Yeshua riu e abraçou a mãe. Sentiu que ela tinha ficado enciumada. Ela se sentia rejeitada pelo filho, e ele não desejava que ela ficasse com essa impressão. Não obstante, a mãe estava profundamente magoada com ele, e a narrativa de suas viagens não a fez sentir-se amada, por mais que ele lhe tivesse dito, reiteradamente, que sentira sua falta e que a amava. Havia em seu tom de voz, isto

JESUS, O DIVINO DISCÍPULO | 257

sim, um juvenil ardor pelas histórias e aventuras, e, desse modo, ela rechaçou o abraço e, com os olhos cheios de lágrimas, saiu apressada da sala.

Yeshua entendeu que não havia sido hábil e repreendeu-se amargamente, pois amava a mãe acima de tudo. Reconhecia nela uma doçura que não encontrara em ninguém, uma pessoa de personalidade magnética, forte e íntegra. Uma coisa a conversa lhe ensinara: que não deveria falar de suas viagens com ninguém. Poderia ser mal interpretado. Realmente estivera na Torre do Silêncio, mas vira que Ahura Mazda era outro nome dado ao Inefável. Conhecera os mistérios dos Vedas e aprendera que Brahma era o único Deus que se desdobrava numa santíssima tríade. Estivera na stupa de Sanchi e nos mosteiros budistas, e Budha não era mais do que um estado de pureza, o qual os homens deviam alcançar. Não havia vergonha ou torpezas em tudo o que fizera, mas a mente dos homens de então não era suficientemente aberta para ver que a honesta procura do conhecimento sadio não denegria ninguém. Melhor calar!

Nos dias que se seguiram, Yeshua sentiu que o ambiente familiar voltou a ficar turvo e sua presença era seriamente ressentida. Logo depois da morte do pai, Yacob assumira os negócios do pai. Todos trabalhavam na carpintaria, mas Yacob era quem dava as ordens. A volta de Yeshua não fora nada bem vista por Yacob, que, desde a morte de Yozheph, tornara-se o chefe da família. Não havia como evitar que Yacob e, especialmente, Yozheph, o filho, que nutria maus sentimentos por Yeshua, entrassem em choque com ele. Sem querer, Yeshua trouxera dissensão para dentro de casa.

Ele tinha a tendência de fazer perguntas, não só para mostrar-se solidário e interessado pelo interrogado, como, eventualmente, para sugerir-lhe determinadas ações. Conversando com Yacob e Yozheph sobre o pequeno negócio familiar, os dois foram abruptos e cortaram qualquer questionamento de Yeshua.

– O negócio é muito pequeno para que tenha mais um.

– Claro! Eu entendo. Não é minha intenção imiscuir-me nos negócios de vocês.

258 | A Saga dos Capelinos

– Qual é a sua intenção, então? Você passa a vida inteira afastado da família e, quando nosso pai morre, você aparece subitamente e começa a fazer perguntas sobre a carpintaria. Aonde você quer chegar?

– Irmãos, longe de mim querer causar dissensão entre nós. Não desejo participar do negócio a que tanto nosso pai como vocês se dedicaram por tanto tempo. Já lhes disse que meu desejo é ser útil aos pobres e aos miseráveis. Quero curar os doentes e ministrar lenitivo aos desvalidos. Desejo apenas ser um instrumento da vontade divina.

– Ora, essa falsa modéstia não me engana. Já falamos e voltamos a reiterar que, se você é capaz de fazer essas curas, por que não vai a Ierushalaim e mostra-se aos poderosos? Eles também estariam dispostos a vê-lo e a pagar bom preço por seus poderes.

Yeshua sentiu fundo a raiva do irmão e vislumbrou o que passava na mente de Yozheph. O irmão achava que ele dissera aquilo como quem desprezava o trabalho manual duro, se exaltava e achava ser alguém superior, capaz de curar pessoas, pois havia escárnio e irritação na voz do seu irmão. Eles não sabiam que ele era capaz de fazer curas. Yeshua olhou para Yozheph com olhar severo. O irmão começava a extrapolar seu direito de retrucar, pois estava tornando-se grosseiro e inconveniente. O olhar grave de Yeshua o fez baixar a fronte, e Yeshua lhe falou com firme autoridade, mas num tom de voz suave:

– Não estou interessado em riquezas e glórias, muito menos na carpintaria. Só desejo o bem de nossa família e jamais deixaria vocês em dificuldades, agregando-me a vocês. Irei visitar um grande amigo em Ierushalaim e não desejo provocar insegurança e discórdia entre vocês. Partirei amanhã.

Yacob ainda quis falar algo para acalmá-lo. Yeshua fitou-o e viu sua aflição em tentar desculpar o irmão e disse-lhe:

– Não se atormente, Yacob. Você é o primogênito e o chefe desta casa na ausência de nosso pai. Desejo-lhe, de coração, que governe com proficiência e que me veja como seu irmão e não como um estranho, que deseja roubar o seu ganha-pão.

Assim falando, recolheu-se, pois já era muito tarde da noite. Na manhã seguinte, partiu em direção a Ierushalaim, para visitar seu amigo Yozheph de Arimateia, após despedir-se da mãe, que segurou as lágrimas para não chorar.

A viagem a Ierushalaim exigiu-lhe três dias de andanças para vencer os quilômetros que separavam Nazareth da cidade santa. Agora Yeshua não tinha mais os rápidos cavalos persas, muito menos os sólidos camelos e dromedários. Era obrigado a andar, o que não representava suplício. Estava acostumado a esse tipo de deslocamento. Viajou só, o que era uma temeridade, pois havia salteadores nas estradas. Mas não foi importunado por nenhum deles. Normalmente, ficaria à espera de uma caravana ou um grupo de pessoas, mas, como o ambiente de sua casa estava irrespirável, não quis esperar indefinidamente. A caminhada o ajudou a meditar sobre o futuro. A época de viagens e explorações tinha passado. Ninguém pode ser apenas aprendiz durante toda a vida.

Yozheph de Arimateia quase desmaiou, tamanha a alegria que teve ao ver Yeshua. Como Yeshua ficara quase seis anos afastado, Yozheph de Arimateia não tinha mais esperanças de vê-lo vivo.

Yeshua passou dois dias contando suas aventuras a Yozheph, mas não aludiu aos fenômenos taumatúrgicos e procurou concentrar-se nos ensinamentos, inclusive nos de magia elemental que vira com Udayana e também com Mazarés, Vidarna e Melchior. No decorrer de uma das conversas, que eram quase sempre acompanhadas por mais dois ou três amigos de Yozheph, o anfitrião perguntou-lhe:

– E agora que voltou para nossa terra, o que deseja fazer de sua vida?

Yeshua, que pensara muito a esse respeito, informou-lhe:

– Inicialmente, visitarei Yochanan, nosso primo, pois soube que está pelas bandas do Jordão pregando a vinda do Messias e fazendo curas. Quero abraçá-lo e ouvir de sua boca o que pretende.

– Creio que seria muito interessante. Pessoalmente, não compactuo com ideias tão radicais como as que ele prega. Mas vá visitá-lo.

260 | A Saga dos Capelinos

Creio que lhe será útil. Porém, tome cuidado! Creio que ele é um homem de impulsos violentos, o que nos poderá levar à perdição.

Yozheph já havia estado com Yochanan e tinha testemunhado seu discurso. Saíra assustado com as possibilidades que pudera pressentir. O pregador plantava ventos de insurreição contra um colossal inimigo – o império romano – e poderia colher tempestades de extrema violência.

– Sim, mestre Yozheph. Tomarei cuidado. Quero ter certeza de que ele é o esperado Messias. Se for, eu me juntarei a ele de corpo e alma. Mas, se não for, tentarei ser-lhe uma influência benfazeja, para abrandar-lhe com palavras de prudência o temperamento quente.

– Não creio que ele seja o Messias, mas vá lá e tire suas conclusões. Depois, se quiser, volte aqui para conversarmos sobre o seu futuro. Tenho certeza de que, se você se dedicar ao que conhece bem, a taumaturgia, você se tornará o mais famoso esculápio da atualidade. Poder e riqueza estarão ao seu alcance com rara facilidade.

Yeshua tinha o olhar voltado para ele, mas seu pensamento estava longe, viajando a caminho do Jordão.

CAPÍTULO 9

O rio serpenteava por entre os morros desnudos, vermelhos, cor de areia e pequenos vales verdes de vegetação, ficando forte em alguns lugares e manso em outros. O rio unia o mar da Galileia – Iam Keneret – ao mar Morto, com um declive de duzentos e poucos metros. Deste modo, em alguns trechos, especialmente após as cheias da primavera, o rio tornava-se raivoso e mudava, muitas vezes, de curso, arrastando lodo, galhos e, algumas vezes, homens imprudentes que resolviam cruzá-lo. Havia, porém, alguns remansos, quatro ou cinco vaus, onde as caravanas paravam para descansar, podendo atravessar o rio com certa cautela. Nesses lugares, eram estabelecidos pequenos prostíbulos, com tendas coloridas, onde se tirava proveito da passagem.

Existia em Enon, perto de Salim, uma dessas passagens, onde Yochanan havia se estabelecido, atendendo não só aos galileus como também às populações das regiões de Decápole, Pereia e Traconítide. O local escolhido por Yochanan ficava incrustado no lado galileu do rio e se espalhava por um ameno baixio coberto por uma vegetação farta e pés de tamarindo. Várias tendas estavam espalhadas, dando ensejo não só ao descanso como também a um farto comércio de bugigangas, comidas e presentes. A quantidade de pessoas que circulavam entre as tendas chamou a atenção de Yeshua, que procurou se dirigir para as margens do rio.

262 | A Saga dos Capelinos

Era o final da tarde e ele havia levado dois dias para alcançar o local. Estava cansado, suado e sentia-se sujo. Chegara no momento em que a maioria das pessoas estava recolhida no interior das tendas. Margeou o rio; o local estava tranquilo e não havia ninguém por perto. Desceu um pouco a corrente para um lugar mais afastado – uma centena de metros –, tirou sua roupa, aliviou suas necessidades físicas nas margens, e depois entrou na água, para se lavar e refrescar. O choque da água fria com o corpo quente provocou uma sensação deliciosa, que Yeshua saboreou com um sorriso de satisfação.

Ficou na água por uns dez minutos esfregando cada parte do corpo e, quando estava para sair do rio, ouviu uma voz chamá-lo. Virou-se e viu dois rapazes gritando para que saísse dali. Yeshua dirigiu-se à margem, retirou de dentro de um embrulho que carregava uma túnica limpa e vestiu-a. Havia aproveitado para lavar a roupa com que atravessara o caminho entre Ierushalaim e aquele lugar, e espremeu-a bem para que saísse toda a água. Os dois rapazes estavam muito zangados e falaram que aquele rio era sagrado, que ele não podia tomar banho ali e assim por diante. Yeshua sorria e meneava a cabeça em assentimento enquanto se vestia. Como não respondeu, os dois rapazes acharam que ele deveria ser um qualquer e começaram a abusar de seu linguajar, chamando-o de beócio. Diante disso, sem responder-lhes, Yeshua olhou-os nos olhos e, com voz firme, ordenou-lhes:

– Levem-me até Yochanan.

Um arrepio correu a espinha dos dois rapazes. Enquanto Yeshua saía da água, meio curvado, escondido atrás da túnica que estivera lavando, ele parecia um qualquer, mas, na hora em que colocou a nova roupa e deu um comando poderoso, sua figura mudara completamente. Seu imenso magnetismo atuou sobre os moços e eles obedeceram incontinenti.

Atravessaram o acampamento até uma tenda maior, onde estavam vários rapazes de idades que variavam de quinze a vinte anos, em volta de um homem de barba hirsuta, desgrenhada, com

Jesus, o Divino Discípulo | 263

aparência de sujo, olhar inflamado, que falava gesticulando muito e, com uma voz de trovão, contava histórias de arrepiar. Não havia dúvidas de que era Yochanan, sentado no meio de seus discípulos, que o ouviam contar as histórias dos profetas. Yochanan tinha um poder de comunicação muito grande, o que lhe permitia manter uma plateia acesa enquanto contava os feitos heroicos de pessoas, o poder de Adonai e as vilanias dos idólatras. Estava relatando, naquele momento, a história de Eliahu e a sua luta contra os sacerdotes de Baal, ocasião em que o grande profeta judeu destruiu o poder dos idólatras.

Yeshua aproximou-se deles e ficou em pé ouvindo a história e divertindo-se com as colações e interpolações do primo. Yochanan estava tão entretido com sua própria voz e seu efeito sobre os demais, que não reparou naquele homem alto, escoltado por dois de seus rapazes. Entretanto, um ou dois minutos depois, sua vista não conseguia mais desgrudar-se de Yeshua. Quem era aquele homem de beleza varonil, de robusta envergadura, de força interior e que conseguira cativar seu olhar? Parecia fascinado pelo olhar doce e meigo do estranho e não conseguia deslocar sua visão para outro ponto. Subitamente, como se fosse fulminado por uma revelação íntima, parou de falar, abriu a boca e ficou de pé num átimo, assustando seus ouvintes.

– Yeshua! Você é Yeshua!

Precipitou-se quase aos trancos, tropeçou nos discípulos e, por fim, alcançou o primo e deu-lhe vigoroso amplexo. Os presentes ficaram aparvalhados. Quem era o homem que comovera seu mestre?

Naquele momento, um sósia quase idêntico de Yeshua levantou-se entre os demais e correu para perto dele e deu-lhe também um abraço forte, aos gritos de "meu irmão, meu irmão". Era Yehudá Tauma, que se atracara amorosamente ao irmão. Yeshua, com os olhos rasos d'água, comovido ao extremo, abraçou seu irmão gêmeo, depositou-lhe um beijo em cada uma das faces e correspondeu-lhe o amplexo. Com a voz embargada e ainda abraçado ao irmão, repetiu docemente a palavra Tauma três vezes.

264 | A SAGA DOS CAPELINOS

Subitamente, outros homens se levantaram e vieram abraçá--lo também. Eram seus primos Yacob, Tadde, Shymon e André. A confraternização foi completa. Os demais discípulos de Yochanan ficaram surpresos por ver aquela demonstração de carinho e apreço ao recém-chegado. O tumulto se havia instalado, e Yeshua foi logo puxado para dentro da tenda e instado a acomodar-se, enquanto Yochanan, com voz de comando, pediu que trouxessem comida e água para Yeshua.

Durante anos, Yochanan ouvira falar de Yeshua, de sua saída de casa – Míriam nunca lhe perdoara tal 'ofensa' – e de sua ida para terras distantes, como o Egito, a Pérsia e sabe-se lá para onde mais. Ouvira histórias estranhas de que o primo curara um retardado em Alexandria, um cego em Jericó – a história corria à boca pequena – e também outras mais inverossímeis, em que se dizia que era amante de um rico nobre de Ierushalaim – a eterna maledicência popular –, que fora raptado pelo rei dos parthos e enfiado numa torre até que revelasse seus segredos, que fugira e desaparecera na terra de homens de cor escura e cabelos lisos, e assim por diante. Yeshua era uma lenda viva, pelo menos entre seus parentes, e Yochanan estava ansioso por conhecê-lo melhor.

– Este é meu primo Yeshua.

Yochanan apresentou-o a todos num só lance. Não poderia ter sido melhor, pois a emoção do reencontro e seu precipitoso abraço deram a Yeshua, perante os demais, a condição de preferido do mestre Yochanan de forma instantânea.

Nos dias que se seguiram, Yeshua teve a oportunidade de conhecer todo mundo e conversar longamente com seus primos. Tinha tido um contato mínimo com Yochanan, quando de sua viagem a Ierushalaim, ocasião em que tinha treze anos. Não haviam trocado mais do que dois dedos de prosa. Eram, portanto, estranhos um ao outro de certa forma. Yochanan só o havia reconhecido porque sabia que ele era irmão gêmeo de Tauma e porque este estava à sua frente. Portanto, por dedução, aquele que se parecia tanto com ele só poderia ser Yeshua.

JESUS, O DIVINO DISCÍPULO | 265

Yochanan parecia estar sempre em estado de permanente agitação interior. Muitas vezes, Yeshua via que o seu parente degringolava numa arenga repetitiva, em que falava mal do templo, dos romanos, de Herodes Antipas, dos saduceus, dos fariseus e até mesmo dos essênios.

Nos dias que se seguiram, Yeshua colocou em dia as novidades de sua terra, de seus primos e até de seus irmãos, pois sua visita a Nazareth havia sido tão rápida que não lhe dera tempo de saber que era tio de mais alguns sobrinhos. Yeshua, porém, testemunhava o discurso de Yochanan, que batizava as pessoas sem cessar.

Diariamente, havia no local uma enxurrada de gente vinda dos lugares mais distantes e que se reunia ali na hora terceira – nove horas da manhã – para, primeiramente, ouvir a alocução do batista e, depois, ordeiramente organizada por seus discípulos, colocar-se em fila para o batismo.

Yochanan tinha um discurso padrão, variando muito pouco de um dia para o outro. Era, porém, constituído por palavras perigosas e ardentes. Normalmente, punha-se no alto de uma pedra, onde a pequena multidão de cem a duzentas pessoas podia vê-lo e, durante alguns minutos, totalmente tomado por santa ira, desancava sua arenga sobre o populacho.

– Tomem muito cuidado, pois os tempos são chegados. Aproxima-se a grande hora em que Deus não mais tolerará a ignomínia e a depravação sobre a terra.

Yochanan, então, começava sua exortação sobre os homens que transgrediam a lei divina:

– Ai de vocês, homens corruptos, que se aproveitam das situações para usufruir de direitos que não fizeram por merecer. Seu castigo será exemplar.

"Ai de vocês, homens cheios de concupiscência, que não podem ver uma mulher desprotegida e se aproveitam de sua fraqueza para obterem dela imerecidos gozos. Seu castigo será mais severo do que o da mulher que peca.

266 | A SAGA DOS CAPELINOS

"Ai de vocês, homens cheios de perfídia, que maquinam a perdição dos inocentes, que roubam às viúvas seus espólios, que se aproveitam do comando de que usufruem. Seu castigo será o banimento para locais em que correm rios de lava, a terra treme, o calor os consumirá e animais peçonhentos os picarão, pelo que serão levados à loucura.

"Ai de vocês, homens de pouca fé, que procuram ídolos, que se mancomunam com feiticeiros e feiticeiras, à procura de alívio para suas dores. Somente Deus pode ser o nosso médico. Seu castigo será o de sofrer de doenças incuráveis que os consumirão lentamente."

E assim, de maldição em maldição, a voz de Yochanan ia entrando na mente dos incautos, causando-lhes crescente temor do castigo divino. Para cada tipo de pecado, um castigo severo e assustador.

Após amedrontar sua assistência por alguns minutos, entrava no âmago de sua doutrina:

– Arrependam-se de todos os seus desatinos, de suas fraquezas e de seus pecados. Livrem-se de todo mal que já fizeram, pois Deus irá também julgar a intenção dos homens. Todo aquele que se arrepender e empreender, deste momento em diante, uma vida reta será perdoado por Deus e poderá ingressar no banquete do mundo vindouro.

Nesse instante, ao falar do mundo vindouro – Olam Ha-bá –, Yochanan tomava-se de ares santos e discursava com voz segura e altaneira, arrancando expressões de espanto e admiração dos ouvintes atentos:

– Preparem-se com arrependimento e novas atitudes, pois o esperado Messias está para chegar. Ele virá com seus exércitos e destruirá o invasor, expulsará do trono os fantoches e reinará sobre os justos, expulsando os pecadores, os infames e os idólatras. Ele julgará, do alto de seu trono, todos os homens e mulheres, de todas as idades, e trará, para perto de si, aqueles que se arrependerem, aqueles que mantiverem vida reta, e expulsará de seu reino todos os seus inimigos, os pecadores e os infames.

Yochanan, para fortalecer a convicção do dia do juízo final, o descrevia com palavras candentes:

– Preparem-se para o dia do juízo final, pois, então, nenhum arrependimento tardio será tolerado. Haverá de chover fogo sobre a terra, e o granizo destruirá as casas e todas as construções. As águas invadirão a terra seca e afogarão toda a vida animal e vegetal. A terra tremerá e grandes fendas hão de engolir os homens em opróbrio. Imensas bolas de fogo destruirão cidades e choverá fogo e enxofre e consumirão tudo, como em Sodoma e Gomorra. Mas, assim como Lot e suas filhas foram salvos pelos anjos do Senhor, os justos nada terão a temer, pois serão protegidos pelos mensageiros divinos do Messias e não morrerão. A partir desse dia, não haverá mais doenças e sofrimentos para os homens retos, aqueles que, tementes a Deus, obedeceram à sua santa lei. Não haverá mais morte, e os homens de fé, de comportamento ilibado, de coração reto e de palavra justa terão vida eterna e serão alimentados pelas coortes de anjos do Senhor.

A essa altura da pregação, era muito comum que pessoas mais simples se ajoelhassem para orar a fim de que o Messias chegasse o mais rápido possível. Até ali, o profeta escatológico – que trata do fim dos tempos – e apocalíptico – que fala do fim violento da Terra –, seguia uma linha teológica quase irrepreensível e apenas falara mal de Herodes e dos romanos, de forma rápida, indireta e branda. No entanto, para consolidar suas palavras junto ao populacho, atacava agora, de forma desordenada e furiosa, todos os seus desafetos:

– Ouça-me, povo de Israel, pois o grande dia se aproxima. O Messias não só expulsará os romanos, como também destruirá o templo de Ierushalaim com sua corja de víboras. Derrubará o fantoche Herodes e sua esposa pecaminosa, que conspurcam nosso trono. O Messias julgará os membros do Sanhedrin com uma tocha numa das mãos e os óleos santos na outra, pois, os maus, ele os queimará horrivelmente, para que fiquem marcados perante a assembleia, patenteando que foram venais e corruptos. Os bons, ele os ungirá com os óleos santos, para que se tornem ungidos diante dele.

268 | A Saga dos Capelinos

Não satisfeito em falar mal do poder constituído, dava o caminho da sedição:

– Homens de fé, não paguem os dízimos ao templo, não ofereçam sacrifícios de pombas e outros animais ao altar da perdição, pois tudo o que lá for ofertado não será agradável aos olhos de Deus. Não paguem os impostos aos romanos, pois, sem o seu dinheiro, eles irão embora, convictos de estarem num deserto, de onde nada se extrai. Não lutem com armas, pois elas lhes ocasionarão retaliações dos odiosos romanos. Usem o seu dinheiro como espada, pois, se os cofres dos romanos ficarem vazios, eles não virão atrás de nós como abelhas atrás do pólen das flores. Não paguem os impostos. Resistam e eles se cansarão de nos espoliar e partirão, levando suas detestáveis legiões com eles. Sejam firmes em seus propósitos e preparem o caminho para os exércitos do Messias.

Tendo feito seu discurso, ele, então, preparava a mente dos ouvintes para o batismo:

– Eu irei batizá-los com água, que irá retirar todos os pecados que vocês cometeram até este dia. Este batismo de nada vale se não houver tido um sincero arrependimento que os tenha mudado. Doravante, deverão manter vida reta e aguardar pelo grande dia da vitória do Messias, pois ele irá batizá-los com o espírito de sua santidade, retirando de vocês toda a tendência para o mal, transformando-os, com seu fogo e sua espada flamejante, em seres de grande luz e beleza.

Yochanan pregava usando a expressão hebraica rûach qodsô, que significa o espírito de sua santidade. Mais tarde, essa expressão sofreria uma distorção nas traduções para o grego e para outras línguas e passaria a significar "o espírito santo". Yochanan prometia que o Messias instituiria entre eles o espírito de santidade, ou o rûah elahin qaddîsîn, em aramaico, ou seja, o espírito do santo Deus. Essa cerimônia propiciava o recebimento do Rûach Ha-Kodesh, o Santo Espírito, que se manifestava como uma pomba – a sheshiná.

Após dizer isso, os fiéis, profundamente comovidos, aproximavam-se de Yochanan, que descia de sua pedra-púlpito e se dirigia ao remanso para o ato do batismo. O mergulho na água fria do rio era um choque físico e espiritual propício ao renascimento espiritual. Os que sabiam aproveitar-se desse instante, pela renovação de suas atitudes e pela busca da senda espinhosa do Senhor, evitavam futuros problemas.

Yeshua ficara muito bem impressionado com as palavras do primo. Ele exortava os homens à mudança interior, para preparar o terreno a fim de que uma mensagem mais espiritualizada fosse introduzida em seus áridos corações. Ficara apreensivo com certas observações de Yochanan, especialmente aquelas em que mencionava a destruição do templo, a derrota e a expulsão dos romanos e o não pagamento dos impostos ao templo e aos romanos. Eram palavras de sedição, que podiam ocasionar sérias represálias. Ele, que conhecia intimamente o poder, pois convivera com reis, sabia da baixa tolerância dos monarcas para com aqueles que lhes opunham o mando. Normalmente, a prisão e a morte eram corolários da insídia.

Yeshua acompanhou as conversas entre os discípulos para descobrir se eles consideravam Yochanan o Messias. A maioria das pessoas de seu séquito acreditava firmemente que Yochanan era o eleito. Muitos mencionavam que sua descendência materna vinha diretamente do rei David. Yeshua sabia que também tinha a mesma descendência, já que Míriam, sua mãe, e Isabel eram prima-irmãs por intermédio de duas irmãs: Chana e Jéssica, mãe de Isabel. Chana, a avó materna de Yeshua, era uma prima distante de seu avô paterno Yacob. Portanto, em algum lugar do passado, eles tiveram um parente em comum. A respeito disso, alguns comentavam que Matan e Matat eram a mesma pessoa, mas Yeshua sabia que não eram. Todavia, Yochanan falava como se não fosse o Messias, mas apenas um arauto de sua vinda, um proclamador do excelso advento e das virtudes do grande enviado de Deus.

Querendo tirar a dúvida que o consumia, Yeshua, aproveitando um momento raro de solidão com o primo em sua tenda, perguntou-lhe:

– Sem dúvida, o Messias restituirá a Israel o lugar que lhe cabe no seio das nações, mas, meu primo, será que você não é o Messias tão esperado?

270 | A Saga dos Capelinos

Yochanan fitou-o com certa tristeza no olhar.

– Vou lhe contar um sonho que mudou completamente minha visão das coisas. É uma confidência, da qual espero que guarde segredo.

– Claro. Pode contar com isso.

Yochanan aproximou-se dele e começou a falar lentamente.

Durante quase três horas, com extrema riqueza de detalhes, Yochanan contou seu sonho a Yeshua, que o ouviu impassível e creu nele não só por causa de sua intuição, mas também por conta de detalhes do alto astral, que só quem já estivera lá poderia conhecer.

Yochanan tocou no ombro de Yeshua e lhe perguntou:

– Você acredita em mim?

– Claro que sim, Yochanan. O que você teve foi uma regressão até uma existência anterior e pôde rememorar tudo com intensidade de detalhes, os quais o preocupam até agora.

– É verdade. Depois de ter visto tudo aquilo, o grande anjo disse-me que minha missão era aplainar os caminhos para a vinda do Messias e combater a idolatria que ainda existe em nossa terra. Disse que eu devia ser forte, pois teria uma morte terrível.

Yochanan relatou-lhe em voz alta, repetindo palavra por palavra, uma passagem de Malachi – Malaquias – que dizia:

"Vou mandar-vos o profeta Eliahu, antes que venha o grande e temível dia do Senhor, e ele converterá o coração dos pais para os filhos, e o coração dos filhos para os pais, de sorte que não ferirei mais de interdito a terra."

Yochanan empertigou-se e disse, sem empáfia:

– Sim. Sou Eliahu renascido.

Yeshua o ouvira com atenção. Yochanan completou:

– Antes de renascer como sou hoje, sofri muito no mundo espiritual. Os profetas de Baal reclamaram a violência que eu havia cometido contra eles. Eu me arrependo de ter sido tão brutal. Devia tê-los expulsado do país, após tê-los desmoralizado no monte Carmelo. Bem ou mal, eles estavam professando sua fé, e toda crença religiosa que faça com que nos aprimoremos como seres humanos deve ser respeitada.

Jesus, o Divino Discípulo | 271

Yochanan fez uma pequena pausa e depois arrematou:

– Tenho certeza de que não sou o Messias, mas tenho convicção de que sou o arauto que anuncia a vinda dele. Na minha viagem ao mundo dos anjos, pude ver – constatar mesmo – que a sua vinda é iminente. Só não sei quem é. Mas, tão certo como eu e você estamos juntos, ele já está entre nós. Eu não poderia estar anunciando a chegada de alguém num futuro distante. Ele tem que estar entre nós. Creia-me quando falo isso.

Os dois primos continuaram a conversar em segredo sobre a vinda do Messias e de sua missão. Yochanan o via como um príncipe que mobilizaria o povo judeu, expulsaria os romanos, dominaria toda a região, tornar-se-ia importante no mundo e estabeleceria um reino de justiça. Já Yeshua não tinha uma ideia preconcebida do ungido. Ele acreditava na sua vinda como uma lenda, uma ideia, para dar esperança ao povo. Não acreditava que fosse um guerreiro incumbido de destruir as nações do mundo a ferro e fogo, para pôr Israel em seu lugar de honra. Ele achava que a salvação deveria vir do interior do homem, de uma conduta ilibada, de um senso de justiça e, como consequência da mudança interior dos homens, seria instituída uma sociedade permeada de justiça, de igualdade sem discriminação e de um imensurável amor pela vida.

Para Yeshua, o seu poder de cura não era sinal de que ele era o Messias esperado. Ele não se via como um homem especial por causa disso, pois havia vários taumaturgos e homens santos na Judeia, Galileia e outros lugares. Ele mesmo tinha visto como Ajatasatru fazia suas curas, e tivera a oportunidade de ouvir falar em outros homens santos da Galileia e da Judeia, que operavam verdadeiros 'milagres'. Não havia razão especial para que Yeshua acreditasse ser o Messias, pois até mesmo sua humildade proibia que ele se visse como alguém superior aos demais homens de seu tempo. Ele acreditava que o verdadeiro Messias devia ser um líder de homens, não um guerreiro incumbido por Deus de formar uma força armada de soldados judeus, mas, sim, um exército de ho-

272 | A Saga dos Capelinos

mens santos, que preconizaria a adoção de uma nova mentalidade e a construção de uma nova sociedade.

Nos dias seguintes, Yeshua demorou-se ali vendo e ouvindo os discursos de Yochanan. Passou a ficar assustado com as palavras do primo profeta. O povo se regozijava com seu modo escatológico e, principalmente, apocalíptico. Quando Yochanan falava que o Messias estava para vir e que traria grandes modificações para destruir a atual civilização e, sobre suas cinzas, reconstruir um mundo mais justo, equânime e de oportunidades mais igualitárias para todos, o povo vibrava e quase entrava em êxtase. Mas havia sedição em suas palavras. Ele falava contra os romanos, contra os impostos e seus coletores, os quais eram judeus e galileus, como todos os presentes, mas, muitas vezes, aproveitava a ocasião para denegrir os gregos, ofender-lhes a honra, e também falar contra Herodes Antipas e sua mulher, Herodíades, o que incutia na mente do povo perigosa aversão contra o monarca.

Herodíades casara-se com Herodes Felipe, irmão de Herodes Antipas, e tinha uma filha de rara beleza, chamada Salomé. Herodes Antipas havia conquistado o coração de Herodíades, e ela abandonou Herodes Felipe. O marido não gostou disso, mas, como também era rei, preferiu tomar como nova esposa uma de suas concubinas, deixando que sua mulher partisse e fosse viver com seu irmão Herodes Antipas, o qual detestava.

Naqueles tempos, um homem podia repudiar a esposa, mas a mulher cairia em desgraça. Raramente alguém iria se aventurar em casar-se com uma mulher que fora repudiada pelo marido, porquanto era sinal de que ela não prestava para as principais atividades femininas: parir filhos, alimentar o homem e servir de objeto sexual. Herodíades, para poder viver com Herodes Antipas, tivera que ser repudiada por Herodes Felipe. O casamento dos dois era, portanto, uma afronta à lei, e eles viviam, para todos os efeitos legais, em pecado. Yochanan, sabendo de tudo isso e conhecedor de que o povo abominava Herodes Antipas por ser um 'lambe-botas' dos romanos, atacava-o com duras palavras.

JESUS, O DIVINO DISCÍPULO | 273

Yeshua acompanhava essas cenas e sabia que, enquanto seu primo ficasse no terreno das palavras, o risco seria relativamente pequeno. Era possível que Herodes Antipas mandasse um sicário matá-lo na calada da noite, mas, como o monarca era avesso à violência, essa possibilidade era mínima. O rei só desejava manter seu status de títere dos romanos, o que lhe rendia excelentes rendas e lhe permitia viver às largas. Assim, provavelmente, Yochanan não corria real perigo de vida.

• • •

Pôncio Pilatos era o prefeito romano enviado por Sejano, braço-direito do imperador Tibério, que substituíra César Augusto. Ele tinha chegado a Ierushalaim no ano 26 d.C. e começara mal seu governo, pois queria impor a permanência da estátua de Tibério no templo. Houve revoltas controladas à custa de muito sangue, até que Pilatos cedeu aos rogos dos membros do Sanhedrin e retirou a malfadada estátua. Sejano era antissemita declarado e lhe dera ordens de tratar os judeus com rigor e determinação. Os procuradores anteriores haviam sido ou muito frouxos ou deixavam-se corromper. Portanto, Pilatos, um homem de maus bofes, pérfido por natureza e corrupto até o limite máximo, não tinha nada a temer se usasse mão de ferro para sufocar qualquer revolta judia.

Para o império, revoltas custavam caro, pois, durante uma revolução, não se recolhiam impostos, em razão do tumulto gerado e porque o deslocamento de legiões onerava o Erário público. A movimentação de tropas era dispendiosa; os poderes constituídos se viam obrigados a despender dinheiro dos cofres públicos para alimentar seus homens e pagar pensão vitalícia a viúvas e a inválidos. Além disso, com o inevitável morticínio daí resultante, aniquilavam-se os homens produtivos de uma dada região, o que diminuía ainda mais seus rendimentos e, por isso, os impostos. A paz deveria ser mantida, portanto, mesmo que fosse à custa de

274 | A Saga dos Capelinos

mortes por traição, de prisões indevidas e de certa tolerância para com os costumes dos povos subjugados.

Caifás tornara-se sumo sacerdote no mesmo ano em que Pilatos havia chegado a Ierushalaim, em substituição de Valério Crato. Os espiões do templo e dos romanos, infiltrados entre os discípulos de Yochanan, passaram a fornecer relatórios tanto a Caifás como a Pilatos. Caifás foi chamado por Pilatos, certa tarde, na qual confabularam longamente sobre o perigo potencial que ele representava. Concluíram, de comum acordo, que era um inimigo que deveria ser silenciado, mas discordaram quanto ao método de fazer isso. Pilatos era favorável a uma prisão pública, a um julgamento sumário e à crucificação. Para ele, não havia método mais dissuasivo do que aquele em que os partidários de algum líder o viam sofrer durante algumas horas, quiçá alguns dias, numa cruz. Esse tipo de morte era tão terrível, que extinguia qualquer vontade de reagir.

Já Caifás era partidário de uma ação rápida que não deixasse traços, com o envio de um sicário para assassinar o batista, de preferência por envenenamento. Caifás tinha receio de que, como Yochanan era considerado um homem santo, sua prisão e morte pudessem ser atribuídas ao templo e aos romanos, gerando uma possível revolta popular. Se por um lado Pilatos concordava com os argumentos de Caifás, achando que era prático eliminar-se o perigo de forma conspícua, ele, por seu lado, queria uma demonstração de força para mostrar a Sejano que ele era o homem certo para a função. Suas primeiras atuações haviam deixado a desejar, e Sejano já o repreendera. Mas havia um pequeno inconveniente: o batista estava fora da alçada dos dois. Ele havia feito seu acampamento em terras galileias que estavam sob a jurisdição de Herodes Antipas. Deviam, portanto, convencer Herodes Antipas a mandar prendê-lo e matá-lo o mais rápido possível.

Herodes Antipas adorava viver parte de seu tempo na corte imperial em Roma. Quando estava em terras galileias, ficava em Cesareia e só ia a Ierushalaim para as festividades do Pessach. Como faltavam ainda quatro meses para esta festa religiosa do ano 27

JESUS, O DIVINO DISCÍPULO | 275

d.C., seria conveniente aguardarem a sua vinda à cidade santa. Não seria nada bom que Pilatos fosse pressionar Herodes Antipas em seu palácio, pois ele poderia queixar-se ao governador da Síria. O oficial que comandava toda aquela área repreenderia Pilatos por imiscuir-se em assuntos que não lhe diziam respeito, já que ele não podia intervir nos assuntos da Galileia. Por outro lado, Caifás não queria mandar um sicário judeu, pois não confiava na discrição do eventual assassino. Seria mais prudente aguardarem a vinda de Herodes e, assim, convencê-lo a eliminar a perigosa figura do batista.

• • •

Todos os dias, chegavam inúmeras caravanas de pessoas vindas das redondezas para ver o batista do Jordão e ouvir sua reiterada arenga, antes de mergulhar as pessoas nas águas turvas do rio para batizá-las. Dizia que, embora o fizesse com água, viria o dia em que o Messias haveria de batizá-los com fogo. Nesses grupos, que variavam muito de tamanho, havia pessoas com todo tipo de doença. Numa dessas levas de peregrinos, estavam também, provenientes de Cafarnaum, Shymon e André, pois eles não ficavam o tempo todo com o batista, já que tinham que cuidar de seus próprios afazeres.

Yeshua estava naquele lugar havia menos de quatro dias e não fizera nada mais do que andar, falar com um e com outro, ajudar alguns doentes a chegarem mais perto para receber o batismo e ouvir a alocução do primo.

Shymon era um homem forte, quase tão alto quanto Yeshua, e tinha as mãos calosas de tanto puxar redes, já que era pescador de um dos mais piscosos lagos do mundo, o lago de Genesaré, também chamado de lago de Tiberíades ou Mar da Galileia. Eles estavam trazendo um rapaz da aldeia de Cafarnaum, que apresentava estranho comportamento. Era o que, vulgarmente, se chamava de pessoa endemoninhada.

276 | A Saga dos Capelinos

Algumas vezes, ele ficava quieto e em estado de estupor; em outras era possuído de uma fúria destruidora, ocasiões em que se jogava no chão, urrava como um animal enlouquecido, babava de forma nojenta, vomitava jatos à distância de um metro, urinava-se e defecava, sem nenhum controle. Tornava-se tão forte quanto um touro, e era preciso mais de cinco homens determinados para dominá-lo, mas, mesmo assim, à custa de muito esforço e pauladas. Começara a ter esses ataques cerca de dois anos antes e, dali em diante, tornara-se perigoso, pois atacara uma moça e quase a matara de tantas pancadas e mordidas que lhe dera. Além disso, tentara matar-se mais de uma vez, ou lançando-se de altos rochedos, ou procurando afogar-se no Mar da Galileia, ou usando instrumentos pontiagudos contra si mesmo. Não devia ter mais de vinte e quatro anos e, desde que enlouquecera, não falava nada ou, pelo menos, frases que apresentassem um mínimo de nexo.

Viera de Cafarnaum amarrado e, naquele instante, estava quieto, como se estivesse dormindo. Yeshua passeava entre os recém--chegados e avistou Shymon. Assim, aproximou-se do primo por afinidade a fim de cumprimentá-lo. Estivera procurando confortar algum velho, ajudar algumas senhoras e orientar as pessoas que queriam ver o batista. No momento em que se aproximou de Shymon e de André, Yeshua viu o jovem manietado. Focalizou sua atenção espiritual e viu que estava literalmente possuído por um espírito atormentado, que mostrava ter sido um homem em outra existência. Tinha uma carantonha caliginosa e odienta.

Yeshua aproximou-se dele e, mentalmente, despertou tanto o espírito obsessor como o próprio jovem, já que os dois viviam imersos um no outro, em perfeita sintonia. O obsessor começou a debater-se enquanto Yeshua alçava uma prece aos céus. Ao mesmo tempo em que fazia isso, falou com voz grave, abaritonada:

– Saia deste corpo. Ele não lhe pertence.

E, com esse comando, emitiu um jato de luz que envolveu o obsessor e obrigou-o a sair do corpo, pois a sensação que ele tinha era de que a luz, além de cegá-lo, o estava queimando. Por sua vez, entregue a estrebuchos violentos para desincorporar-se do obsessor, o jovem foi arremessado de um lado para outro, como se fosse uma folha ao vento. Yeshua, assim que viu o obsessor fora do corpo do jovem, detido por guardiões espirituais para ser levado dali, emitiu do próprio peito, às catadupas, raios safirinos de amor, os quais envolveram o jovem possuído.

Shymon, André e mais três homens rodeavam o rapaz, cautelosos pela possibilidade de, a qualquer momento, lançar-se sobre o corpo de Yeshua. No entanto, com aqueles eflúvios regeneradores lançados sobre a mente do rapaz, ele voltou a ter ligeira consciência de seu estado. Yeshua aproximou-se do rapaz, que estava imundo, e começou a retirar as cordas que o amarravam.

Shymon adiantou-se e disse:

– Tenha cuidado, Yeshua, pois ele é muito violento.

Yeshua fitou-o com um olhar doce e tranquilo e redarguiu:

– Não se preocupe, Shymon. O jovem está livre agora. Ajude-me a levá-lo até o rio e lavá-lo.

Shymon jamais vira tanta autoridade, calma e segurança. Yeshua falara de uma forma tão objetiva que não havia o que discutir. Shymon e seu irmão ajudaram Yeshua a desamarrar o rapaz e levá-lo até o rio. Ele estava coberto com um trapo, que mal escondia suas partes pudendas. Estava sujo de urina, com fezes secas grudadas no corpo e vômito espalhado pelo peito. Fedia de forma que Yeshua jamais houvera visto. Enquanto os outros se afastavam, horrorizados, abrindo rapidamente passagem para o trapo humano, André e Shymon foram os únicos a ajudá-lo a carregar o infeliz até o Jordão. Yeshua comoveu-se com a atitude deles e passou a tê-los em melhor conta, já que ninguém, exceto eles, se prontificou a ajudá-lo.

Ele retirou a roupa do infeliz, ou o que restava dela, e mergulhou o rapaz na água. Com as mãos nuas, começou a esfregar a cabeça, o pescoço e o peito do rapaz. Logo apareceu uma esponja velha, que, na mão de Shymon, passou a ter grande utilidade. À medida que os três homens lavavam o infeliz, ele recuperava sua memória.

278 | A Saga dos Capelinos

Após algum tempo, baixinho, começou a chorar. Havia mágoa e vergonha naquele choro. Depois, o rapaz, mais recuperado em sua integridade, começou a esfregar-se e a chorar num tom plangente e emocionado. Durante mais de dez minutos, os três homens banharam o rapaz, até que ficasse limpo das excrescências. Ao retirá-lo das águas, uma alma bondosa arrumou uma velha túnica, que quase o engoliu de tão grande que era e de tão magro que estava.

Levaram-no para o lugar onde ele estava e Yeshua pôde notar que os olhos de Shymon e André estavam rasos de água. O choro do rapaz havia comovido muita gente e também os dois irmãos. Yeshua exprimiu-se lentamente, para que o jovem pudesse entendê-lo:

– Você terá que se consagrar a uma vida limpa e procurar não pecar mais, pelo soerguimento de sua mente a Adonai e pela obediência de suas leis em toda plenitude. Ore e vigie sua mente para evitar que ela atraía os dibuks.

Shymon não pôde evitar de perguntar-lhe, de chofre, já que era um homem bom, mas simples:

– Diga-me, Yeshua, como livrou Yacob do seu mal?

– Como se operam todos os males, meu bom Shymon?

Shymon o ignorava e meneou a cabeça negativamente para indicar isso. Yeshua respondeu-lhe:

– O mal opera pela ausência de amor. Basta que haja amor e todos os males desapareçem. Deus é amor, e é Ele quem cura.

Os que estavam presentes ficaram maravilhados. Que maior verdade do que a que aquele homem dissera! Se houvesse amor, as coisas seriam mais facilmente conduzidas.

Nesse instante, chegou um outro rapaz conduzindo uma senhora, que, ao ver o jovem endemoninhado em perfeita saúde, gritou de alegria e arrojou-se em seus braços. O rapaz, que acompanhava a senhora, abraçou-o também, e depois de rápida explicação dada por André, a senhora, mãe dos dois, ajoelhou-se aos pés de Yeshua e com a voz embargada de emoção, sussurrou-lhe:

– Bendita é a mulher que o pôs no mundo! Que seus dias sejam infindos e suas alegrias imorredouras!

JESUS, O DIVINO DISCÍPULO | 279

Yeshua, que já estava acostumado com essas explosões de alegria dos parentes de seus doentes, levantou-a pelos ombros e, sem nada dizer, sorriu-lhe em agradecimentos pelas bênçãos proferidas e beijou-lhe a mão em sinal de respeito. Então, chegou Tauma e apresentou a senhora a Yeshua.

– Irmão, esta é Salomé, nossa tia, irmã de nossa mãe.

Os dois se olharam com surpresa e se abraçaram. Assim, soube que o endemoninhado era seu primo Yacob e que o rapaz que acompanhava sua tia Salomé era Yochanan, o irmão mais novo de Yacob ben Zebedeu, senhor de Cafarnaum.

Quem era aquele santo homem, que mandava nos demônios, curava as pessoas e, sem alarde, punha no amor de Deus a resposta de tudo aquilo? Logo descobriram que Yeshua era primo de Yochanan e, antes que o dia terminasse, já corriam histórias fenomenais a seu respeito.

Shymon e André foram batizados por Yochanan e, depois do inusitado fato, foram procurar o profeta para contar-lhe o ocorrido. Yochanan, que ouvira a história com atenção, ficou intrigado e mandou chamar seu primo para uma conversa.

Yeshua atendeu ao chamado, e confabularam longamente naquela gostosa noite de verão. Yochanan pediu-lhe que contasse, com riqueza de detalhes, todas as suas viagens, e quis uma explicação de como ele operava os milagres. Yeshua contou-lhe os fatos procurando minimizar a sua atuação e sempre dizendo que ele se concentrava naquilo que queria fazer e as coisas aconteciam naturalmente. Yochanan, no final de mais de duas horas de longa prosa, convenceu-se de que o primo era um excepcional taumaturgo, que devia ser incentivado a curar as pessoas que procuravam lenitivo. Yeshua aceitou o alvitre, desde que não se fizesse alarde nem proselitismo com base em suas ações, pois, além de não querer roubar a cena ao primo, também não desejava que incidentes desagradáveis viessem a ocorrer, como os que ocorreram na cidade dos leprosos, perto de Pataliputra.

Nos oito meses que se seguiram, Yeshua ajudou a fazer uma espécie de triagem das pessoas que chegavam, para que as doentes

280 | A Saga dos Capelinos

recebessem o devido lenitivo. Seu nome começou a ganhar fama, mas sempre associado a Yochanan. Diziam que o batista era rodeado de grandes discípulos curadores e isso atraía pessoas de longe. Yeshua, de sua parte, conseguira manter-se como trabalhador quase anônimo.

Estabelecera uma equipe, pequena, mas muito eficiente, de triagem e imposição de mãos. Com isso, passava quase despercebido. Quando o grupo, composto de dez a doze pessoas, liderados por Yeshua, impunha as mãos aos presentes, ele era apenas mais um e, por isso, o bom resultado dos trabalhos era atribuído ao grupo, e nunca a ele somente. Na realidade, era o nome de Yochanan que se destacava cada vez mais, mas Yeshua estava venturoso; acreditava que estava ajudando as pessoas a serem mais felizes. Quase todo dia, havia curas de pessoas endemoninhadas, de aleijões de causa psicossomática, de cegos por desordens emocionais e de doenças de peles geradas por neuroses. Outros não sentiam nenhuma melhora; tudo dependia também do estado anímico deles.

Yeshua era observado de perto por Yochanan, que, cada dia que passava, ficava mais intrigado com ele. Observara como ele tratava os doentes e vira que, quando Yeshua não estava presente às imposições de mãos, nada acontecia. Não lhe foi preciso muito para perceber que as curas se efetuavam graças ao poder de Yeshua. Com isso, sua admiração por ele cresceu.

Yeshua havia ficado muito tempo distante de casa. Assim, Tauma insistia em que fosse para casa por alguns dias. Yacob e Tadde, que haviam sido observados por Yeshua, haviam demonstrado, no decorrer dos trabalhos, que eram bons intermediários entre os 'anjos' e os homens. Sem que pressentissem, os espíritos aproximavam-se deles enquanto impunham as mãos aos doentes e, com muito cuidado, manipulavam suas energias para cooperar na cura. Muitas vezes, Tauma e Tadde, os mais dotados após Yeshua, sentiam uma certa tonteira, uma taquicardia leve e um suor gelado nas mãos e, plenos de intuição, descobriam as histórias que haviam disparado os mecanismos das doenças dos necessitados.

Embora isso lhes sobreviesse dessa forma, isso era, na realidade, uma forma de comunicação entre eles e os espíritos-guias que os ajudavam. Eles comentavam isso em particular com Yeshua, que confirmava a suposição e lhes explicava de que forma deviam ser tratados e por que a mente era tão poderosa a ponto de gerar a própria doença nos seres humanos. Embora gerasse doença, acrescentou Yeshua, também gerava saúde, e esse era o ponto principal em sua ainda incipiente doutrina: provocar uma modificação de atitude, de mentalidade, de raciocínio, para gerar saúde, bem-estar e felicidade nos homens, pois, assim, afastava os demônios e protegia os renascidos, pela fé, de futuros males. Era um batismo pelo fogo do arrependimento, o que dava origem a um espírito de santidade. Era a mescla dos dois messias, o lévitico e o davídico.

Yeshua aproveitou o período em que os camponeses não podiam ausentar-se dos campos para voltar para Nazareth. Passou por Caná, embora isso fosse grande desvio de rota. Mas Yeshua e Tauma queriam rever o tio Cleophas antes de seguirem para casa. Assim, eles poderiam viajar em pequeno grupo, o que os protegeria de assaltantes, pela ajuda mútua que o grupo lhes proporcionaria. Depois de falar com Yochanan, partiram com a promessa de voltar em breve.

No caminho, passaram por várias pequenas aldeias. Yeshua teve a ideia de aproveitar as rápidas estadas nessas localidades para, além de poder obter refrigério e alimento, proferir pequenas palestras e, quem sabe, batizar aqueles que desejassem. Apresentaram-se como discípulos do homem santo do Jordão e foram, na maioria das vezes, muito bem recebidos. Yeshua fez uma preleção parecida, de certa forma, com a de seu mentor e primo Yochanan, mas foi mais brando nas descrições dos últimos dias e pôs mais ênfase na necessidade de mudança de atitude e de renovação. Assim, não repetiu as palavras de sedição do batista, já que era mais cauteloso e prudente. O ponto mais notável, abordado por ele nas pregações, foi o do batismo como um ato de contrição, de arrependimento e de renovação, bem como um pacto pessoal e intransfe-

282 | A SAGA DOS CAPELINOS

rível que o batizado deveria fazer consigo mesmo e com Deus, para não mais pecar, levar uma vida reta e tornar-se o veículo apropriado à manifestação da santidade do espírito de Deus.

Sua viagem acabou sendo estendida e sua estada em Nazareth tornou-se curta. Era tempo de Pessach, e ele queria ir à sua amada Ierushalaim, para orar no templo. Não tinha aversão pelo local nem pelos sacerdotes que professavam sua fé, pois considerava-se um bom judeu e, como tal, não tinha pejo em expressar toda a sua fé. Aproveitou o período e, com a chegada de Yacob e Tadde, partiram junto com Tauma para Ierushalaim. No caminho, Yeshua continuou sua pregação, na qual se apresentou como discípulo de Yochanan, o batista, e aproveitou para batizar todos que quisessem participar dessa renovação, para o que se valeu de riachos, rios, fontes ou simplesmente água de poços. O local não lhe era importante nem dava Yeshua importância à roupa. Não era rigoroso quanto à forma, mas ressaltava a importância do conteúdo.

Ficaram em Ierushalaim, na casa de Yozheph de Arimateia, por imposição deste, e passaram a festa sob os preceitos da lei. Comeram o matsa – pão ázimo – e o maror – ervas amargas –, mergulhadas em charosset – pasta feita de frutas e nozes amassadas e misturadas, adoçada com vinho ou tâmaras. A festa, que durava sete dias e passou a oito depois da diáspora, terminou com a récita do halel. De Ierushalaim, eles foram para Enon, à procura do batista, que fizera a sua própria versão do Pessach, pois havia rompido de todo com o templo.

CAPÍTULO 10

Pilatos aproveitou a ida de Herodes Antipas a Ierushalaim para falar de Yochanan. Caifás o havia lembrado de suas conversas anteriores e do perigo que o batista representava, e não perdeu a oportunidade de conversar longamente com o tetrarca da Galileia. Rodeou o assunto principal com conversas demoradas sobre pessoas que ambos conheciam na corte imperial, riu-se e fez pilhérias de fatos e gente.

Após tomarem excelente vinho fenício, Pilatos, depois de positivar a boa disposição do tetrarca, entrou no assunto de forma matreira.

— Há um assunto que me tem tirado o sono, meu nobre Herodes.

Herodes, tão sacripanta quanto ele, resolveu fazer o jogo de gato e rato com Pilatos.

— Mas, meu bom deus, o que será que pode ter tirado seu sono, caro Pilatos? Será que os impostos não têm sido pagos? Ou as suas dívidas no jogo montam a valores impagáveis?

Pilatos riu da pilhéria de Herodes, pois sua fama de perdulário e de jogador inveterado não era desconhecida de ninguém. Todavia, ele não costumava perder no jogo. Ao contrário, sua sorte era imbatível. Respondeu com uma gostosa gargalhada e deu uma boa talagada no vinho, o que lhe permitiu pensar bem na resposta.

284 | A Saga dos Capelinos

– Oh, não! Pode acreditar quando lhe digo que os dados têm me favorecido de sobejo. O que me rói de preocupação é um complô miserável que está sendo articulado por homens que estão à minha porta, mas na casa do vizinho, impedindo-me ação mais aberta.

– E que complô é esse? Quem é esse seu vizinho que dorme e não vê o que acontece em seu quintal?

– Eu não diria que ele dorme, pois é um homem sagaz, cujos espiões tudo sabem e tudo veem. Prefiro dizer que se trata de um assunto a que ele possa não ter dado a devida importância, pelo fato de ter coisas mais interessantes para administrar.

Pilatos dissera essa frase fazendo com as duas mãos os contornos de uma mulher. Era sabido que Herodes Antipas desejava possuir Salomé, sua bela e adolescente enteada e sobrinha. O chiste sensualista de Pilatos foi mal recebido por Herodes, que fechou o cenho e falou-lhe em tom sério e circunspecto:

– Vamos ser diretos e objetivos, prefeito. O Pessach começa amanhã e ainda tenho que me preparar para o seder. Diga logo ao que veio, e decidamos quem vive e quem há de morrer.

O tom de Herodes Antipas demonstrava que entendera toda a situação e que era hora de porem as cartas na mesa e decidirem o destino de alguém.

– Gosto de sua franqueza, Majestade. Sim, sejamos frios neste assunto. Fui informado de que um tal de Yochanan, o batista, está jogando o povo contra você e o império romano. Ele, além de falar mal de você, o que não seria problema, pois todo governante é motivo de chacotas do populacho, incita o povaréu a não pagar impostos e a destroná-lo.

Herodes Antipas estampou no semblante um ar *blasé* e, quase bocejando, perguntou:

– O que você quer que eu faça? Conheço as artimanhas daquele profeta do deserto, um homem meio louco, que se diz arauto do Messias. Mas tocar nele é perigoso, pois o povo o vê como um santo, uma voz que clama no deserto. O que você gostaria que eu fizesse?

JESUS, O DIVINO DISCÍPULO | 285

– Dê-me permissão e mandarei uma centúria para prendê-lo e a todos os seus asseclas. Deste modo, com sua autorização, poderei trazê-lo para Ierushalaim e mandar crucificá-lo perante a multidão.

Herodes ficou aturdido. Nunca lhe ocorrera mandar prender um homem que o povo tinha como santo. Contudo, a raposa Pilatos tinha razão; de fato, aquele homem incitava o povo à revolta. Esse assunto de não pagar impostos era absolutamente intolerável. Ele tinha que repassar grande parte do montante arrecadado para o governador da Síria, um homem intratável, que contava tostões e sempre aumentava as cotas anuais de recolhimento. Se deixasse de pagar, correria o risco de ser deposto por Tibério, outro homem de gênio irascível. Apesar disso, não deixaria que Pilatos efetuasse a prisão, pois aquele capacho de Sejano iria vangloriar-se, perante seu chefe, de que tivera que tomar providências nas terras galileias, por inépcia de Herodes Antipas. Não, ele mesmo agiria e o faria com seus próprios meios, usando sua própria guarda, sem lançar mão dos legionários romanos.

– Não se amofine por tão pouco. Não vale a pena mobilizar tantos homens para pegar um comedor de mel silvestre e gafanhotos. Eu mesmo hei de aprisioná-lo e lhe aplicarei um castigo exemplar.

Pilatos, em parte, conseguira o que queria, mas sua sede de sangue trouxe-lhe palavras amargas à boca:

– Ótimo! Sabia que poderia contar com sua sábia decisão, meu caro Herodes. Contudo, creio que o castigo exemplar a esse alucinado deve ser a crucificação. Qualquer outro castigo seria temerário. Temos que assustar os seus seguidores e mostrar, de uma vez por todas, que ninguém pode rebelar-se impunemente contra o poder de Roma.

Essa última frase fora dita com sentido duplo. Servia tanto para a plebe ignara, como para os monarcas que Roma punha no poder, como o fora Herodes Antipas. O tetrarca, entretanto, não se emocionou com a velada ameaça e riu-se, fazendo um brinde com sua taça cheia de vinho.

– Naturalmente, meu caro Pilatos. Darei ordens para que prendam esse idiota, e não falaremos mais disto.

286 | A SAGA DOS CAPELINOS

Continuaram proseando sobre vários assuntos sem importância, e, cada vez que Pôncio Pilatos tentava voltar à crucificação de Yochanan, Herodes Antipas desconversava, deixando a morte do batista para ser resolvida no momento azado. No entanto, ele estava decidido a prender Yochanan. Depois, ele pensaria no que fazer, dependendo da reação da população. Herodes Antipas ainda não se esquecera da revolução liderada por Yehudá, o Gaulonita, e do fato de que tivera que fugir, humilhado, com o rabo entre as pernas, de Séforis. Não queria depender de novo das tropas imperiais, que trucidaram vinte mil homens e crucificaram, num só dia, mais de dois mil galileus. Jogaria de forma segura, pois não queria uma nova revolução à sua porta.

• • •

Yeshua chegou ao acampamento de Yochanan e foi logo cumprimentá-lo. Eles se beijaram nas faces, e Yeshua contou-lhe o que havia feito. Participou-lhe que tomara a iniciativa de batizar várias centenas de pessoas nos lugares por que passara. Falou também que divulgara a doutrina do primo, o que deixou o batista agradavelmente surpreso. Não imaginava que seria tão bem recebido por tanta gente. Yeshua sugeriu-lhe que montassem grupos de discípulos para percorrer todos os lugares da Judeia, Galileia e demais regiões, divulgar a doutrina e realizar batismos em nome de Yochanan. O primo, entretanto, não gostou da ideia, pois achava que isso vulgarizaria demais um ato que devia ser restrito àqueles que os procurassem. Amavelmente, afiançou que ele, Yeshua, poderia fazer batismos, pois observara que ele também era um homem santificado por atos e palavras, e muito poucos se comparavam com ele.

Tadde, em seu ardor juvenil e sua inata bondade, espalhou rapidamente no acampamento os sucessos que Yeshua havia obtido em batizar pessoas e estimulá-las a arrepender-se. A notícia desse feito não poderia ter caído de forma pior nos demais discípulos de Yochanan. Pelos batismos que realizara indevidamente, pelo uso leviano de um sacramento instituído por um homem santo, segundo eles, acharam que Yeshua se havia excedido e se tinha tornado arrogante.

O burburinho logo correu o acampamento e um grupo de discípulos, enciumado com o sucesso de Yeshua, foi ter com Yochanan e exigiu que ele repreendesse o primo e o proibisse de continuar com aquilo. Yochanan os recebeu com paciência, mas safou-se com uma frase com a qual, ele mesmo, o batista, se surpreendeu, sem saber que fora intuído por um belo espírito:

– Ninguém pode atribuir a si mesmo senão o que lhe foi dado do céu. Vocês são testemunhas de que eu disse que não sou o Messias, mas apenas o seu arauto. Aquele que tem a esposa é o esposo. O amigo do esposo se alegra sobremaneira com sua presença. Nisso consiste minha alegria, pois importa que ele cresça e se destaque, tornando-se independente e senhor de seus atos, já que a minha missão está finda. Meu tempo está determinado e nada mais tenho para falar. Ele, no entanto, tem ainda tudo para lhes dizer, mostrando com seu conhecimento e seu amor, um caminho de salvação para os homens.

Os homens ficaram mudos de espanto e saíram da tenda, deixando o batista em reflexões sobre suas próprias palavras. Yeshua foi ao encontro do primo quando soube do fato, pelo que se mortificou e disse que não era de sua vontade superá-lo. Transmitiu-lhe também que fizera as exortações e os batizados por amor ao primo e à sua doutrina, a qual achava magnífica para o despertar dos espíritos adormecidos. Achava que eles deviam dar uma demonstração inequívoca a todos os demais discípulos pelo batismo de Yeshua nas águas do Jordão, o que reafirmaria que ele se submetia a todos os desígnios do batista, pois que lhe era fiel discípulo. Yochanan aquiesceu um pouco relutante à sugestão de Yeshua, pois achava desnecessário dar testemunho de seus atos a quem quer fosse, mas, vendo a sinceridade do primo, marcou o batizado para uma data próxima e mandou que divulgassem o fato.

288 | A SAGA DOS CAPELINOS

Com seus modos polidos, cordiais e amigáveis, Yeshua era querido por todos, já que também não era dado a arroubos de santidade nem a ataques de santa fúria, como o primo. Havia, contudo, um grupo de discípulos que não o aceitava bem, pois achava que suas curas eram motivo de escândalo e via nisso atos de feitiçaria. Mas a grande maioria via nele um homem de valor inegável e o aceitava sem reservas. Muitos viram, portanto, em seu batizado, mais um motivo de admiração, porquanto se submetia ao exemplo do grupo. Por isso, o batizado do grande taumaturgo revestiu-se de excepcionalidade.

Naquele dia especial, o céu estava claro e nenhuma nuvem empanava o brilho do sol. O batismo havia sido marcado para a hora terceira – nove horas da manhã – e uma multidão de mais de oitocentas pessoas estava presente ao grande evento.

Yeshua vestiu uma túnica limpa, alva, feita especialmente para a ocasião pelas mãos de uma donzela, conforme mandava o preceito essênio, e dirigiu-se para as águas do Jordão. Yochanan estava enfiado até os joelhos. A água límpida do pequeno recuo do rio era um local adequado. Como existiam pequenas falésias em torno e a vegetação ribeirinha era rala, a multidão em volta tinha uma visão excepcional. Tudo estava posto para um espetáculo de qualidade superior.

Yochanan, ao ver Yeshua chegando-se à fila de pessoas à espera do batismo, percebeu que uma auréola de luz o circundava. Muitas pessoas lhe haviam dito que seu primo brilhava quando fazia aquelas curas 'milagrosas', mas ele nunca o vira em tal estado. No entanto, naquele dia, Yeshua parecia estar iluminado de uma fosforescência toda própria.

Yeshua ajoelhou-se dentro da água e sorriu para o primo. Yochanan pegou sua cuia, enfiou-a na água do rio, retirou-a e verteu o líquido sobre a cabeça de Yeshua. Quando a água fria tocou na fronte do primo, Yochanan teve a única e maior visão de sua vida.

Yeshua também teve uma extraordinária visão e não pôde deixar de ficar admirado. Algumas pessoas presentes tiveram demonstra-

JESUS, O DIVINO DISCÍPULO | 289

ções parciais do poder espiritual que ali se manifestou, mas cada uma teve impressões diferentes; alguns ouviram um trovão em dia de céu límpido; outros viram um segundo sol tão brilhante quanto o primeiro surgir numa posição oposta à do astro-rei; e alguns ouviram uma voz indefinida, um som que não souberam precisar, numa língua estranha e indecifrável. Somente Yochanan e Yeshua puderam ver, com total nitidez, todo o processo espiritual que se manifestou para eles.

O céu azul rasgou-se, subitamente, numa extensão de vários quilômetros e exibiu-lhes, inicialmente, um dourado parecido com ouro embaçado. Do meio daquela intensa luminosidade, num movimento gradual, mas rápido, junto com um som parecido com um fortíssimo acorde de milhares de instrumentos musicais e vozes de um coro celeste, foi-se desenhando um ponto branco, que começou a crescer. Em poucos segundos, o ponto ganhou definição perfeita. Então, surgiu ali um trono enorme, completamente dourado, cravejado de pedras preciosas perfazendo cariciosos desenhos e arabescos. Era um trono de espaldar alto, com filigranas de prata, que repousava majestosamente sobre uma escadaria larga, de mármore branco e translúcido. Na vidência de Yochanan e Yeshua, a imensa escadaria ocupava grande parte do céu. Atrás dos degraus e do trono, havia um segundo céu, ainda mais azul, que destacava o sólio. Nas escadarias, estavam postadas dezenas de seres, que flutuavam lentamente sobre os patamares. Cada um desses personagens tinha vida própria; não eram figuras imóveis. Envergavam roupagem diferenciada, estilos e modos que açambarcavam não só todos os tipos terrestres, como também outras formas de existência universais. No formidável trono, estava sentado um ser, o qual ambos puderam divisar com certa nitidez. Era um homem de enorme envergadura, situado no centro da imagem, e que media provavelmente mais de um quilômetro. Era, portanto, uma visão gigantesca e luminosa que ambos viam com clareza.

O personagem que estava naquela visão tinha longos cabelos castanhos, levemente dourados, que roçavam delicadamente seus

290 | A Saga dos Capelinos

ombros, um rosto viril, levemente anguloso, de traços bem delineados, com olhos azuis, tez branca levemente rosada, boca de lábios bem traçados, não muito finos. Ele sorria e se podia notar uma fileira de dentes perfeitos e brancos. Sua túnica, impecavelmente alva, tinha um cinto dourado, que lhe cingia os quadris. Sobre sua cabeça, repousava uma alta mitra branca com desenhos filigranados de dourado. Suas mãos repousavam sobre os braços do trono e podia-se notar um anel dourado em seu dedo anular. Sua aparência era de juventude eterna e de madureza perene.

Os dois humanos foram tomados de viva emoção perante aquela visão. Yochanan acreditou tratar-se do próprio Deus. Ouviu perfeitamente a visão dizer-lhe:

– Batize meu bem amado filho, pois ele é meu enviado, o meu eleito. Ele mostrará aos homens um novo caminho e elevará o nome de Deus mais alto do que qualquer outro jamais o fez. Ele será conhecido por trazer uma nova mensagem de amor aos homens. Não se cansará de dizer que todos os homens são filhos de um mesmo Deus de amor e justiça. Doravante, este mundo se transformará de uma terra de expiação num globo de redenção. Ele mostrará aos homens que o caminho para Deus passa pelo amor ilimitado, pelo comportamento correto e pela condução das coisas do mundo com justiça e solidariedade. Ele mostrará o caminho do reino de Deus na Terra, pela justiça, pelo amor fraterno e pela providência divina.

Depois de dizer isso, o ser projetou sobre a cabeça de Yeshua uma grande luz, que o cobriu como se fosse um manto. O corpo espiritual do divino discípulo absorveu-a e passou a brilhar ainda mais. Do topo de sua cabeça, um jorro de luz fortíssimo subiu em direção aos céus e desapareceu a enorme distância, como a ligá-lo indissoluvelmente ao grande ser que lhe aparecera. Neste instante, Yeshua entrou em profundo transe e seu corpo espiritual vibrou em altíssima frequência, e, como se tivesse saído de seu corpo, ligou-se ao âmago daquela visão, sentindo a mais inimaginável das sensações.

JESUS, O DIVINO DISCÍPULO | 291

Yeshua havia recebido o mais alto dos batismos: o do mundo espiritual. Ficara em devekut – êxtase – e sua alma ligou-se ao espírito que lhe aparecera como se houvesse se fundido com ele. Devekut também significa que o extático, em transe, apega-se a Deus em pensamento e torna-se apto a baixar o poder divino sobre o mundo, realizando milagres e feitos magistrais.

Yochanan testemunhara o fenômeno e concluiu que se tratava de uma Shechiná, ou seja, a presença de Deus sobre Yeshua, a qual, muitas vezes, é retratada como uma pomba.

Terminado o breve discurso, a imagem diminuiu rapidamente de tamanho até desaparecer no céu, que voltou a exibir seu azul natural. Tudo acontecera em menos de um minuto, e os que não tinham vidência nada viram, nada ouviram, e só tinham olhos para o batista e o batizado. Eles observaram que os dois estavam em posição extática, mas nada mais normal para uma cerimônia religiosa.

Quando a imagem mental gerada pela vontade poderosa daquele ser superior desapareceu da mente dos dois, Yochanan terminou o batizado com uma bela prece em voz alta e tonitruante e abençoou Yeshua. Yochanan estava tomado da mais viva emoção, que se traduziu por um discurso grandiloquente, no qual também repetiu as palavras que um guia espiritual lhe soprava.

– Ouçam, ó Israel. Neste dia magnífico, eu, Yochanan ben Zechariá, batizo este homem santo. Seu nome é Yeshua – Deus salva –, pois ele é verdadeiramente o Salvador. Unam-se a ele, porquanto conduzirá os exércitos de Israel contra Gog e Magog. Unam-se ao exército do Mashiah; ele destruirá as forças do mal e efetuará a reunião dos exilados com a ajuda do profeta Eliahu. Durante o reinado do Messias, ele, o Príncipe da Paz, fará ressurgir os mortos, e haverá o grandioso dia do Juízo Final para toda a humanidade, em que será revelado o caminho para o jardim do Éden. Os justos juntar-se-ão a ele numa nova ordem mundial – o Olam Ha-bá –, na qual toda a inclinação para o mal será destruída. Eles comerão a carne de Beemot, do Leviatã e do Ziz, e beberão o vinho preservado desde os seis dias da Criação. Durante esse suntuoso banquete,

292 | A Saga dos Capelinos

Moschê cantará, Míriam dançará e Aharon recitará as graças. O Templo construído por Salomon descerá dos céus completamente reconstruído, pronto e completo, com a desaparecida Arca da Aliança em seu interior, e se instalará em seu legítimo lugar, aqui na Terra. Louvem, portanto, o Messias! Ele já está entre nós!

Enquanto Yochanan proferia seu discurso de fogo, Yeshua saía do transe profundo em que havia entrado e retornava ao normal, mas guardaria a sensação maviosa pelo resto de sua existência.

Algumas pessoas que estavam bem perto, como Shymon e André, puderam entender cada palavra de Yochanan, mas outras, mais afastadas, nada entenderam ou escutaram parte e interpretaram o restante.

Foi algo inaudito. O batista não tinha o hábito de fazer discursos após cada batismo. Outros acharam que, como se tratava de um primo, Yochanan estava indicando-o como seu lugar-tenente, numa típica atitude de nepotismo.

Após o batismo, Yochanan refugiou-se em sua tenda e pediu que não fosse incomodado. Agora, que não estava mais sob o efeito da visão, ele estava transtornado. Nunca vira nada parecido. Imaginara que o Messias fosse um homem de força, um guerreiro, alguém que comandaria exércitos e soubesse a arte da guerra. Agora que tivera uma visão tão majestosa de Deus e de seu trono – Kisse Ha-Kavod –, cercado por seres angelicais, tronos, potestades, querubins, serafins, arcanjos e anjos –, podia entregar sua alma a Deus, pois não lhe restava mais nada a realizar. Sua missão estava completa. Depois disso, a terra havia se tornado insípida e a ideia de morrer já não o repugnava.

Yochanan reconhecia que Yeshua não era do tipo guerreiro, mas suas curas milagrosas tinham que ser obra de Deus. Sua afabilidade, seu fraterno amor com todos, suas explicações e pequenos discursos, sempre na hora oportuna, demonstravam que ele tinha um estofo superior.

Yeshua, por sua vez, também estava abalado. Será que a sua visão, tão nítida, era um sinal de que ele deveria assumir uma

JESUS, O DIVINO DISCÍPULO | 293

missão diferente da incorporada por seu primo? Deveria deixá-lo e partir. Mas para onde? Onde deveria começar e de que forma?

Tauma, que acompanhara a cerimônia, avizinhou-se dele e passou a acompanhá-lo. Shymon, que estivera perto, também aproximou-se e começou a conversar com Yeshua:

— Perdoe-me por incomodá-lo, Yeshua.

Yeshua virou-se e viu o forte galileu. Yeshua, embora ainda sob o impacto da excelsa visão, respondeu-lhe, com simpatia:

— Não é incômodo nenhum, primo Shymon.

— Estou tomando a liberdade de falar-lhe. Presenciei seu batismo e ouvi sons estranhos nos céus, mas não pude entendê-los bem. De qualquer modo, compreendi que a Shechiná desceu sobre sua fronte, pois eu o vi iluminado como um sol radiante.

Yeshua fitou-o com bondade e encorajou-o a falar. O homenzarrão não se fez de rogado e prosseguiu, com ímpeto.

— Se bem entendi o que o Yochanan disse, você é o Messias. E, se for mesmo, desejo segui-lo, porquanto quero ser o primeiro a cerrar fileiras em seu exército de libertação.

— Calma, meu irmão. Não sou um impetuoso guerreiro nem pretendo formar um exército. Yochanan teve a bondade de me elogiar, mas em parte isso é em razão de seu coração compassivo.

Shymon não se deu por vencido e atalhou-lhe:

— Você é muito modesto e talvez não se conheça o suficiente. Já vim a este acampamento várias vezes e, numa delas, trouxe um primo de Cafarnaum, completamente possuído pela loucura imposta por Satã – o adversário. Presenciei quando você expulsou os demônios que o obsidiavam com uma autoridade que somente pode ser a de um deus, ou então do chefe de todos os demônios. Como nas outras vezes eu o vi curar crianças, velhas, mulheres e homens de todo tipo de doença, só posso concluir que você cura pelo poder de Deus.

— Há muitos homens que curam em Israel e nem todos são o Messias.

— Pois eu lhe digo que nenhum chega aos seus pés. Você é capaz de coisas que, quando eu conto aos meus amigos lá em Ca-

294 | A SAGA DOS CAPELINOS

farnaum, eles riem de mim e dizem que, como sou o maior dos pescadores do local, também sou o maior dos mentirosos.

Yeshua fez troça dele:

– Realmente, os pescadores gostam de exagerar seus feitos.

Shymon riu e lhe redarguiu, quase que de chofre:

– Verdade! Mas me diga, primo Yeshua, se não é verdade que você expulsa demônios, cura leprosos, faz os cegos ver, os coxos andarem, os entrevados se movimentarem? Será que tudo o que meus olhos viram foram simples ilusões?

– Em parte sim, pois nada faço. Apenas sou um instrumento da vontade de Deus.

– Todos somos. Só que há instrumentos melhores e mais bem-afinados, que tocam excelsas melodias, e há outros que são toscos e mal-acabados e só emitem notas dissonantes. Eu sou o mais imperfeito de todos, enquanto você é o mais perfeito. Eu desejo que você me ensine a ser o melhor. Se você o conseguiu, eu e os outros homens também podemos consegui-lo.

Yeshua virou-se para Shymon e lhe disse:

– Bom amigo, pensarei em sua solicitação com todo o carinho.

– Pense o quanto quiser, mas ficarei ao seu lado até receber a resposta.

Yeshua riu-se da sinceridade brusca do primo e lhe disse, com gentileza:

– Não será preciso. Vou retirar-me para meditar sobre tudo o que me aconteceu nestes últimos dias e me encontrarei com vocês em breve.

– Yeshua, estamos de partida para nossa aldeia. Não podemos ficar muito tempo fora, pois temos mulher e filhos para sustentar. Além disso, a pesca nos aguarda.

– Não se preocupe, eu o procurarei.

– Eu o estarei aguardando, irmão Yeshua. Venha nos visitar e conheça nossa pequena aldeia. Mesmo não sendo um lugar importante, posso lhe afiançar que você encontrará acolhida digna de um rei.

JESUS, O DIVINO DISCÍPULO | 295

Logo depois da conversa com Shymon, inúmeras pessoas começaram a procurá-lo e lhe perguntaram coisas quase sempre descabidas e sem nexo. Alguns zelotes, que ouviram dizer que Yochanan o havia nomeado Messias, procuram-no, para que um exército fosse montado. A sede de sangue dos zelotes era tão grande que irritou Yeshua, que lhes respondeu, com ar sério e voz grave:

– Creio que vocês estão me tomando por outra pessoa. Não sou um sanguinário guerreiro nem pretendo montar um exército. Só desejo a paz e a harmonia entre as pessoas. Procurem mudar suas atitudes perante a vida; aquele que vive pela espada a encontrará mais cedo ou mais tarde, desembainhada contra si próprio.

Helcias ben Chizkiá, o chefe de uma das mais aguerridas facções de zelotes, fitou-o com profundo desdém, cuspiu no chão e chamou-o de chazir – porco –, o maior de todos os insultos que um judeu poderia receber. Yeshua olhou-o com um triste sorriso nos lábios, meneou a cabeça em desaprovação, virou-se e foi embora. O outro zelote, Josafá de Betsur, falou com seu amigo, Matias Bar Rabbas:

– Ele não é o Messias. Se fosse, Helcias estaria morto por tê-lo chamado de chazir. Ele o teria fulminado com seu poder!

Yeshua começou a ficar bastante perturbado pelo interrogatório que se fez depois de seu batizado, e foi procurar Yochanan:

– Fiquei estupefato com o que aconteceu. Deus nos apareceu e determinou que você pregasse as boas novas a todos. Cabe a você agora assumir esse papel e formar seu exército.

– Não creio que o caminho seja o da luta armada. Em minha forma de ver as coisas, o caminho é da mudança interior, por meio de uma atitude mais fraterna e justa, que repercutirá no mundo. Os homens, porém, não se modificarão apenas guiados pelo amor, mas também pelo interesse pessoal de progresso. Creio que é por esse caminho que se pode mudar o mundo.

– Ainda acho que um exército de guerreiros pode conseguir tudo isso num tempo muito mais reduzido.

Yeshua retrucou gentilmente, com presteza:

296 | A Saga dos Capelinos

– Será que esse exército tem que ser de guerreiros? Não pode ser de pessoas que ensinem o amor ao próximo, a tolerância, a bondade de Deus, a divina providência e a justiça?

– Se você é realmente o Messias, e cada vez me convenço mais de que você realmente o é, deve saber o caminho melhor do que eu. Creio que você deveria iniciar sua missão de imediato, pois o tempo urge. Assim que as forças do mal souberem que você é o Messias esperado por Israel, elas se movimentarão, tanto na terra, como nas trevas, e tentarão destruí-lo. Vá, parta agora e seja vitorioso, pois minha missão está encerrada. Continuarei aqui batizando os que me procurarem e os informarei de que Yeshua de Nazareth é o Messias.

Os dois primos se beijaram e se separaram, para nunca mais se verem naquela existência. Na manhã seguinte, Yeshua tomou o caminho para Nazareth. Ele havia passado mais de um ano com Yochanan e agora estava realmente decidido a iniciar sua missão. Fora à procura do Messias e descobrira que ele era o próprio eleito.

Ele e Tauma saíram do acampamento e partiram para Nazareth. Sua pequena aldeia ficava a menos de trinta quilômetros de onde estavam, e eles levaram apenas um dia para alcançá-la. Chegaram a sua cidade e foram direto para casa. Naquela hora do dia, somente sua mãe estava em casa, com seu neto mais novo. Receberam-no com beijos e abraços. Pouco depois, enquanto Yeshua se refrescava no poço atrás da casa, Tauma conversou com Míriam. Ele lhe contou tudo que acontecera; o batizado, a sheshiná e o discurso de Yochanan.

Na primeira oportunidade em que Míriam ficou sozinha com o filho, ela foi logo lhe questionando:

– Ouvi coisas estranhas a seu respeito. Disseram-me que você estava com seu primo Yochanan, e que lá você expulsava os demônios, curava os doentes e foi batizado numa cerimônia extraordinária. Dizem que o seu batismo foi motivo de grande júbilo, porquanto Yochanan anunciou que o Messias estava entre nós, e que, em breve, começaria a arregimentar suas hostes contra os goyim.

JESUS, O DIVINO DISCÍPULO | 297

Eu pensei que Yochanan fosse o Messias, mas agora ele anunciou que o ungido é você. O que significa tudo isso, meu filho?

Yeshua respondeu-lhe com doçura e determinação.

– Ele falou isso quando me batizou. O céu se abriu e vi nosso Pai celestial em seu trono. Entrei em devekut e liguei-me ao excelso Pai.

Yeshua mudou de tom de voz, e arrematou:

– Creia-me quando lhe digo que não serei um messias guerreiro, pois não creio que a força bruta seja capaz de convencer as pessoas a se modificarem. Você vê o que os romanos fizeram a nosso país e, nem por isso, nós nos tornamos romanos nem adoramos seus deuses. Sim, serei o Messias que o Pai deseja, mas agirei com amor e fraternidade para alcançar os meus resultados.

Míriam, com voz doce e pausada, recomendou-lhe:

– Insondáveis são os desígnios do Senhor. Mas, se você deseja saber o que deve fazer, jejue por uma semana, vá até os montes que nos rodeiam, só beba a água da chuva e ore a Adon Olam – o Senhor do Mundo. Ele o conduzirá ao caminho que deverá ser percorrido. Vá, meu querido Yeshua.

No dia seguinte, ele se retirou para os morros vizinhos, seguindo os conselhos maternos. Aqueles lugares podiam ser perigosos, pois havia chacais e outros animais, mas, naqueles tempos, os homens já os haviam matado quase totalmente e o risco diminuíra consideravelmente. Yeshua retirou-se, em parte, acatando as recomendações maternas e, em parte, porque queria realmente ficar só e pensar, refletir com profundidade, sobre a encruzilhada em que a vida o havia colocado. Ele estava mais do que acostumado a meditar e não precisava macerar seu corpo com técnicas primitivas, para que pudesse sair do corpo e volitar para lugares onde beberia diretamente da fonte maior dos conhecimentos.

A noite estava quente e leve aragem passava por entre as árvores enquanto Yeshua procurava um lugar confortável para colocar-se em samádi. Em poucos minutos, saiu de seu corpo, completamente consciente, com a ideia fixa de procurar as respostas

298 | A Saga dos Capelinos

que ainda lhe faltavam. Assim que se viu fora do corpo, observou que havia dois guardiões astrais postados perto dele. Um deles ficou ao lado do corpo para protegê-lo contra perigos astrais e avisá-lo em caso de perigos físicos, o que faria com que voltasse, num átimo, de onde estivesse, para proteger o templo carnal. O outro era Samangelaf, que o acompanharia pelo espaço para levá-lo até seu destino. O arcanjo segurou em sua mão e, juntos, deslocaram-se pelo espaço com velocidade tão vertiginosa que, em segundos, estavam atingindo os limites do mundo mental.

No lugar a que chegaram, havia uma construção monumental. Tratava-se de um vasto conjunto de prédios interligados, onde havia grande movimento de espíritos que vinham e iam, numa faina impressionante. O arcanjo o levou por longos corredores até que chegaram a uma praça interna, um local deveras aprazível, rodeado de árvores e flores exalantes de raras fragrâncias. Yeshua foi conduzido a um pequeno anfiteatro, onde três outros espíritos pareciam esperá-lo. Cumprimentaram-se amistosamente, e Yeshua foi convidado a sentar-se.

Os três espíritos postaram-se no meio de um palco em forma de triângulo, sentaram-se nos vértices da figura geométrica e começaram a orar. Aos poucos, foram adormecendo e, de seus tênues corpos astrais, saiu um vapor muito suave, que se condensou no meio do triângulo.

Naquele momento, do meio dessa condensação de fluidos etéreos, surgiu aos poucos uma figura de mulher. Paulatinamente, à medida que os três operadores cediam temporariamente seus fluidos astrais para que o espírito do mundo angélico pudesse 'materializar-se' no mundo astral superior, uma figura completa formou-se. Ela se estabilizou num determinado momento, e Yeshua, que acompanhava maravilhado aquele fenômeno, pôde divisá-la integralmente. Era a maravilhosa Phannuil, um dos espíritos mais sublimes da Terra.

– Senta-te e conversemos, meu doce Yeshua.

Ambos afastaram-se dos operadores e de Samangelaf, que também se ajoelhara quando ela se 'materializou' naquele plano

Jesus, o Divino Discípulo | 299

existencial. Sentaram-se perto de um pequeno jardim, onde uma fontana jorrava uma água translúcida e pura.

– Sou Phannuil e estou aqui para conversar contigo sobre tua missão.

O nobre espírito fez uma pausa e começou a falar:

– Procura lembrar-te de que há muitos anos, antes mesmo de tu renasceres, foi estabelecido um programa para introduzirmos uma nova sociedade na Terra, com um padrão de comportamento mais espiritualizado, menos brutal e mais justo. Tu, que és quase de nosso plano, prestes a participar do governo do mundo, te impuseste esta missão a ti próprio como sacrifício máximo para atender ao chamamento de nosso governador espiritual. Assim, foram escolhidos vários espíritos para secundar-te em tua missão, os quais renasceram na Judeia, Galileia, Samaria e Pereia e serão também teus discípulos, teu exército de amor.

Yeshua ouvia mentalmente tudo o que Phannuil lhe falava, e suas lembranças passaram a aflorar em sua mente gradativamente. A voz de Phannuil lhe aparecia na mente como uma imagem completa.

– Fizemo-te renascer junto com teu irmão Yehudá, para que teu irmão gêmeo pudesse completar tua missão. Ele poderia ter te acompanhado como teu irmão ou como um agregado, mas, como teu irmão gêmeo, ele terá contigo uma simbiose psíquica muito maior e será de relevante importância para o futuro de tua missão. Portanto, estejas com ele sempre, pois ajudar-te-á nas horas difíceis, nos momentos cruciais, em eventuais fracassos teus e em teus momentos de sucesso.

Phannuil prosseguiu:

– Recorda, por minhas palavras e de imagens que te envio, que tudo foi devidamente preparado para que tua missão seja bem-sucedida. Conduzimo-te a terras estranhas para que, pelo contato com vários povos que te consideraram um deus, tu te relembrasses aos poucos de todas as mensagens que nós te enviamos por vários outros mensageiros renascidos na Terra antes de ti. Durante

300 | A Saga dos Capelinos

todo esse tempo, tu foste recuperando teus dons de cura e de manipulação do mundo físico, que haviam ficado obliterados quando da tua imersão na matéria. Por outro lado, tu mesmo não querias ficar em Nazareth, que, ainda que lugar digno, era excessivamente humilde, onde terias dificuldade de te colocares em contato com o mundo. A opção de frequentares a escola do templo de Ierushalaim foi descartada devido ao ambiente deletério do templo. Por outro lado, queríamos que conhecesses as vilanias do poder para poderes lutar contra ela. Queríamos também que conhecesses as terras distantes que, de fato, visitastes, por cujos destinos, de uma forma ou de outra, em espírito, eras responsável.

Yeshua pensou em Yochanan, e Phannuil, captando seus pensamentos, respondeu-lhe:

— Teu primo Yochanan foi conduzido por outros caminhos, para que se tornasse o arauto da boa nova: a da vinda do Messias.

Phannuil fez uma pequena pausa e prosseguiu:

— Tua vinda foi longamente planejada e exigiu inúmeros sacrifícios de todos nós. A tua própria 'descida' vibracional levou alguns anos, o que te obrigou a permanecer no mundo mental para recuperar teu corpo mental e, depois, no mundo astral superior, para reaver o corpo astral que tu tinhas 'abandonado' quando alcançaste o mundo angélico. Foste readquirindo as vibrações mentais e astrais paulatinamente, fazendo-te sofrer imensamente.

Yeshua tinha noção de sua missão desde cedo, na adolescência, mas havia dúvidas, em sua mente, sobre qual o melhor caminho a tomar.

Phannuil captou suas dúvidas e perguntou-lhe:

— Tu mesmo estabeleceste o teu caminho antes de renascer. Lembras?

A memória críptica de Yeshua começou a fornecer-lhe os subsídios que lhe faltavam enquanto estivera mergulhado no corpo denso. Agora, livre das amarras materiais, era capaz de ver melhor.

— Realmente, lembro-me de nosso plano. Devo começar na Galileia, cujo povo é menos feroz que o da Judeia, onde poderei receber ajuda dos nossos obreiros renascidos. É imprescindível formar um grupo coeso e forte, que possa propagar as nossas ideias e iniciar um movimento de mudança social.

Phannuil concordou com ele:

– Estás correto, meu caro Yeshua. Deves começar tua missão de imediato e deves fazê-lo pelo caminho mais fácil, pois já existem pessoas que te seguirão até o fim da Terra. Procura-as e começa teu ministério com elas.

Yeshua lembrou-se de Shymon e André, que lhe haviam dito que o seguiriam até o fim do mundo. Havia também seu irmão Tauma, assim como seus dois primos Yacob e Tadde. Phannuil, lendo seus pensamentos, prosseguiu, estimulando-o:

– Isso mesmo. Vai a Cafarnaum e procura-os; estão ávidos de tua mensagem. Deixa-te guiar por tuas intuições e tua vontade. Tu aprenderás o caminho pela tentativa e pelo erro. Irás julgar teus próprios atos e modificá-los para melhor. Portanto, prepara teu coração compassivo para o caso de não seres de todo compreendido, nem te exultes se ganhares muitos adeptos, pois quantidade nem sempre é qualidade. Planeja o que irás fazer e falar, mas lembra-te sempre de que o homem põe, mas Deus é quem dispõe. Prepara tua caminhada sempre com vistas para o horizonte, para saberes para onde estás indo; os olhos no chão, para veres onde irás pisar; e a mente voltada para as alturas, a fim de almejares o melhor de teu esforço.

Yeshua sabia que não havia um destino prefixado. Sabia que cada ato do dia a dia determinaria as condições do futuro. O primeiro passo para sua missão era aceitá-la com galhardia. Os demais passos viriam naturalmente. Fé em Deus e confiança em si próprio era o lema de sua viagem.

– Lembra-te, entretanto, de que tua missão tem múltiplos aspectos. Tu deves estimular no teu povo uma mudança fundamental na aplicação da lei. Eles devem seguir os conceitos de fraternidade e de bondade e abdicar da crença num Deus vingativo e cruel. Devem retirar de suas mentes, ainda infantis, a ideia de que são superiores aos demais homens; devem procurar viver de

302 | A Saga dos Capelinos

forma fraterna com todas as raças e permitir que cada um tenha seu credo a Deus e louvá-lo de acordo com seu coração e fé. Não obstante, um dos aspectos principais de tua missão é mostrar aos homens que a reforma íntima deve ser encetada com urgência, pois estamos depurando várias camadas espirituais para as almas que ali se demoram. Eles serão levados para outro local desse mesmo planeta, ainda extremamente primitivo, a fim de renascerem. Eles levarão uma existência dura e aprenderão, pelo sofrimento, a retornar ao seguro aprisco do Senhor.

Yeshua, subitamente, lembrou-se de que, antes de renascer, havia um plano de expurgo local. Não se tratava de levar grandes quantidades de seres decaídos para outro orbe, mas de selecionar os mais tenebrosos, encaminhá-los para longe do mundo dito civilizado da época e fazê-los renascer em locais ainda primitivos e selvagens. A Mesoamérica era apenas um dos locais, mas outros estavam sendo estudados, de forma que não se concentrassem elementos perniciosos em excesso num mesmo lugar. Essa súbita lembrança o fez imaginar imediatamente que seria o fim dos tempos, mas Phannuil, lendo sua mente como se fosse um livro aberto, respondeu-lhe, de imediato:

– Não, meu amado Yeshua, não se trata do fim dos tempos nem o dia do julgamento final, que, aliás, não existe como está sendo apregoado. Trata-se apenas de migrações internas, com o sentido de desenvolver áreas ainda selváticas. Por outro lado, estaremos recebendo, nos próximos séculos, enormes quantidades de almas simples, ainda em fases primárias de evolução, provenientes de diversos mundos, que deverão adquirir amadurecimento espiritual na Terra. Desse modo, precisamos ampliar a quantidade de corpos pelo desenvolvimento de várias áreas no nosso planeta, para possibilitar o renascimento dos nossos irmãos menores.

Yeshua entendeu que sua missão também era a de alertar os homens para o fim de um ciclo, e que todo esforço no sentido de aprimorar o caráter, o pensamento e a personalidade seriam benéficos a todos.

Yeshua perguntou-se mentalmente se teria sucesso. Phannuil captou suas dúvidas e lhe respondeu, enigmaticamente:

– Seja qual for o resultado de tua missão, nós a faremos ser um grande sucesso. Tudo se resume em transformar resultados adversos em retumbantes vitórias. No final, o bem sempre prevalece!

Phannuil terminou sua alocução com uma bela prece, com a qual sons maviosos encheram o lugar e luzes choveram profusamente sobre a cabeça de Yeshua. Ele estava para iniciar sua missão e haveria muito o que pensar e fazer.

Yeshua retornou ao corpo físico e, no dia seguinte, voltou para casa, pois fazia parte da missão que ele não se lembrasse completamente do mundo angélico, o que teria transformado sua missão na Terra em acachapante tormenta. Em sua mente ficou a doce lembrança de ter estado com um ser de inefável beleza. Ele, porém, com seu espírito organizado, racional e prático, lembrava-se de vários aspectos de sua missão e, tomado por torvelinhos de pensamentos, começou a alinhavar todas as providências a serem tomadas, assim como o cerne de sua apologética.

Aproveitou a suavidade e a beleza das colinas da Galileia e, durante mais de uma semana, passeou por entre elas, deixando-se ficar ali por horas a fio imaginando como cumpriria sua missão. Qual seria a sua mensagem? Como falar com o povo simples de forma que fosse entendido? De que modo relacionar-se com os poderosos para tê-los a seu lado, ou, na pior das hipóteses, para que não se voltassem contra ele? Qual era, no entanto, o objetivo final? Deveria pregar uma mensagem como haviam feito Zarathustra, Budha e Jain, ou deveria estabelecer um projeto mais amplo, que redundasse em fatos concretos? Deveria perseguir o conceito original de um Messias aglutinador de Israel, um guerreiro conquistador do lugar perdido daquela terra do Oriente Médio, ou deveria tornar-se apenas um guia de homens? Deveria perseguir a reconquista de um reinado terreno com características divinas ou deveria ser apenas um profeta, um taumaturgo poderoso que, por meio de suas curas, alertasse o povo para uma mudança de tempos, de fim de ciclo, de recomeço de era?

304 | A Saga dos Capelinos

Meditou longamente sobre esses assuntos. Foi muitas vezes cumulado de dúvidas, nem tanto quanto à sua capacidade de obter resultados, mas quanto aos meios de atingir o sucesso almejado. Sua mente poderosa formou aos poucos um plano básico. Seus guias mantinham-se por perto apenas para protegê-lo, pois a ordem era não interferir em seu pensamento, ou dar-lhe intuições e respostas às suas inúmeras perguntas e dúvidas. A ordem era protegê-lo contra influências nefastas, tanto materiais como espirituais. Após uma semana de profunda meditação, em que cada ponto foi crucialmente examinado e várias hipóteses e caminhos analisados, Yeshua começou a obter as respostas intimamente. Um caminho claro começou a se apresentar em sua mente, mas o tempo de planejamento, de estudos, de desenvolvimento havia passado. O divino discípulo precisava pôr em prática tudo o que aprendera. Deveria, portanto, iniciar seu ministério de imediato, com vários caminhos e alternativas que se afiguravam possíveis e, com um objetivo global já traçado na mente, perseguir a realização dessas metas. Em 27 d.C., algumas semanas após o Pessach, quando se decidira a morte de Yochanan, o divino discípulo, agora prestes a tornar-se um mestre, estava pronto para iniciar sua missão.